全国教育科学"十三五"规划2017年度课题（教育部重点课题）"SPOC环境下个性化教学研究与实践"（DCA170306）研究成果

SPOC环境下个性化教学研究与实践

Research and Practice of Personalized Teaching in SPOC Environment

宋春晖　陈焕东／著

吉林大学出版社

·长春·

图书在版编目（CIP）数据

SPOC环境下个性化教学研究与实践 / 宋春晖，陈焕东著. -- 长春 : 吉林大学出版社, 2023.7
ISBN 978-7-5768-2387-5

Ⅰ. ①S… Ⅱ. ①宋… ②陈… Ⅲ. ①网络教育 - 教学研究 Ⅳ. ①G434

中国国家版本馆CIP数据核字(2023)第212383号

书　　名：SPOC环境下个性化教学研究与实践
SPOC HUANJING XIA GEXINGHUA JIAOXUE YANJIU YU SHIJIAN

作　　者：宋春晖　陈焕东
策划编辑：张宏亮
责任编辑：付晶淼
责任校对：滕　岩
装帧设计：雅硕图文
出版发行：吉林大学出版社
社　　址：长春市人民大街4059号
邮政编码：130021
发行电话：0431-89580028/29/21
网　　址：http://www.jlup.com.cn
电子邮箱：jldxcbs@sina.com
印　　刷：长沙市精宏印务有限公司
开　　本：787mm×1092mm　　1/16
印　　张：17.75
字　　数：320千字
版　　次：2023年7月　第1版
印　　次：2024年1月　第1次
书　　号：ISBN 978-7-5768-2387-5
定　　价：58.00元

前　言

　　2005年钱学森向全社会提出了"钱学森之问"："为什么我们的学校总是培养不出杰出人才？"2015年，北京大学考试研究院院长秦春华提出一个看似悖论的现象："看似低水平的美国基础教育，为何能够培养出一大批高端人才？""钱学森之问"和"秦春华的教育悖论"的实质是共同反映一个人才培养规格的教育命题，就是如何从知识型、技能型向创新型的人才培养教育模式转型的问题。

　　以人工智能、大数据和物联网等信息化技术为代表的新技术，正在大力推动人类社会第四次工业革命走向深入，不断地促进产业向智能化变革转型。智能机器替代了现在大部分的人工体力和重复性技术工作，社会生产方式迎来全面的改变，社会对人才规格的需求也从知识型转变为创新型。同时，人类社会科技高速的发展打破了教育的知识传播平衡，知识的更新和创新呈指数及增长，一个人即使穷尽一生时间和精力来学习某一领域的知识，都无法触及领域知识的边缘。这给教育带来前所未有的挑战，教育最重要的意义未必是知识的传授，而是培养个体的创造性知识、创造性思维、创造性人格，发展和完善个体的个性。所以，培养创新型人才是当今教育的极大命题，使得个性化教育迎来了革命性的发展良机。

　　人类的个性化教育思想，可追溯到两千多年前孔子的"因材施教"教育理念和苏格拉底的"产婆术"教育理想，在人类教育史上一直备受推崇，仍然对当今的教育产生着深刻的影响。但是，它们只是作为一种教育思想、教育理念或教育理想，并没有形成一种教学模式而得到全面实行。随着现代科学技术的迅猛发展，越来越需要高质量的、富有创新性的新型人才，保障和推进强大的科技进步，个性化教育在中国逐渐引起教育改革研究的重视。自1998年以来，在国家层面颁布了一系列教育政策和产业政策文件，如《面向21世纪教育振兴行动计划》（1998）、《关于深化教育改革，全面推进素质教育的决定》（1999）、《国家中长期教育改革和发展规划纲要（2010—2020）》（2010）、《新一代人工智能发展规划》（2017）、《中共中央国务院关于学前教育深化改革规范发展的若干意见》(2018)、《中共中央国务院关于深化教育教学改革全面提高义务教育质量的意见》(2019) 和《国务院办公厅关于新时代推进普通高中育人方式改革的指导意见》(2019)。这些文件拉开了基础教育领域个性化教育研究的序幕,为个性化教育研究给出了指引和提供了新的思路。

在中国知网上以"个性化教育""个性化教学"和"未来教育"为主题进行检索,发现自 1998 年起相关研究成果发表数量呈现逐步上升的趋势。个性化教育/个性化教学相关论文发表的年度数量、研究领域,与国家教育改革政策发布的指引和导向紧密同步关联。从研究内容和视角来看,主要对个性化教育/个性化教学的内涵、意义、特征、制约因素、教学策略、实践对策进行了深入的理论分析并建构了自己的研究维度,在研究视角上也将个性化教育/个性化教学放在素质教育和新课改的背景下进行探讨。但是,个性化教育/个性化教学研究在最基础、最关键的概念界定和认知上分歧严重,争议激烈,存在相互否定或互不相交的现象。从概念的内涵来看,个性化教育/个性化教学的研究可分为两类,第一类是以哲学上个性概念和心理学上狭义个性概念为基础,以弥补标准化教育的缺陷为教育教学目的,占绝对多数,但其与现行的标准化教育思想相互排斥,缺乏相关教育理论支持,既不遵从教育变革的客观规律,也不符合未来教育发展的需要;第二类是以心理学上广义个性概念为基础,以塑造健全优良的个性为教育教学目的,虽只占少数部分,其支持理论科学,符合教育的育人本质和未来教育发展的特征,但还未具备实施的前提条件,几乎止步于相关概念的探讨。在研究方法上,大多数个性化教学案例研究有意回避基础概念的内涵,直接探讨教学策略和实践对策问题,并断言个性化教学成效显著,缺乏相关理论支持和实证数据,研究方法多带有主观臆想的特征。这些分歧严重影响个性化教育/个性化教学的深入研究和实践。

面对相关概念认识混乱、分歧严重、相互排斥的研究局面,本书从教育的原初本义、概念内涵、教育价值观和教育本质观等基本思想出发,通过对教育逻辑起点的探寻,揭示教育的本质属性及教育发展的一般规律,作为相关研究的指南;从心理学的个性概念内涵、马克思主义关于人的本质思想、人的全面发展学说、未来教育变革的条件和趋势、人工智能时代社会创新型人才规格需求等角度出发,揭示个性化教育的概念内涵、理论基础、实施的前提条件、功利影响因素和发展规律;剖析教学本质观、知识观、智力观、创造力观和个性化教学观,分析个性化教学的达成逻辑以及个性化教学活动的三个维度,为个性化教学活动确立指导方针;分析 MOOC/SPOC 运动带来的在线学习理念和运行机制、MOOC/SPOC 的固有缺陷和传统教学的顽瘴痼疾、当前教育教学面临的困境，提出了个性化教学实施的前提条件和个性化教学实施的场域，讨论了学习评价在教学中的作用，重点给出智力、价值观和意志力的量化评价方法；最后，从个性层次教学本质观出发，围绕知识、智力、价值观和意志力四个要素的培养，开发一个基于个性化教学的 MC SPOC 平台，支持培养健全优良个性的课程教学服务，开展个性化教学实践，探讨发展健全优良个性和塑造创造力的人才培养模式。

本书面向人才培养规格的教育命题和当前教育教学面临的困境，立足于教育的育人本质观、未来教育的发展趋势和创新型人才培养特征，突破当前个性化教育教学研究止步于概念探讨的局限，确立个性化教学的达成逻辑、活动维度、实施前提条件和实施场域，开发支持个性化教学实施的智能化平台，开展个性化教学实践，形成完整的研究和实践链条。

本书是全国教育科学"十三五"规划教育部重点课题"SPOC 环境下个性化教学研究与实践（DCA170306）"的研究成果。

宋春晖

2020 年 10 月

目　录

1 基本教育观

1.1 教育的来源与发展

2019 年 3 月 5 日，李克强在十三届全国人大二次会议的政府工作报告中谈到群众"不满意的地方"时，把教育问题放在了首位。中国改革开放 40 多年来，教育取得了历史性成就，教育总体发展水平也已跃居世界中上行列，为什么教育反而成为"不满意"首位。学生不满意：学业负担重；教师不满意："很纠结、很折磨、很煎熬"。相关调查显示，似乎现在国人没有多少人对教育是满意的。这些问题的背后有着深刻的社会根源。

从教育的原初本义来看，现代教育存在着诸多的功利性，这与对教育不满意的现象有着必然的联系。追寻教育的原初本义有助于揭示教育发展的一般规律，有助于发现教育实践中应该坚守的初衷。因为，随着人类社会的发展进步和历史变迁，教育的本质内涵因不断地演化而丰富化，教育的形态、目的和功能也不断地演变而复杂化，在教育实践中常常因追求短期功利而造成偏离其原初本义。

1.1.1 教育的起源说

教育起源说试图解释教育产生的背景和本义。通过探讨教育的起源，我们可以了解教育与其他社会现象之间的联系，认识教育在人类社会发展中的地位和作用，也有利于人们领悟教育的原初本义。关于教育起源的观点主要有三种：生物起源说、心理起源说和劳动起源说[1-1]。

（1）生物起源说

生物起源说的代表人物包括法国哲学家、社会学家利托尔诺（Charls Letourneau）和英国教育学家托马斯·沛西·能（Thomas Percy Nunn）。教育生物起源说认为，人类教育起源于动物界中各类动物的生存本能活动。动物本能地将自己的"经验、技能"传授给幼小动物，促使幼小动物能够尽快地获取食物和适应自然环境的生存技能，提升其生存能力，保障种族的生存和发展。人类的教育就是对动物生存技能培养活动的继承、改善和发展。动物的生存本能是人类教育起源的基础。

（2）心理起源说

心理起源说的代表人物是美国教育家保罗·孟禄（Paul Monroe）。孟禄认为生物起源说忽视了人与动物之间的心理意识区别，人具有先天的模仿（智能性学习）能力，也就是人的意识能动性，而动物的技能传授仅仅是一种生存本能行为。在原始社会，儿童在日常生活中对成人观察和无意识模仿，就可以学会生活知识和技能。他认为教育来源于儿童"单纯的无意识模仿"活动，模仿活动既是最初的教育形式，也是教育的本质。

（3）劳动起源说

劳动起源说主要代表人物是苏联的教育家叶夫根尼·尼古拉耶维奇·米丁斯基（Evgeny Nikolaevich Medynsky）和伊·安·凯洛夫（N. A. Kaiiplb）。他们运用恩格斯关于劳动创造了人类和社会的理论提出了劳动起源说。恩格斯认为人类的进化历程包括三个阶段：攀树的猿群、正在形成中的人、完全形成的人。在"正在形成中的人"的阶段，人类进化为直立人共同活动的原始群体形态，并能够利用一些天然工具或改进的工具进行简单劳动，促使手和脑的相互协作而产生生理结构的进化，因而完善了从事一般劳动的生理基础。到了"完全形成人"的阶段，人类进化为原始公社的社会形态。原始公社中的人们逐渐地形成相互依存、分工合作的有机整体，形成分工协作的劳动形式。这种劳动形式要求有经验的长辈必须对年轻一辈传授逐渐积累起来的经验，来维持劳动能力的延续和进步。恩格斯的人的进化理论认为，劳动是猿蜕变成人、形成社会的因素，也就是说，劳动创造了人和社会。人类教育是由于传授劳动经验的需要而产生的，所以说教育起源于劳动需求。

（4）三种教育起源说的逻辑关系

三种教育起源说分别以某个需求或本能为起因，逐渐展开演化为教育的开端，形成三条逻辑链。这三条逻辑链从不同角度揭示了教育的逻辑。[1-2]虽然各个起源说的教育逻辑不同，但最终可以统一到人的基本属性建构维度上。[1-3]

①教育生物起源说的思维演化路线为：动物的生存需求→传授生存技能→获取食物和适应自然环境→提升生存能力→种族生存和发展。其逻辑关系可抽象为：生存需求→教育活动→种族生存。生物起源说的逻辑关系表明，在人和动物的"生存需求"的推动下，开启了以"传授生存技能"为内容、以"提升

生存能力"为目的的教育活动。

②教育心理起源说的思维演化路线为：人与动物的"无意识的模仿本能"→学会生活知识和技能。其逻辑关系可抽象为：模仿本能→教育活动。心理起源说的逻辑关系表明，在人和动物的"无意识的模仿本能"的作用下，产生了学习"知识和技能"的教育行为。

③劳动起源说的思维演化路线为：人的"劳动需求"→人的手和脑的协作、制造和使用工具→传授劳动经验→产生语言、思维→社会分工合作→创造"完全形成的人"。其逻辑关系可抽象为：劳动需求→教育活动→人的创造（培育）。劳动起源说以"人的劳动"为纽带，将教育的起源和"完全形成的人"的创造活动关联起来。劳动起源说的逻辑关系表明，在人的"劳动需求"的推动下，发展了以培育"完全形成的人"为目的的一系列教育活动。

抽象而言，三种教育起源说在人的基本属性的建构上是统一的。生物起源说和心理起源说的逻辑点是建构人的精神属性；劳动起源说的逻辑点是建构"完全形成的人"的基本属性。

1.1.2　教育的词语来源

教育活动是一种与人类社会相伴而生的社会活动。教育也随社会的发展而不断地发展进步，其概念的内涵不断地演化和扩展，不断地丰富化和复杂化。"教育"词语作为教育概念的标示和记载形式，分析词语的来源，可以了解教育活动最原初的目的、本义。

（1）汉语——"教育"

"教育"一词最早来源于《孟子·尽心上》中的"得天下英才而教育之"。这是中国古代将"教"和"育"两个文字连成词语的最初出处。

在古汉语中，"教"和"育"很少联结使用。它们分别有不同的意思，例如，《荀子·修身》中"以善先人者谓之教"，意思为：用善引导人的是教诲；《学记》中"教也者，长善而救其失者也"，意思为：教师就是发扬学生的优点，并且纠正他们各自缺点的人；《孟子·告子下》中"尊贤育才，以彰有德"，意思为：尊敬贤能，培养贤才，表彰有道德的人；等等。

从单字来源上分析，"教"字最早见于甲骨文，表示成人手持器械督促孩子学习；甲骨文"育"字表示妇女生育孩子，有产出、引导之意。东汉许慎《说文解字》的解释为："教，上所施，下所效也；育，养子使作善也。"意思为："教"，上面（老师）做示范，下面（学生）来模仿、效法；"育"，培养后代让他多做善事。"教"的意义相当于今天的教学活动；"育"指明培养人的目的，是一种基于社会目的的长期培养或训练活动。从文字上可以理解为：教育是通过示范和效法的教学活动，使人符合社会道德伦理规范的培养人过程，是一种长期化的"教书育人"活动。这体现了中国儒家社会本位的教育思想。

（2）英语——"education"

"education"一词来源于拉丁语"ēducātiō"，原意为"引出"。"education"强调教育是一种"引出人的素质"的活动，其意思是通过"助产"的手段，将人们本身所固有的潜在素质，由内而外引发出来。《辞海》认为素质是一个人完成某种活动所必需的基本能力。心理学认为素质是由知识内化而形成的相对稳定的心理品质及其素养、修养和能力的总称。素质属于人们自身的精神属性。可以说，教育是通过"助产"的手段引出人的素质的活动，对人的自身进行改造，建构人的精神属性。

从"教育"的词语来源来看，中西方教育的不同点体现在两个方面。一是教育的着眼点不同：中国教育的着眼点是社会角度，教育目的有着明确的社会本位性；西方教育的着眼点是个体角度。二是认识观的不同：中国教育的认识观认为知识主要来源于"教师"；西方教育的认识观认为知识来源于"自身"，"教师"只是认知的"助产婆"。中西方教育的共同认知是，教育是一种长期化的培养人的活动，中国教育强调"立德育人"，西方教育强调"引出人的素质"。

中国古代还有"广教化而厚风俗""美教化、移风俗""教育人才，维持风俗"等说法，说明教育不仅是要对受教育者进行道德教化，还要通过教育把"善"传播给那些没有读书的民众。从社会系统结构来看，社会是一群相互依存的人组成的有机整体，教育作为一种"教书、立德、育人"的社会实践，其"立德"的着眼点不仅仅是受教育者，还针对整个社会中所有成员，目的是影响社会成员整体的精神属性，从而实现教育的人类自身改造功能。

从教育的词语来源和教育起源说的角度来看，教育总是和人、社会、劳动（或社会实践活动）、自然环境等对象存在着固有的关联，也揭示了教育与人的三个基本属性的建构有着必然的联系。

1.1.3　教育的发展阶段

教育与人类社会相伴而生，教育的发展与社会各种要素的变化息息相关，教育的功能、教育的目的、教育的客体、教育的内容和教育的模式等多种要素，都会随着社会的发展而不断变化、变革和发展。教育的要素和社会的要素存在着错综复杂的相互作用关系。对教育发展阶段划分的研究，其意义在于探究教育发展中教育各要素变化的规律，以及教育各要素变化和社会要素发展变化之间的内在联系，从而揭示教育发展的必然趋势。

（1）常见的教育发展阶段的划分

①以生产关系的变化为划分标志

生产关系是人类社会最基本的关系，教育是一种社会活动，受到生产关系的制约和定性。按照人类社会生产关系的历史进行划分，可将教育分为原始社会的教育、奴隶社会的教育、封建社会的教育、资本主义社会的教育和社会主义社会的教育五个阶段。这种划分的教育阶段并没有体现教育要素必然的飞跃，没有必然地反映教育要素发展的规律。

②以生产方式的变化为划分标志

生产力是人类社会各种活动发展变化的决定性力量，教育作为一种社会活动，也需要与生产力的发展相适应和相互作用。生产方式是生产力的重要标志，与社会劳动力密切相关，而教育是关于培养人的社会活动，所以，社会生产方式与教育活动有着内在的关联性。人类社会生产方式的发展有几个重要阶段：原始社会的共同劳动方式、手工劳动生产方式和机器大生产方式。学者孙喜亭将教育划分为四个阶段[1-4]：原始状态的教育、古代学校教育、近代教育和现代教育，大体上体现了这种划分依据，但近代教育和现代教育的教育基础相似。

③以现代机器大生产为划分标志

以现代机器大生产为划分标志，可将适应机器大生产的教育阶段称为现代教育。现代教育以前的教育阶段统称为传统教育。

④以科学教育理论为划分标志

以科学教育理论为划分标志，可将教育的发展分为传统教育、现代教育和未来教育三个阶段。

德国著名教育家和心理学家约翰·弗里德里希·赫尔巴特（Johann Friedrich Herbart）在 1806 年出版了第一部具有科学体系的教育学著作——《普通教育学》，奠定了现代教育科学的基础。以赫尔巴特教育理论为体系基础的教育，称为传统教育，或称近代教育。这个时期是机器大生产的前期阶段，教育的基础是科学知识和机器大生产，教育处于相对独立的地位。

以美国著名的实用主义教育家和思想家约翰·杜威（John Dewey）的教育理论为体系基础的教育，也被称为现代教育。杜威提出"教育即生活"的教育理念，强调学生是自我教育和发展的主体。

未来教育以人的全面发展理论为基础，以培养人的创造力和追求终生幸福为教育目的。

（2）以生产方式为标志的教育阶段特征

以生产方式为标志，可将教育的发展分为原始教育、古代教育和现代教育三个阶段。

①原始教育（共同劳动时期）

原始社会的生产方式是共同劳动，其主要特征是劳动工具简陋，生产技能落后，生产效率低下，共同占有生产资料，社会成员必须共同劳动才能维持生产。共同劳动要求有经验的长辈必须对年轻一辈传授逐渐积累起来的经验，来维持原始社会的再生产。原始教育活动的实施者（教育主体）就是有劳动经验的长辈，他们仍是劳动生产的主力，还没有从社会分工中独立出来。教育活动的对象（教育客体）是年轻一代，其参与教育活动的直接目的是为了获取劳动经验，成长为合格的劳动力，完成自身的改造。原始教育是劳动力的再生产，附属于劳动生产活动，还没有成为独立的社会活动形态，教育只是劳动的组成部分。恩格斯关于"劳动创造人类"的理论，充分说明了原始教育的主体对客体的改造，体现在对人的自然属性的作用上，人类为了解决从自然界获取食物、生产资料等生存需求而进行自身的自然本性改造。

②古代教育（手工劳动时期）

随着社会生产力的发展，出现专门从事教育活动的教师和学生，学校教育开始产生，标志着人类教育进入古代教育阶段，是教育发展中质的飞跃。到了封建社会时期，在中国出现了私学、官学和书院三种学校教育，在欧洲出现了教会和骑士学校教育。学校教育得到了全面的发展。

古代教育所处的社会时代有几个特征：人类的知识主要是初级形态的经验知识；社会生产方式是手工劳动，劳动技能落后，生产效率低下，劳动力主要体现为劳动人口的数量。所以，劳动人口数量在生产各要素中处于首要地位，社会生产力主要取决于劳动人口资源的占有和配置。古代教育依附于宗教和政治，教育的目的是培养维护阶级统治的人才，教育的职能不再是劳动力的再生产而是承担上层建筑的职能。例如，中国儒家教育提倡"学而优则仕"的教育思想，充分体现了古代教育的要义。

古代学校教育的主体是统治阶级主导的教育机构，客体是少数特权阶层的子弟，劳动人民基本上失去受教育的权利。教育教学的内容基本上是道德伦理，而不是劳动技能和知识。教育与生产劳动分离且对立。教育主体对客体的作用主要是发展客体的社会属性，并通过教育客体对社会所有成员的精神进行禁锢或支配，同时实现对人的精神属性的改造。例如，中国儒家教育倡导的"三纲""五常"和"六经"成为中国古代两千多年教学的基本内容；同时办学宗旨之一是"广教化而厚风俗"和"教育人才，维持风俗"，并把儒家学说作为封建统治的精神支柱。

马克思主义的人性观认为，人有自然属性和社会属性两种，其中人最关键的属性是社会性而不是自然性。教育不仅促进了人的社会属性的发展和强化，同时还促使人的精神属性的派生。

③现代教育（机器生产时期）

18世纪中叶，英国人詹姆斯·瓦特改进了蒸汽机，使得蒸汽机作为动力机被广泛应用到社会生产中，引发了社会生产方式的重大转变，标志着人类社会进入了机器大生产的工业时代。社会生产方式的转变引起了社会生产对劳动者技能类型需求的变化。手工劳动的技能主要是经验知识，而机器生产以科学技术为基础，要求劳动者必须掌握生产技术知识。手工劳动经验知识主要依靠师徒制传承或直接在劳动实践中获取，而机器生产技术知识必须通过学校教育才能学习。为了适应社会生产发展的需要，新的教育思想和人才培养目的促使教育开始世俗化变革。

18世纪末到19世纪初，现代教育以欧洲资产阶级产业革命作为起点，开始对古代学校教育进行改造，同时又建立了各种适应生产发展的专业学校，教学内容也转向传授科学知识。19世纪初，德国著名教育家和心理学家赫尔巴特出版了第一部具有科学体系的教育学著作——《普通教育学》，从此奠定了现代教育科学的基础。19世纪末20世纪初，在欧美一些国家和地区，开始产生多种教育思潮，带来了一系列的教育变革，使得教育逐步呈现出摆脱政治和宗教对其独占的局面，教育目标转变为面向社会大众而不是特权阶级服务，为社会生产活动培养人才，确立了其在社会活动中的独立地位。现代教育推动了生产力的高速发展，成为社会发展进步的基础。

人类社会生产方式的三次重大变革是推动教育飞跃式发展的关键因素。教育是育人的活动，所以，社会对人才规格的需求成为驱动教育变革的决定性力量。知识是人类在实践中认识客观世界（包括人类自身）的精神成果，在现代社会已经成为人类认识世界和改造世界最强大的武器，是人的本质能力的动力源。所以，知识积累、传承和创新的需求则是教育发展的基础动力。不管教育的社会职能如何变化，教育活动的实践对象始终都是人，其最直接、最核心的作用是对人的三个基本属性的改造，在不同的发展阶段对人的属性改造的侧重不同。可以预见的是，随着将来人类社会生产方式的变革和科学技术的发展，也将促进教育的重大变革。

1.2　教育的概念

　　教育是什么？或者教育的本质是什么？如何来定义教育的问题，古往今来，争论不休。关于教育概念定义问题的研究，在本质认知上，有"实然""应然"和"或然"之争；在定义模式上，有规定性定义、描述性定义和纲领性定义之分；在价值主体定位上，有社会本位论和个人本位论之别；在概念外延上，有广义和狭义之分；等等。至目前为止，尚未形成一个广泛被接受或认同的概念定义。

　　教育研究者围绕着教育的定义追问，不仅没能获得令人满意的结果，传统本质主义甚至认为教育概念的定义属于一个不可"定义性"的问题。[1-5]也有学者认为：教育的内涵与外延是不断变化及加速变化的，在一定程度上加大了对教育定义的难度，但这并不意味着给教育下定义就不可为，抑或没有下定义的必要。[1-6]分歧争议不断和主观臆断是当前教育概念定义研究的基本状态。

　　本书并不趋向于寻求或探索一个严格或完整的教育概念的定义，而是通过分析教育概念的特性，探寻教育概念中蕴含的基本属性和教育发展中的变化规律或特征。

1.2.1　教育概念的演化

　　（1）属性的分类

　　属性是人类对于一个对象（事物）的抽象刻画，反映对象（事物）的性质及对象（事物）的关系两个方面。其中，对象本身所固有的根本的属性称为本质属性，即本质。

　　传统机械唯物主义和客观唯心主义认为，本质是某一事物之所以成为它自身的最低限度，并把它与其他事物区别开来的属性。本质属性是必然（实然）的，非本质属性是偶然（或然）的。本质属性具有必然性和区别性，并且在事物的运动中保持固定不变，当发生了质变，该事物就不存在了。

　　辩证唯物主义认为客观事物存在着多方面、多层次的属性，有根本的、主要的和次要的，其中，根本的的主要的属性，称为本质属性。本质是事物的内在联系或内在矛盾和根本特征，是事物的质的规定性。

　　所以，本质属性反映了对象（事物）稳定的运动规律、基本功能和发展方向。

辩证唯物主义认为客观事物是普遍联系的，某一事物可能与其他事物具有共同的属性，称为共同属性，但共同属性对于某一事物来说是主要，而对其他事物来说则是次要。某一事物总是具有其他事物不具有的属性，称为特有属性。特有属性具有区别性，体现某一类事物特有的功能和价值。共有属性体现了某些事物的共同功能和价值，不具有区别性。如人都有四肢，许多动物也有四肢，四肢不是人类特有的。特有属性和共有属性包含本质属性和一些非本质属性。这些非本质属性在事物的运动和发展中会发生相应的变化。特有属性和共有属性既有必然性又有偶然性，是必然和偶然的辩证统一，但不是必然性和偶然性的对立问题。所以，特有属性和共有属性既有一定的稳定性，又能突出地体现事物的现实价值和功能。

（2）概念的定义

概念是人们在思维活动中对客观事物本质的反映，以词语来标示和记载。概念的定义是对概念的内涵和外延所作的说明。下面是一些关于概念的定义。

①《术语工作词汇》（GB/T 15237.1－2000）概念定义为："概念是对特征的独特组合而形成的知识单元。"[1-7]

②《中国大百科全书·哲学卷》概念定义为："概念是抽象思维的基本形式之一。概念反映了事物的特有属性（固有属性或本质属性）。"[1-8]

③《简明逻辑》概念定义为："概念是反映事物的本质、事物的全体、事物的内部联系的思维形式。"[1-9]

④《形式逻辑》概念定义为："概念是通过对象的本质属性来反映对象的思维形式。"[1-10]

这些定义的共同点是：概念是以抽象的思维形式对认识对象（事物）的反映。它们的差异点是：倾向使用不同的属性来反映对象。可以看出，人们在形成概念的过程中，在实践应用领域倾向关注事物的现实价值性，在哲学研究领域倾向关注概念的普遍必然性。

（3）概念的演化

毛泽东在《实践论》中指出："社会实践的继续，使人们在实践中引起感觉和印象的东西反复了多次，于是在人们的脑子里生起了一个认识过程中的突变（即飞跃），产生了概念。"[1-11]人们在实践过程中，对事物的认识是一个不断深化的过程：由最初浅层次的、非本质属性的认识，逐渐深化到对事物本质属性把握、深层次的认识。人们最初形成的总是浅层次概念，随着认识的深化，才逐渐形成深层次概念。浅层次概念首先只是反映事物的特有属性或共同属性，深层次概念接着才是反映事物的本质属性。美国心理学家奥苏伯尔（D. P.

Ausubel）也根据演化过程将概念的类型划分为初级概念（一级概念）和深刻概念（二级概念）。这体现了概念随着人的认识的深入而不断地发展演化的过程。

（4）概念的二重性

《列宁全集（第 38 卷）》中说："当逻辑的概念还是'抽象的'，还是具有抽象形式的时候，它们是主观的，但同时它们也反映着自在之物。自然界既是具体的又是抽象的。既是现象又是本质，既是瞬间又是关系。人们的概念就其抽象性、隔离性来说是主观的，可是就整体、过程、总和、趋势、源泉来说都是客观的。"[1-12]辩证唯物主义认为概念具有两重性质：在逻辑上，它是一种主观思维形式；在内容上，它反映了客观事物的属性。所以，概念体现了主观性和客观性的辩证统一。

（5）教育概念的演化特征

教育的概念产生于两千多年前，从最初"教书立德育人"和"引出人的素质"的初级概念定义，延续发展到今天，概念演化的状态竟然是"应然"性定义的泛滥和争议、传统本质主义的不可"定义性"[1-5]的困惑和"抑或没有下定义的必要"[1-6]。当前教育高度发展，已经成为社会发展进步最核心的要素，为什么教育概念的演化反而是越来越倒退？是不是违反了概念的演化进程呢？

①教育不断地功利化和工具化

从概念的价值倾向特征和概念的主观性来看，人在抽象反映对象时，人的主观抽象思维总是带有目的性的，体现价值追问的特性。人的认识实践活动，不仅仅是为了通过抽象属性来反映客观事物，把握事物的运动规律，更重要的目的是发挥事物的功能和价值。人的认识实践活动最大的内动力就是价值追问。教育活动自从产生起就承担着人和社会生存和发展的职能，直至今日，人和社会越来越依赖于教育。叶菁、王健"教育观念的分歧"的观点可以归因于人和社会对教育价值的过度追问——教育全面的功利化和工具化。[1-13]从教育发展的历史进程可以看出，人和社会总是对教育不断地追求利益和价值。

在古代教育阶段，教育依附于宗教和政治，成为阶级统治的工具，教育的主要目的是培养道德卫士、神职人员和武士，教育与民众的生活脱离。在现代教育时代，工业革命需要大量熟练操作机器的工人和技术人员，教育世俗变革开始走向独立化，演变成为社会技术劳动力的培训工具，有目的、有计划、有组织、大批量、标准化地强制培养技术人员。在现代教育的知识经济时代，以人才和知识为代表的智力资源成为社会发展的首要生产要素。教育变成智力资源的加工厂，生产的产品——人才是社会财富创造的"动力源"。在以市场经济为主导的社会背景下，人们面临着各种压力、诱惑和制度交错构成的复合环境，促使人们对教育功利的极端追求，越来越多的受教育者把教育当作获取排位、学位和职位的途径。高学历、高智商的精英教育造就越来越多"精致利己主义者"和"优秀的绵羊"。在主观上，教育全面的功利化和工具化，造成了教育概念在客观上淡化了对教育本质属性的反映。

②教育概念的内涵和外延不断地扩展

古代教育阶段，中国儒家教育主张"教书立德育人"。古希腊时期的教育倾向于德性培养。14 世纪至 16 世纪，欧洲文艺复兴思想文化运动带有科学与艺术的革命，教育要求人们不断地学习科学文化知识。捷克教育家约翰·阿摩司·夸美纽斯（Johann Amos Comenius）是西方近代教育理论的奠基者，他主张"泛智"教育，培养具有"学问、德行和虔信"的人。德国哲学家、心理学家约翰·弗里德里希·赫尔巴特被称为科学教育学的奠基人，他主张"教育是一门高深的艺术，使儿童学习文化知识，在身心上得到成长，社会道德观、价值观不断完善"[1-14]。瑞士民主主义教育家裴斯泰洛齐（Johan Heinrich Pestalozzi）主张"完整的人的发展说"。英国教育家赫伯特·斯宾塞（Herbert Spencer）被誉为"社会达尔文主义之父"，他主张"教育即为未来人的理想生活做好了充分的准备工作"。美国实用主义教育家约翰·杜威（John Dewey）主张"教育即生活，教育即生长"。这些著名的教育家从不同的角度出发，不断地丰富和扩展了教育概念的内涵。

19 世纪末 20 世纪初，欧美的各种教育思潮对教育概念的理解范围不断地扩展，逐步形成一个以正规学校教育为中心的多层次的教育系统。美国教育家杜威把教育界定为：教育即生活，教育即生长。德国哲学家雅斯贝尔斯（Karl Theodor Jaspers）把教育界定为：人类灵魂的培育。美国历史学家贝林（Bernavd Bailyn）把教育界定为：文化传承。人们对教育概念的理解逐渐超越正规学校教育的范畴，教育概念的外延不断地扩展。

随着教育概念外延的不断扩展，原本许多不属于教育的外在属性被添加到教育的内涵中，把许多与教育相关的现象当作教育本身的现象，以至于教育的内涵过度地膨胀，给予教育概念"过度论释"[1-5]，教育概念不断地呈现泛化和多样化。

1.2.2　教育概念定义的分歧

作为一种与人类社会相伴而生的社会现象，教育活动有着悠久的历史，随着社会的发展而发展。尽管现在教育学已经发展成一门独立的学科体系，但是，人们对于教育学科中最基本、最普遍的概念定义，至今仍未形成统一的认识，分歧和争议较大，甚至出现虚无主义的极端观点。

教育概念定义的特点是：理论学科多、定义模式多、价值取向不同、思想观念不同、表述差异大、认识分歧大。这就造成了教育概念定义的泛化和多样化。

（1）学科视角

教育学的发展具有鲜明的跨学科性，形成多学科交叉融合或分支学科，如教育社会学、教育哲学、教育心理学，等等。不同的分支学科的理论基础不同，对教育概念研究的视角也有所不同。

教育社会学趋向于"实然"视角，也就是基于教育的客观事实判断，探讨教育是什么。教育"实然"的概念定义以事实判断为基础，试图揭示教育的本质属性，但是没有具体明确地反映出教育所具有的价值作用。

教育哲学趋向于"应然"视角，也就是基于不同教育主体的价值取向，追问教育价值，探讨教育应该是什么。教育"应然"的概念定义以各种教育主体的价值取向来规定教育功能、目的和任务，但在某种程度上回避了教育的本质，或者偏离了教育的原初本义。

教育心理学或实用主义者趋向于"或然"视角，也就是探讨教育可能是什么。当"应然"和"实然"观点的矛盾无法调和时，一些学者尝试将视角投向另一方向。例如，美国著名哲学家、教育家和心理学家约翰·杜威的传世名言是："教育是社会生活延续的工具。"

（2）定义模式

美国分析教育哲学家谢弗勒（Israel Scheffler），他在《教育的语言》中把教育的定义方式分为三种：规定性定义、描述性定义和纲领性定义。

教育的规定性定义是作者自己对教育的理解所给出的定义。例如，杜威在《杜威：教育即生活》中提出：教育即生活，教育即生长。梁启超所著《教育与政治》中提出：教育是教人学做人——学做现代的人。

教育的描述性定义是指使用适当的描述来说明教育的事实判断。例如，《教育大辞典》指出："教育是传递社会生活经验并培养人的社会活动。通常认为：广义的教育，泛指影响人们知识、技能、身心健康、思想品德的形成和发展的各种活动。狭义的教育，主要指学校教育。即根据一定的社会要求和受教育者的发展需要有目的、有计划、有组织地对受教育者施加影响，培养一定社会（或阶级）所需要的人的活动。"[1-15]

教育的纲领性定义是指出教育应该是什么，反映了定义者对教育价值的判断和追求。例如，《中国大百科全书·教育卷》指出："从广义上说，凡是增进人们的知识和技能、影响人们的思想品德的活动，都是教育。"[1-16]南京师范大学教育系主编的《教育学》指出："广义的教育是泛指一切增进人们知识、技能、身心健康以及形成或改变人们思想意识的活动。"[1-17]

（3）概念外延

依据概念的外延分类，教育可分为广义的教育、狭义的教育和更狭义的教育。广义的教育包括学校教育、家庭教育、社会教育和自我教育。狭义的教育特指学校教育。更狭义的教育有时专指思想教育活动。另外，按教育主体的主导地位分类，教育又可分为正式和非正式教育，正式教育又包括正规和非正规教育。

这种概念外延的划分方式是机械的、物理的，使得教育内涵"碎片化"或"窄化"，也使得教育在某种程度上偏离了教育本质。例如，在现实活动中"教育"与"教学""课程"的概念时常重叠或混淆使用，或是把教育本质限定为知识技能的传递。

（4）价值主体

从教育起源来看，从来就不是单纯的理性活动，它承担着人及社会生存和发展的任务，所有的教育活动有着明确且强烈的价值追求。对教育价值的诉求有两个主体：一个是教育活动的组织者和实施者，是教育的社会主体；另一个是教育活动的培养对象和被改造对象，是教育的个人主体。分别从这两个主体的价值取向出发，便形成两种价值观念：社会本位论与个人本位论。教育活动就是两种主体价值观相互融合和冲突并存的长期动态过程。

社会本位论认为满足社会需要为教育的根本价值和首要目的，教育的目的应服从于社会发展需求。从社会本位论的观点来看，教育和经济、政治、文化等其他社会系统一样，都是整个社会系统中的一个子系统，各自承担着一定的社会发展功能。

法国社会学家爱弥尔·涂尔干（Émile Durkheim）是社会本位论的代表人物之一。他认为："教育是年长的一代对尚未为社会生活做好准备的一代所施加的影响。教育的目的就是在儿童身上唤起和培养一定数量的身体、智识和道德状态，以便适应整个政治社会的要求，以及他将来注定所处的特定环境的要求。"[1-18]社会本位论同时强调，教育过程就是把社会的价值观念或集体意识强加于个人。

个人本位论认为，教育目的的核心是个人价值，满足个体自身发展的需要。教育活动等同于个体自身发展的过程。教育定义往往以"学习者"的需求为出发点。

德国哲学家卡尔·西奥多·雅斯贝尔斯（Karl Theodor Jaspers）认为："所谓教育，不过是人对人的主体间灵魂交流活动（尤其是老一代对年轻一代），包括知识内容的传授、生命内涵的领悟、意志行为的规范，并通过文化传递功能，将文化遗产教给年轻一代，使他们自由地生成，并启迪其自由天性。"[1-19]中国人民教育家、思想家陶行知认为："教育是依据生活、为了生活的'生活教育'，培养有行动能力、思考能力和创造力的人。"[1-20]

无论是学术研究还是实践应用，教育概念的定义就是在多种视角、理论、模式、主体和价值取向的交替或混合作用下形成的。教育概念中似乎探寻不到必然的、永恒的和统一的定义，而变动性、多属性、多层次和发展性才是教育概念定义的特征。

1.2.3　教育概念的错位问题

教育研究者力图在理论上追求稳定的、唯一的和永恒的教育本质，教育实践工作者力图在现象和事实中围绕个人和社会主体追问教育价值，但是，关于教育概念定义的分歧和争议不仅没有减少，反而使得教育及其相关概念（如教学、课程）成为定义最多但效果最差的术语。

国内的一些学者也尝试探寻其中的原因。成黎明等认为教育的内涵与外延是不断变化及加速变化的，[1-6]造成教育概念的定义在内涵和外延的定位上的不准确；叶菁等认为教育概念泛化和多样化其实是一种假象，隐藏在这种假象背后的是教育观念的分歧。[1-13]郝德永认为教育概念定义上的"困惑"是：教育、教学、课程等概念定义最多但效果最差，其原因主要是对教育现象的"过度论释"造成的"错位"诠释现象使然。[1-5]无论是概念定位不准确、概念的泛化和多样化，还是教育概念的过度论释，都可归属为教育概念的错位问题。

（1）教育与认知

现代社会阶段关于教育概念的定义，基本上趋向稳定的"应然"式描述。例如，联合国教科文组织1976年在《国际教育标准分类》中将教育定义为"教育不是广义的一切教育活动，而是有组织的、有目的的传授知识的工具"，1997年又将教育重新定义为"教育是能够导致学习的交流活动"[1-21]。英国德·朗特里编的英国《西方教育词典》则将教育定义为："成功地学习（不一定是，但通常是在教师的辅导下）知识、技能、态度的过程。"[1-22]中国的教科书基本上将教育定义为认知和发展思想品德的活动。[1-15][1-16][1-17]从这些定义可以看出，教育仅有的核心内涵是认知活动，进而对人的思想品德产生影响，已经没有古代教育"育人"的内涵，也没有近代教育"生命的领悟"或"完整的人的发展"的内涵。教育概念的"育人"属性已经淡化，或者错位为"认知"，教育的概念和认知的概念在本质上已经是相同的了。教育已等同于认知教育。

从概念演化的特征来看，概念的主观性充分反映人们的价值观念。当前社会和个人的知识观深刻地影响了现代社会的教育概念。

在现代社会，人类在实践中积累和传承了大量的知识，创造出先进的科学技术；同时科学技术不断地快速发展，越来越快地生产或发现更多的新知识，使得知识成为人类社会生产活动中最强大武器和智力资源。知识作为一种智力资源，已经超越劳动力、自然资源和资本，成为第一位的社会生产要素。因此，知识的生产、传播和运用活动在社会发展过程中越来越发挥决定性的作用。

对于个人而言，个人的发展过程是个人通过认知活动来掌握知识、技能、语言、规范、价值观等，来传承人类的精神财富，接受社会行为准则，适应于社会和作用于社会的社会化过程。"知识改变命运"和"知识就是力量"等认知已深刻影响了人们的知识价值观，人们认为人的最大的财富就是知识，拥有足够的知识可以创造更大的财富，而且，知识是一种永远不会贬值、不会丧失的财富。

教育是人和社会生存和发展的基础，在当前社会和个人的知识价值观的主导下，教育的首要职能就是认知，所以，教育概念的内涵被赋予认知的本质是人和社会对教育的价值追求。在这种价值追问下，本质主义是无法给出"实然"教育概念的定义的。

（2）教育与教学

从概念的外延、内涵属性关系来看，教育是教学的上位概念，教育与教学是整体与局部的关系，教学是教育活动中最重要的构成和实现教育功能最基本的途径，教学也必须按照教学思想、教育方针分步实现教育目的。下面是一些具有代表性的教学概念定义。

苏联著名教育家 M. H. 斯卡特金（M. H. Ckatknh）认为："教学是一种传授社会经验的手段，通过教学传授的是社会活动中各种关系的模式、图式、总的原则和标准。"[1-15]

美国教育心理学家杰罗姆·布鲁纳（J. S. Bruner）认为："教学是通过引导学习者对问题或知识体系循序渐进的学习来提高学习者正在学习中的理解、转换和迁移能力。"[1-23]

《中国大百科全书·教育》关于教学概念的定义是："教师的教和学生的学的共同的活动。学生在教师有目的、有计划的指导下，积极主动地掌握系统的文化科学基础知识和基本技能，发展能力，增强体质，并形成一定的思想

品德。"[1-24]

从这些代表性的概念定义来看，教学是一种认知活动，其核心内涵是传授知识。在现代教育实践中，教育和教学的概念在许多场合下是混合使用的。

（3）教育的错位概念分析

①哲学上主体和客体的关系

在哲学上，主体是指认知活动和实践活动的承担者或实施者，客体是主体的认识对象和活动对象。马克思主义哲学原理认为，主体和客体是事物运动的内在构成，它们存在认识和被认识、改造及被改造和相互作用的关系。在实践活动过程中，主体一方面受到客体的限制，另一方面又能动地发展能力和主动地追索功利，超越客体的限制，从而推动主体和客体共同得到改造、完善和发展。

②教育的主体和客体

依据马克思主义哲学原理，教育主体是教育实践活动的组织者和实施者；教育客体是教育实践活动所培养的对象和被改造对象。广义的教育主体包括政府教育管理及相关部门、学校和教师等教育组织和实施者；狭义的教育主体是学校和教师，更狭义的教育主体就是教师。教育客体就是受教育者（学生）。教育主体代表的是社会生存和发展的需求；教育客体的本质是人的生存和发展。所以，教育可以被认为是一种培养人的社会实践活动。

③教学的主体和客体

在教学模式研究中，关于教学的主体问题一直是教学研究的热点问题，具有代表性的观点有：赫尔巴特的"教师中心论"、杜威的"学生中心论"，以及中国流行的"主体—主导论"和"共体论"等。关于教学主体的观点有很多，但是，关于教学的客体问题却鲜有研究。这是教育和教学概念泛化而出现的现象。

如果认为教学的本质是认知活动，那么，教学的客体就是知识，教学过程强调知识的内化和转化。以苏联著名教育家 M. H. 斯卡特金为代表的"知识论"教学定义就反映了教学的认知属性。

如果认为教学是实现教育目的的手段、教育的本质是"育人"，那么教学就是"育人"活动。这时，教学具有教师和学生的双主体或共主体，教学的客体是学生。中国著名教育家、华东师范大学终身教授叶澜认为："教师在学生面前呈现的是其全部人格，而不只是'专业'。"[1-25]叶澜的"教学的学生人格"观点，说明了教师作为教学的主体对于学生具有"育人"的职能；学生也是教学主体，对自身作为客体具有发展的职能。它反映了教师和学生同时是教学的主体；学生作为教学的主体，同时也是教学的客体。"共体论"也符合赫尔巴特的"教育性教学"思想，体现了教学作为教育的手段，其本质仍是"育人"活动。

④认知的主体和客体

认知主要是指人们获得知识的活动。与教育和教学的主体和客体相比，认知的主体和客体非常明确，没有争议。在认知活动中，许多人更关心获取知识带来的社会"智力资源"价值和个人"财富"价值。

认知虽然是教育和教学活动的基本职能，但是人作为认知的主体，所获得的知识并不会直接转化为改造自然的能力和创造力。相关研究表明，人所拥有的知识数量和人具有的能力并不是线性比例关系，和人所具有的创造力更没有直接的因果关系。改造自然、创造价值最终是依靠人的主观能动性。它属于人的精神属性。

从概念的主体和客体关系分析，教育、教学和认知三个概念的泛化，并不是由于概念内涵相近而是客体的错位，以致造成概念的错位。这也是在市场经济背景下，人们的教育观、教学观和知识观追求功利化的反映。

综上所述，教育概念的演化、分歧、错位和泛化等问题，都可以归因于个人和社会对教育价值的过度追求——教育全面的功利化和工具化。

1.3　教育的价值观

教育价值观是指人们对整个教育核心价值的看法或观念，反映了人和社会对教育价值的追求，对于教育活动起着主导作用，也是教育发展的决定力量。

教育目的是指国家或社会对教育所要造就的人的质量规格所作的总体规定与要求，是教育活动的出发点和归宿。按照价值取向分类，教育目的可分为个人本位的教育目的和社会本位的教育目的。

教育的功能一般指的是人类教育活动和教育系统对个体发展和社会发展产生的作用与影响，包括个体发展功能和社会发展功能。

1.3.1　社会本位论教育价值观

19世纪下半叶，法国社会学家涂尔干提出了社会本位论。社会本位论从人的社会属性出发，强调人的一切都是从社会得来，个人发展必须依赖并从属于社会，社会价值高于个人价值。社会本位论的代表人物有法国的爱弥尔·涂尔干（Émile Durkheim）、德国的保罗·吉哈德·纳托普（Paul Gerhard Natorp）、德国的乔治·凯兴斯泰纳（Georg Kerschensteiner）、美国的威廉·钱德勒·巴格莱（William Chandler Bagley）和法国的奥古斯特·孔德（Isidore Marie Auguste Francois Xavier Comte）等。

（1）社会本位论的教育目的

社会本位论的教育目的是将个人培养成符合社会需求和社会价值的社会成员，完成个人的社会化，保障和维持社会的发展；教育过程必须将社会的价值观念和准则强加于个人，把个人培养或塑造成为社会发展所需要的人。

社会本位论教育目的的主要观点有：一是人是社会人，人的生存和发展都不能离开社会，并且受制于社会，每个人都处于一定的社会关系之中，个人价值的实现必须通过社会价值来实现；二是教育的主要目的是培养适合社会需要的社会成员，对受教育者的培养必须以社会经济的发展需求为导向，培养社会需要的人才；三是每个人都是既定社会意识形态的维护者，更多强调社会的价值，并要求个人利益服从和服务于社会利益；四是教育必须为社会的发展和进步服务，人是实现各种社会目的的工具，将个人工具化。[1-26]

社会本位论一味强调教育的社会价值，忽视个人价值和人的自然属性，势必影响到教育过程中人的个性化发展。

（2）教育的社会发展和个体发展功能

①教育的社会发展功能

教育的社会发展功能是指教育对社会的存在与发展所具有的功用与效能。教育通过传承和发展知识、思想、道德、文化等人类社会的精神财富，为生产、政治、经济、文化和军事等社会各个活动培养社会成员，使社会得以存在、延续与发展。这是教育最基本的社会职能。无论是处在哪个历史阶段，还是处在何种社会制度，教育都是在发挥着传承人类社会精神财富的作用和承担培养社会所需要的人才的职能，促进社会的发展。

②教育的个体发展功能

个体的发展包括个体的社会化和个体的个性化两个方面。每一个人都生活在一定的社会关系中，不存在脱离于社会之外的"纯粹"个人。刚出生的人类幼儿，只是一个生物体的存在、一个自然人，只具有自然属性而没有构建社会属性。社会化是自然人通过学习获得知识技能、价值观和社会规范，形成人格特征，转变为社会人的过程。个性化是个体在成长过程中由于个体差异、教育方式和生活环境等因素的影响，在成长过程中逐渐形成独特的、稳定的、具有一定倾向性的心理特征（包括能力、气质、性格、需要、兴趣、理想、信念、价值观等心理成分）的过程。

社会化的基本途径包括社会教化和个体内化两个侧面。社会教化是社会主体（包括学校和非学校系统）运用各种手段和力量对其成员施加影响、教育感化，着重于个体社会属性的塑造，使之融入社会的过程。它属于广义的教育范畴，包括学校和非学校系统结合的动态交叉教育感化形式。个体内化是个体以一定的方式接受社会教化，把获得的知识技能、价值观、规范等内化为稳定的行为方式和人格特征的过程。对于个体而言，社会教化是外部系统对其施加影响的过程；个体内化是自身内部接受外部影响的过程，两者相辅相成，共同构成个体社会化的内外两个侧面。

个体的发展不仅包括个体的社会化，还包括个体的个性化，特别是在青少年阶段，学校教育对个体的发展起着决定性的作用。首先，青少年是个体生理、心理和智力都处于高速成长的阶段，随后便进入成熟的稳定阶段。个体的社会价值、行为规范、智力水平、个性心理等特征一旦形成，便处于一种稳定的状态，以后很难使之产生较大的变化。其次，学校是一个功能系统化、教育过程科学化、环境相对平稳化的社会机构，为青少年的社会化和个性化过程提供充分有力的保障，是其他社会组织难以替代的。虽然学校教育是承担个体社会化职能的社会机构，同时也是个体个性化发展的重要手段，理应同时发挥个体社会化和个体个性化的作用，促进个体的全面发展，但是，无论是古代教育还是现代教育实践中，学校教育往往忽略个体个性化发展，甚至压抑或抹杀人的本性。这是由于社会本位论教育价值观强调社会价值高于个人价值。

1.3.2 个人本位论教育价值观

在古代教育阶段，教育理念一直被政治和宗教所独占，使教育的职能完全为统治阶段服务，人的主体性一直被压抑或被忽略。例如，中国宋代著名的儒学思想家朱熹提出"存天理，灭人欲"主张；明代杰出的思想家王阳明也向他的弟子提出"存天理，去人欲"思想。中国封建统治者长期实行"外儒内法"的教育和统治手段，禁锢人性自由，维持封建统治。这些教育理念是典型的社会本位论教育价值观。

18 世纪的西欧兴起了个人本位教育思想，主要的代表人物是法国思想家让·雅克·卢梭（Jean-Jacques Rousseau）、瑞士的裴斯泰洛齐（Johan Heinrich Pestalozzi）、德国的伊曼努尔·康德（Immanuel Kant）、美国的亚伯拉罕·马斯洛（Abraham H. Maslow）和法国的让-保罗·萨特（Jean-Paul Sartre）等。个人本位论强调个人价值高于社会价值，主张教育的目不是社会服务，而是服从于个体的需要，发展人的个性，促进个体价值的实现。个人本位论的兴起给社会本位论教育价值观带来有力的挑战。

（1）个人本位的教育目的

个人本位论的教育思想继承了自然主义和人文主义的价值观，主张依据个人的自然本性和个人价值需求来制定教育目的。其主张的教育目的主要包括两个方面。

①培养自然人性

法国思想家卢梭是个人本位论的代表人物。他提出的"自然教育"思想，主张教育必须遵循自然，顺应人的自然本性，反对社会对个人的约束，教育应该培养不受传统束缚、能够适应社会生活的"自然人"。

②实现个人价值

无论是卢梭，还是裴斯泰洛齐或康德等个人本位论者，都是以个人价值为出发点，认为有利于个人价值的教育就一定有利于社会发展，但有利于社会价值的教育，不一定有利于个人发展，所以，教育价值取向应该以是否符合个人价值为评价标准，教育目的应该以个人价值为中心，实现个人价值。

（2）个体的个性化功能

社会本位论强调社会价值高于个人价值，所以在教育的个体发展中重点实施个体的社会化而忽略个体的个性化。个人本位论强调个人价值高于社会价值，是否应该大力提倡个体的个性化呢？答案是否定的。个人本位论提倡顺应人的自然本性，强调教育以个体发展为目的，使人成为真正独立的生命体，主张的教育目的是"培养自然人性"和"实现个人价值"，并没有提倡培养塑造个体的个性，促进个体的个性化。

简单而言，个性是个体心理特征的总和，是多侧面、多层次的心理特征的复合，具有一定倾向性、稳定性和独特性，对个人的行为起着控制的作用。个性是随着个体成长而逐渐形成的。人总会成长的，稳定的、独特的个性总会形成的。某一个体的个性与他的个体差异、教育方式、生活环境和个人经历等因素有关，不会因为没有接受教育就不形成稳定的、独特的个性。学校教育对个体的社会化起着决定性的作用，同样对个体的个性形成有着深刻的影响，由此提出以培养塑造个体的个性为目的的教育——个性化教育。个性化教育的教育目的是培养塑造优良个性，使个体的发展符合社会发展需求和个体自身发展需求。

社会本位论过分强调教育的社会价值，实施同质化教育，压抑个体的个性化。个人本位论以个体价值为出发点，使教育对个体的个性化提出新的思考，对同质化教育提出了挑战。个人本位论提倡"培养自然人性"，使人成为真正独立的生命体，重视教育的个体个性化功能。但是，个人本位论反对教育中社会价值对个体价值的约束，并没有促进个性化教育的产生，而是提出差异化教育（虽然许多人把它称为个性化教育，但是它的教育目的是实现个体价值，而不是培养塑造优良个性）。

按照社会历史发展历程来看，社会本位论和个人本位论的关系相互对立排斥。就当今社会而言，社会本位论仍处于主导地位，个人本位论处于从属地位。两者个体的个性化方面将会面临新的教育观念碰撞。这必然为个性化教育走向实施提供理论探索依据。

1.4 教育的本质观

教育是什么？或者，教育的本质是什么？这是教育研究中最核心的根本问题。哲学上关于事物本质的研究，往往通过分析事物的各个要素之间的根本联系，以及事物和其他事物之间的区别来探讨事物的根本特征。所以，关于教育本质的研究，需要找出教育活动中各个要素的特征和相互联系，还需要探讨教育活动与其他社会活动的根本区别。

但是，从当前关于教育概念定义的研究情况分析来看，人们似乎不重视教育活动与其他社会活动的根本区别，或者不区分教育活动与其他社会活动的边界，试图利用"教育能做什么"来推论"教育是什么"。这就造成教育概念定义呈现多样化、虚无化，甚至极端化。长期以来，国内外学者从不同的学科视角、不同的价值观进行了探索，提出了数量繁多、各种各样的教育本质观。这些本质观存在着巨大的分歧和争议，甚至出现教育"没有本质"[1-27]"不可定义"[1-5]等极端的反本质观点。分歧争议、主观臆断、虚无和漠视是当前教育本质观研究的状态。

在市场经济背景下，当代教育已经严重地功利化和工具化，教育价值观对教育本质观的反向影响是巨大的，即使是在理性的哲学研究领域，也无法摆脱教育主体的价值追问，反映了现代教育活动中来自各个方面的巨大功利诉求的分歧和无奈。下面通过分析比较教育本质研究中哲学本质观和本质逻辑，来抽象教育的本质属性。

1.4.1 本质主义和反本质主义

在哲学上，本质与现象是两个相对的概念。本质反映的是事物的内部联系，是由事物的内在矛盾所规定的，是普遍必然的，从整体上规定了事物固有的运动规律、最基本的性能和发展的方向。现象是本质的外部表现，是偶然的和多变的。人们可以观察和感知事物的现象，但本质"深藏"于多变的现象背后，必然通过人的"理性"探索才能"揭示"事物的本质。人们进行各种认识和实践活动，其目的是透过现象揭示本质，掌握事物的运动规律、基本功能和发展方向。

（1）本质主义

本质主义（essentialism）认为事物皆有其本质，人们可以运用意识、理智或知识，透过现象揭示本质的理论。本质主义的源头可追溯到古希腊哲学的萌芽时期，逐渐成型于17世纪，一直持续影响到当代。西方哲学唯心主义和唯物主义两大基本派别在演进过程中，出现众多的学派，包括柏拉图主义、经验主义、逻辑经验主义、理性主义、实证主义、科学主义等，都认同、坚持和维护"本质范畴""本质信念"与"本质追求"等理念，以追求揭示事物的本质为研究的终极目标，都属于本质主义学派的阵营[1-28]。本质主义的思维模式表现在本体论、认识论和方法论三个维度上。

①本体论

本体论是关于探究世界的本原、一切实在最终本性的理论。本质主义信仰任何事物都存在其本质，且本质是唯一的、必然的、永恒的、超历史的和深藏在现象背后的，相信透过现象揭示本质就可以把握事物的规律、性能和发展方向。

②认识论

认识论是关于认识来源、知识判断、认识形式和认识过程等问题的理念。本质主义认为本质隐藏在事物的背后，人类的自然感知或直接观察到世界事物的现象是不真实的，但相信人的意识可以把握事物的本质。人的意识对事物唯一本质的反映（包括概念、命题和理论），被尊崇为"真知识"，即真理；其他的反映是"意见"，即"伪知识"。人类可以通过理念推理和经验实证判断等科学认知和实践活动获得知识，把握本质是科学研究的终极目标。

③方法论

方法论是关于人们认识世界、改造世界方法的理论。本质主义承认人类的认知能力是有限的，必须经过反复不断的认识和实践活动才能认识世界和改造世界。认识和改造世界是不断反复的、无限发展的、永无止境的过程。

从思维模式上看，本质主义是一种信仰本质存在并以追求揭示事物本质为研究目标的知识观和认识论路线。关于本质的哲学理论主要有三大思维模式：

传统本质主义本质观、辩证唯物主义本质观和后现代主义本质观。

（2）传统本质主义本质观

传统本质主义起源于古希腊时期的柏拉图理性主义，主要有客观唯心主义和机械唯物主义学派。传统本质主义认为，任何事物本身都隐藏着一个固有的、唯一的、永恒的根本属性，也是该事物区别于其他事物的规定性。一旦揭示了事物的本质，就能够占有真理，把握事物发展的动机和原因，以至可以控制该事物。所以，本质是真实世界的主宰和根据。但是，事物的本质往往隐藏在其外在表象（即现象）的背后，无法通过直接观察或自然感知的方式来获取。

在本体论上，传统本质主义首先坚信任何事物自身都固有本质，而且事物的本质是唯一、永恒的，不会因时空条件的变化而变化。在认识论上，传统本质主义认为事物的现象是不真实的，但相信人的意识可以把握事物的本质。在方法论上，传统本质主义提出了"本质—现象"二元论，试图从纷繁复杂的现象中找到反映本质的知识，并以知识来代表或标示事物的唯一本质；认为只要掌握了普遍的认识方法，就可以获得超历史的普遍必然的知识。

无论是客观唯心主义，还是机械唯物主义，其本质观都是以孤立、片面、绝对、静止的态度看待事物，没有认识到事物具有普遍联系、相对运动、发展的特性。本质主义把事物的复杂现象还原为唯一、恒定不变的本质，把本质看得比事物本身更为先在和真实，从而导致对事物自身整体的忽视。所以，传统本质主义本质观是一种僵化、封闭、独断的思维方式与知识生产模式。

（3）辩证唯物主义本质观

与传统本质主义关于绝对和静止的本质观不同，辩证唯物主义认为本质是生成的、发展变化的。辩证唯物主义提出质量互变规律、否定之否定规律、对立统一规律（矛盾论）等理论来反映事物本质的变化和发展规律。

辩证唯物主义的物质一元论认为世界的本原是物质。恩格斯说："世界的真正的统一性是在于它的物质性。"意识是客观物质世界在人脑中的反映，物质是第一性的，意识是第二性的。辩证唯物主义认为事物发展的根本原因在于事物内部的矛盾性。事物矛盾双方又统一又斗争（对立统一规律），促使事物不断地由低级向高级发展。

任何客观存在的事物都有多方面、多层次的属性，属性不是唯一的，包括根本的、主要的和次要的，其中，事物的最主要的和根本的属性，称之为该事物的本质。本质是事物的内在联系或内在矛盾和根本特征，是事物的质的规定性；现象是事物的外部联系和表面特征。本质和现象二者是相互联系、相互依存和统一的关系。现象是本质的现象，是本质的体现；本质不能脱离现象，是通过一定的现象表现的，本质总是现象的本质，是现象的内部联系。

辩证唯物主义认为客观事物是普遍联系的，某一事物可能与其他事物具有共同的属性，某些属性对于某一事物来说是主要的，而对其他事物来说则是次要的；某一事物总是具有其他事物不具有的特有属性。例如，人具有三个基本属性：自然属性、社会属性和精神属性。人的自然属性即人的生物属性，如人都有四肢，许多动物也有四肢，四肢属性则是人和许多动物的共同属性，而人的社会属性和精神属性则是其他动物所不具有的特有属性。恩格斯指出："存在的不是质，而只是具有质并且具有无限多的质的物。两种不同的物总有某些质是它们所共有的。另外，某些质在程度上是不同的，还有另外某些质可能是这两种物之一所完全没有的。"[1-29]

辩证唯物主义认识论的首要的、基本的观点是实践的观点：实践是认识的来源，实践是认识发展的动力，实践是检验认识的真理性的唯一标准，实践是认识的最终目的。认识来源于实践，又反过来为实践服务。实践、认识、再实践、再认识，循环往复，以至无穷，认识是不断反复和无限发展的。这就是人们正确地认识世界和能动地改造世界的无限发展的过程。

（4）后现代主义本质观

后现代主义（postmodernism）哲学是在 20 世纪 60 年代以来出现的具有反西方近现代哲学体系倾向的思潮，是对现代主义质疑、反思和批判的一种新的认知范式。它的矛头指向传统哲学中的教条主义、形式主义、经验主义，是彻底反传统、反权威的，也是反本质主义（antiessentialism）。后现代主义哲学的主要特点是反主体性、反普遍性及反同一性，主张多元性、差异性、不确定性、边缘性。

本质主义认为事物皆有本质，可以透过现象揭示本质，但后现代主义批判本质主义的本质信念和"本质—现象"二元论，质疑万物是否存在本质。后现代主义哲学继德国哲学家尼采（Friedrich Wilhelm Nietzsche）提出"上帝死亡"的口号之后，又提出"主体死亡"和"人已死亡"的口号，认为传统哲学的主体和人的概念不现实。法国哲学家让—保罗·萨特认为本质是生成的，提出"存在先于本质"。美国哲学家理查德·罗蒂（Richard Rorty，1931—2007）公开提出了"反本质主义"概念，反对传统本质主义哲学的唯心主义的二元论和机械唯物主义的不彻底性。[1-30]反本质主义认为一种事物确实有许多的特征，但是事物本身却不能区分并告诉人类哪些是本质的、哪些是非本质的；能够区分的只有人类，但是人类却找不到一种标准来判断自己的区分是不是符合原样的，更找不到一种标准来判断自己区分时所使用的标准是不是合理的。[1-27]反本质主义认为根本就无法确证本质的存在。

后现代主义哲学的反本质主义主张是反主体性和不确定性的，让人们不愿追求事物的确定性的特征，无法把握事物稳定性或必然性的基本性能和发展方向，使人们处于一种不安的境地；但后现代主义哲学的多元性和差异性观点，也为人们探索突破传统本质主义困局提供新的视野。

无论是传统本质主义，还是辩证唯物主义，首先在本体论上确信事物本质的存在，其次在认识论上以概念、理念和理论等知识命题来反映事物的本质，确立"本质—知识"模型，最后在方法论上确定生产和发展知识的模式，是一个系统的知识论路线。本质主义本质观是人类认识和改造世界的理性思维模式，但是，世界的复杂多变、无限发展性和人类认识的有限性，造成了人类在认识方面的局限或困境。后现代主义哲学的反本质主义主张试图突破传统的知识论路线，但还没有在哲学上提出新的替代的知识论，只是面对困局而提出一些新的视野。

1.4.2　教育本质观分析

长期以来国内外学者关于教育本质的研究相当活跃，学者们从不同的角度、不同的价值取向提出了不同的教育本质观。有人统计仅国内自 1950 年至 2011 年，分别从教育的功能、教育的价值、教育的结构和教育历史发展的视角，所提出的教育本质观就超过二十种。[1-30][1-31][1-32]这些教育本质观包括：立德树人说、上层建筑说、生产力说、再生产说、生存方式建构说、物质生产说、精神生产说、精神实践说、灵魂培育说、实践活动说、文化传承说、社会遗传说、产业说、社会化说、个性化说、培养人说、指导学习说、知识传递说、交往说、对话说、双重属性说、复合现象说、三重结构说，等等。此后还不断有新的观点提出，而且所提出的新的教育本质观越来越复杂化。这些教育本质观遵循的是"教育有什么"和"教育能做什么"等同于"教育是什么"的思维模式，并没有基于哲学的本质观或方法论来分析、推断或寻求教育的本质，以致当前教育本质观的研究一直处于分歧争议和虚无并存的困局之中。

（1）教育本质观的分析思路

数量繁多、存在分歧争议而又呈现许多极端观点的教育本质观，是众多教育思潮和思维模式裹挟着各种教育价值追求的反映。如何进行批判并从中汲取教育本义的思想，是教育本质观研究分析的目标之一。

基于哲学的本质观是人类寻求事物本质的理性思维模式，那么，教育本质观在历史演化过程中有没有清晰地体现哲学本质主义的思维模式呢？从以上统计的教育本质观类型来看，基本上没有出现有影响的传统本质主义教育本质观、辩证唯物主义教育本质观或后现代主义教育本质观。相反，基于本质主义思维模式所提出的"教育没有本质"[1-27]"教育不可定义"[1-5]等教育本质虚无观点有一定的影响力。

追求确定性和必然性，从而把握事物的发展方向是人类实践活动的目标和价值所在。本质主义提出的以追求揭示事物本质为目标的认识论路线，仍是人类把握事物的发展方向的思维模式。所以，传统本质主义本质观和辩证唯物主义本质观可作为人们分析、评论和批判当前分歧争议、数量繁多的教育本质观点的依据和理论方法。

（2）教育本质观的多元特征

通过分析国内所提出的二十多种教育本质观，可以发现不同的学者从各自的视角提出"应然"的教育本质观，总体呈现差异化、多元化和多样化特征，几乎包含社会实践的各个方面。这不仅仅是所提出角度和思维模式不同的问题，也非常明显地体现了"过度论释"的现象。教育本质观的提出者把教育活动和其他社会活动所有共有属性也抽象为教育的本质属性，造成教育本质观的泛化。

传统本质主义本质观认为本质是唯一的、永恒不变的和必然的；现象是偶然的、多变的和不真实的。其主张的"本质—现象"二元对立论无法支持教育本质观的多元性或多样性。

辩证唯物主义本质观认为事物的属性是多层次或多侧面的，有根本的、主要的和次要的，但不是唯一的，其中，事物的最主要的和根本的属性，才是事物的本质。同时，客观事物是普遍联系的，某一事物和与他事物可能具有共同属性。本质和现象都是事物属性的体现，二者是对立统一关系。现象是本质的现象，是本质的体现；本质不能脱离现象，是通过一定的现象表现的。当前多元性的教育本质观在一定意义上体现了教育属性的多侧面或多层次特征。同时，繁多的教育本质观又呈现了包罗万象的特征，从总体上反映了教育活动和其他社会活动的共有属性。

（3）教育本质的虚无化观点

一方面教育本质观数量繁多，另一方面传统本质主义的绝对、封闭、静止化观点，无法给出唯一性、永恒性、必然性的教育本质观，反而认为教育本质"不可定义"[1-5]。有人认为，教育活动与非教育活动之间没有一个截然清晰的界线，不是一种完全客观、自然、确定的活动，而是许许多多人为活动的泛称，因此，教育的本质是生成的、变化的、多样的。[1-30]有人又认为，教育的内涵与外延是不断变化及加速变化的，在一定程度上加大了对教育定义的难度，但这并不意味着给教育下定义就不可为，抑或没有下定义的必要。[1-6]这些都是虚无化的教育本质观。

后现代主义以浪漫主义、个人主义为哲学基础，其教育思想强调多元性、崇尚差异性、主张开放、重视平等，要求在教育研究中容纳一切规则、方案和标准，强调发展和维护个性的多样性和差异性，提倡自由发展，反对教育预设的终极目标。后现代主义反对传统本质主义的唯一性和普遍性，否认事物本质的存在。

辩证唯物主义本质观认为本质是事物的内在联系或内在矛盾和根本特征，是事物的质的规定性；某一事物总是具有其他事物不具有的特有属性。本质属性和特有属性具有区别性。这意味着教育本质应该和其他社会活动具有区别性，但是，从众多的教育本质观中很难将教育与其他社会活动的本质区别出来。虽然多元性并没有违反辩证唯物主义的"本质—现象"的统一关系，但是教育本质观包罗万象，很明显是一种"过度论释"现象。如果将这些与教育相关的但又不是教育的特有属性剥离开来，那么，多元化的教育本质还能剩下什么。反本质主义者认为："事物就像是一个洋葱，其本质和现象实为一体，如果对其进行分解，一瓣一瓣地剥到最后便什么也不存在了。"[1-33]教育本质的"过度论释"并没有体现教育属性的普遍联系性，反而支持教育本质的虚无化观点。

教育与人类社会相伴而生，从古到今都是实实在在的社会实践活动。教育本质的虚无化观点的核心是否定教育活动的内在联系，否定客观事物的质的稳定性，使人们无法把握教育活动的稳定性运动规律、基本功能和发展方向，不仅不符合社会现实，而且具有强烈的破坏性。

1.5 逻辑起点观

当前对教育本质问题或教育概念定义的研究，单纯依靠哲学上的本质理论或方法论进行探索，并没有平息争议，反而出现虚无化极端观点，于是有人试图从教育的逻辑起点视角来探究，寻求教育的原初本义。

逻辑起点是指任何一种理论、学科、思想、学说、流派等研究对象中最初的、最基本的范畴，是一个逻辑体系的开端。逻辑起点起源于哲学和逻辑学的研究，后来因在各学科理论体系构建中起到重要作用而受到了普遍关注。但是在哲学和逻辑学上关于逻辑起点的概念，至今为止并没有明确的定义。各学科关于逻辑起点问题的研究，主要依据的是德国哲学家黑格尔（G. W. F. Hegel）

《逻辑学》中关于逻辑起点的规定性，并考察马克思在《资本论》中确定"商品"逻辑起点的方法和经验，开展探寻各学科的逻辑起点。在当前的逻辑起点研究中，研究焦点主要集中在逻辑起点对理论体系的作用机制、逻辑起点的规定性和逻辑起点的选定方法等方面。

1.5.1　逻辑起点对理论体系的作用机制

理论是指人们对自然和社会现象，通过概念—判断—推理的理性认识模式，按照已知的知识或者认知，经由一般化与演绎推理等方法，来认识、把握世界的逻辑体系。任何一种理论要成为一门科学的体系，必须按照一定的逻辑进行构建，使之成为系统化的体系。系统化的理论体系构建，要求必须先确定一个能反映知识体系结构中共同规律的基本概念（范畴），作为逻辑推理的起点，使得体系的概念、判断等要素和内在联系形成一条逻辑链条。这个最初的概念称为逻辑起点。在整个理论体系的逻辑链条上，逻辑起点位于最前端。它的确定才能为理论体系的合理性和必然性找到充足的理由和根据。

周越等经过分析和诠释，认为理论体系是由概念、命题或判断构成的知识结构，其中，对于基本问题的回答是整个理论体系的最基本命题。[1-34]例如在哲学理论中，"世界的本质或本源是什么"是基本问题，"世界是物质的"或"世界是意识的"是最基本命题，不同的选择导致哲学理论分歧为唯物主义和唯心主义。这个最基本命题是展开本理论知识结构的前提，逻辑起点则是这个最基本命题中最基本、最普遍的概念。逻辑起点的选择和确定会影响到整个理论体系的建立，其作用是根本性的。

从此可以看出，任何一门科学理论体系要使得其体系内的概念、判断等要素和内在联系建立起一种系统性、条理性规范，使之具有完整的逻辑结构，逻辑起点就是理论体系内在逻辑链条的开端。所以，逻辑起点作为整个理论体系赖以建立的基础，对于理论体系的系统性、规范性发展有着极其重要的影响和制约作用。

"教育的本质是什么"是教育理论体系中的最基本命题，教育逻辑起点是这个命题中最基本的概念。它的选择和确定对教育理论体系的建立起着根本性的作用。对教育逻辑起点的选择确定与对教育的本质观问题的探索，两者具有同质性。

1.5.2　逻辑起点的规定性

至今为止，哲学和逻辑学上并没有给出逻辑起点概念的明确定义，所以，人们对逻辑起点概念的认识并没有取得一致，但关于逻辑起点概念的基本属性，各学科的研究者基本上都认同黑格尔在《逻辑学》中为逻辑起点提出的三条质的规定性："第一，逻辑起点应是一门学科中最简单、最抽象的范畴；第二，逻辑起点应揭示对象的最本质规定，以此作为整个学科体系赖以建立的基础，而理论体系的全部发展都包含在这个胚芽中；第三，逻辑起点应与它所反映的研究对象在历史上的起点相同。"[1-35]之后，马克思在批判黑格尔哲学思想的基础上，运用其研究方法建构起《资本论》，并选择"商品"作为其研究对象《资本论》的逻辑起点。在考察马克思确定研究对象逻辑起点、进行理论体系构建的经典案例后，一些学者建议除了黑格尔所提出的三条规定性之外，还应该补充另外两条规定性[1-35]：一是逻辑起点应与研究对象保持一致性；二是逻辑起点应当以"直接存在"形态承担一定的社会关系。

黑格尔在《逻辑学》中对逻辑起点的发展路径进行了论述："对于科学说来，重要的东西倒并不很在乎有一个纯粹的直接物作为开端，而在乎科学的整体本身是一个圆圈，在这个圆圈中，最初的也将是最后的东西，最后的也将是最初的东西。"[1-36]冯振广等把这论述诠释为：最初的范畴是根据，最后的范畴是从前面的范畴演绎出来的，演绎的逻辑进程就是对最初的范畴的进一步规定、发展和具体化。[1-38]他们认为黑格尔的逻辑起点还可增加第四条规定性：起点和终点是辩证统一的。理论体系从逻辑起点开始，从简单到复杂的逐步展开，其体系的逻辑链条贯穿了理论发展全过程，其逻辑起点的确定有助于形成完整的科学理论体系。

根据黑格尔关于逻辑起点的规定性的论述，以及马克思在《资本论》中准确地选定逻辑起点案例的经验，可以总结出任意一门理论研究选择和确定逻辑起点的 6 条规定性：

①逻辑起点是一门理论中最简单、最抽象的范畴；

②逻辑起点是理论体系的发展演化的初始端，以此作为整个理论体系赖以建立的基础；

③ 逻辑起点应和它所反映的研究对象在历史上的起点相同；

④ 逻辑起点和逻辑终点是辩证统一的；

⑤ 逻辑起点应与研究对象保持一致性；

⑥ 逻辑起点应承担一定的社会关系。

这些规定性反映了逻辑起点的基本特征和作用机制，成为研究者在各自理论体系建构中探寻逻辑起点的重要规则。

1.5.3　逻辑起点的选定方法

一般说来，一门学科只有到了相对发达和成熟的阶段，才便于发现它的逻辑起点[1-38]。黑格尔也指出"要找出哲学中的开端，是一桩困难的事"[1-36]。虽然这些逻辑起点的规定性为逻辑起点的选择和确定提供了重要思维模式和基本方法，但是，依据这些规定性来确定逻辑起点仍是一项艰难的任务。

从思维来看，确定逻辑起点的方法有两种方向相反的思维进程：一种是"从抽象到具体"进程的叙述方法，另一种是"从具体到抽象"进程的研究方法。

无论是黑格尔还是马克思，他们都论述和运用"从抽象到具体"的叙述方法来确定逻辑起点，但是受到唯心主义思想的影响，黑格尔并未从根本上解决逻辑起点的选定方法问题；马克思则运用叙述方法成功地选定了逻辑起点。马克思通过比较辩证法中的叙述方法和研究方法，认为这两种方法在思维行程方向上虽然是相反的，但是在本质上是一致的，而且叙述方法也"显然是科学上正确的方法"。所以，在相关研究中往往也把叙述起点称为逻辑起点，把研究起点称为认识起点。

辩证法的叙述方法是一种从抽象上升到具体的方法，其基本流程是：首先叙述那些涉及一门学科或理论体系中"本源"的最简单问题，从中提取最抽象的原始成分作为叙述起点；然后按照"从抽象到具体"的叙述方法，将此原始成分再抽象到具体的叙述过程中加以充实、丰富和发展，直到最高级、最发达的形式。可以看出，叙述方法在事实上遵循了人类思维从简单到复杂的发展方式。

恩格斯指出："历史从哪里开始，思想进程也应当从哪里开始，而思想进程的进一步发展不过是历史过程抽象的、理论上前后一贯的、形式上的反映。[1-37]"逻辑起点和历史起点的一致性，并不是指对现实的具体历史，而是指对现实的具体的历史经过抽象之后所达到的历史的客观逻辑的一致[1-38]。所以，对理论的历史本源问题进行抽象，寻找理论的抽象历史起点是选定逻辑起点的入点。

综上所述，逻辑起点的选定方法可以从理论研究对象的历史本源问题入手，提出关于理论本源的基本问题作为出发点，依据辩证法的叙述方法进行选择和确定。

1.6　教育学逻辑起点及教育逻辑起点

"教育本质的规定性是什么"是教育研究中一个最核心的根本问题，历史上许多学者做出了很大的努力，但教育本质问题的研究似乎陷入一种困境之中。本书不准备从常规的本质主义理论和方法论角度出发，而是从教育的逻辑起点进行研究，探讨贯穿教育发展全过程的逻辑链条，分析教育活动各个要素的内在联系。

1.6.1　教育学逻辑起点的研究纷争

作为一门研究人类教育的社会科学，教育学通过对教育现象、教育问题的研究来揭示教育规律，指导教育实践活动。教育学也在本领域中一直不停地对教育学逻辑起点的问题进行追问，但至今尚未解决。

（1）层次错杂的教育学逻辑起点观

中国学者对教育学逻辑起点的研究比较晚，一般认为是自 20 世纪 70 年代末期才开始。石远鹏统计出自 20 世纪 80 年代起，约 30 年来中国学者所提出教育学逻辑起点的观点约有 30 种，如教学起点论、学习起点论、人本起点论、知识起点论、文化授受起点论、交往起点论、生活起点论、培养起点论、管理起点论、体育起点论、目的起点论、本质起点论、教师起点论、受教育者起点论、知识新人起点论、儿童起点论、本质主义起点论、劳动起点论、关系起点论、教育起点论、知识授受起点论、传播起点论、双边活动起点论、基本概念—公理起点论、知识分子起点论、社会发展与人的发展的关系起点论、培养目标起点论、价值起点论，等等。[1-39]此外，许多学者还对教育学的多个子类，如高等教育学、思想政治教育学、教师教育学、网络教育学、继续教育学、职业教育学、艺术教育学等，也分别提出数量繁多的教育学子类的逻辑起点，呈现出层次错杂的局面。

对于这些层次错杂而多种多样的教育学逻辑起点观，瞿葆奎等学者将其归属为两大类：单一起点论和多重起点论，其中单一起点论又分为四个群，即活动起点论群、关系起点论群、要素起点论群、属性起点论群。[1-35]多重起点论直接挑战黑格尔的逻辑起点作用机制和规定性的论述。胡中锋更是提出"教育学有没有逻辑起点"[1-40]的观点。教育学逻辑起点和教育本质的研究局面如出一辙，充满了分歧、争议和虚无。

（2）教育学逻辑起点观的多样性原因分析

造成教育学逻辑起点观多样性的问题，中国学者分析了其中产生的原因。石远鹏认为主要有两方面：第一，部分学者从经验或主观感受出发提出自己的逻辑起点观点，未对逻辑起点"质的规定性"进行深刻思考和探究；第二，部分学者虽对逻辑起点"质的规定性"做过一定分析和研究，但各持立场的侧重点不同。[1-39]瞿葆奎等认为，混淆逻辑起点与研究出发点两者间的区别，往往也使人产生逻辑起点应是多重的而不是单一的"错觉"。[1-35]总结起来，不外乎是出自研究水平和研究方法的原因。

从研究对象来看，教育学的研究对象是教育现象和教育问题以及所揭示的教育规律。教育现象和教育问题一直都是在教育价值观主导下形成的，一直裹挟着强烈的利益追求，所以，有人认为教育学是一门带有价值观的学科。胡中锋指出凡带有价值观的学科都不可能有统一的逻辑起点，最终必然导致无起点论。因为人们的价值观是多元的，也是发展变化的，现在没有将来也不可能有统一的价值观。[1-40]教育概念定义的分歧、教育本质观的争议和教育学逻辑起点观的混乱，反映了各种教育价值观在现实的教育活动中严重冲突。

从学科结构来看，教育学不是一种自足自治的科学，而是深刻受制于哲学、心理学和社会学的理论，其倚重抽象思辨和现象直观的特点使教育家从来都缺乏科学理论必需的严密翔实的经验论证。[1-40]教育学的学科独立性一直得不到充分的认可。美国伊曼纽·华勒斯坦（Immanuel Wallerstein）和霍斯金（Keith W. Hoskin）学者在《学科·知识·权力》一书中给出"教育学属于次等学科"的论断，并指出"教育作为多学科网络"。[1-41]德国教育家布雷津卡（W·Brezinka）将教育学分成三类：教育科学、教育哲学和实践教育学。教育学有向多个教育领域方向发展的趋势。所以，教育学逻辑起点研究的领域不同，势必出现多重化逻辑起点观。

本书分析了中国学者提出教育学逻辑起点观的过程和论据，除了以上原因外，最主要的原因应该是没有很好地运用辩证法的叙述方法，或参考马克思在《资本论》中成功选定逻辑起点的经验来选定逻辑起点。大多数学者都只是转述和分析了黑格尔的逻辑起点规定性，从自己感兴趣的研究对象出发，而不是从教育的本源问题入手，运用"从具体到抽象"的研究方法，寻找教育学体系知识的内在联系。知识之间的联系是多方面的，势必引起所寻找的知识起点的多重性。

总之，研究方法偏差、研究不深入和从经验或主观感受出发是当前教育学逻辑起点研究的现状，是造成教育学逻辑起点观层次错杂特征的主因。

1.6.2　教育逻辑起点和教育学逻辑起点的争议

中国学者关注的几乎都是教育学逻辑起点，很少探讨或研究教育逻辑起点问题。瞿葆奎等学者认为逻辑起点是理论体系中思维的起点，离开一门科学或学科的理论体系谈逻辑起点，逻辑起点就失去了依托和根据，所以，探讨教育逻辑起点没有意义。[1-35]这充分代表了大部分中国学者都认可瞿葆奎等人的观点：教育是一种社会活动，不是一门学科，所以，探讨教育逻辑起点问题没有必要，也没有意义。

根据逻辑起点的概念而知，逻辑起点是一个逻辑体系的开端，并没有规定只有对一门科学或学科的理论体系探寻逻辑起点才有意义。如果教育仅仅是一种纯粹的实践活动，不具有思想逻辑体系，那么对它的逻辑起点进行探寻便没有意义。但是，在漫长的教育发展历程中，教育活动一直在丰富多彩的思想体系指导下不断发展壮大。

（1）教育和教育学的关系问题

首先，教育与教育学之间既有区别又有联系。一般而言，教育是一种社会实践活动，而教育学则是一门研究人类的教育活动及其规律的社会科学。一方面，教育与人类社会相伴而生，广泛存在于人类生活中，教育学只是在教育发展到比较进步的历史阶段才出现的，作为一门学科来揭示教育规律和指导教育实践；另一方面，教育的实践对象是人，是作用于人的实践活动，教育学主要是以教育现象和教育问题为研究对象，是关于教育活动的理论体系。

其次，教育实践孕育了教育学。教育是人类社会众多活动的一种，与人类社会相伴而生。在长期的教育实践中，产生了许多不朽的关于教育知识或教育思想的著作。如在古代西方，有柏拉图的《理想国》、亚里士多德的《政治学》、昆体良的《雄辩术原理》，以及普鲁塔赫的《论儿童的教育》等；在古代中国，有《周礼》《论语》《孟子》和《礼记·学记》等，这些著作从古到今一直对教育活动有着深远的影响。这些著作所提出的教育思想是对教育实践的反思和启发，但尚不足以称之为专门的教育学著作，其中不仅仅包含教育的"知识"，还包含有丰富的思想体系。当教育学作为一门学科而存在时，教育学便以教育为研究对象，力图探索和揭示教育的一般规律，以服务于教育实践。所以，教育实践不断地产生并积累大量的知识和思想，经过悠久漫长历程，发展到一个高级的阶段，才产生教育学。

再次，教育与教育学拥有不同的自主性。虽然教育和教育学之间存在着内在联系和相互作用，但教育学一旦作为一门学科而产生，便拥有了自主性和生命力，其发展方向就不受到教育实践控制。教育不是教育学的学术救世主，教育学也绝不是教育的理论附庸。在历史上，许多伟大的教育思想和教育学经典著作经常在教育实践极端落后的时候产生。在现实中，人们很容易地识别出教育学的教育思想或理念和教育活动现实存在的巨大分歧。例如，应试教育作为教育学学术集中判断的教育方式，却顽强地主导着教育实践；个性化教育和灵魂教育是教育学家极力推崇的教育思想，却无法在教育活动中找到实然的状态。教育是在教育价值观而不是在教育学价值主导下的社会实践活动，教育学是对教育现象和教育问题的反思。

（2）关于教育逻辑起点和教育学逻辑起点的争议

从教育和教育学的关系来看，教育和教育学逻辑起点的差异表现在如下几个方面。

①逻辑对象的不同，教育的逻辑对象是培养人，教育的逻辑对象是一元的；教育学的逻辑对象是教育现象和问题，教育学的逻辑对象是多元的或是多重的。

②历史起点不同，教育伴随人类社会而产生，相关研究都展现了教育的来源和发展历程；教育学只是在教育发展到比较进步的历史阶段才出现的，教育学本身就没有一个清晰可辨的历史起点。

③逻辑起点范畴差异，教育逻辑起点肯定是教育或是教育思想的最初范畴，是教育的质的规定；而教育学逻辑起点未必是教育的质，现在还未能确定。

④逻辑起点展开指向不同，探寻教育学逻辑起点的目的是展开教育学理论体系的逻辑链条；探寻教育逻辑起点的目的是揭示教育思想体系中内在要素的联系。

从当前逻辑起点的研究成果来看，关于教育学逻辑起点的探讨，最后的指向"无起点论"。中国学者所提出的教育学逻辑起点的观点约有 30 种。虽然黑格尔的逻辑起点规定性中没有明确指出逻辑起点应是唯一的，但是教育学逻辑起点的"多起点论"无法合理地诠释关于"逻辑起点是最简单、最抽象的范畴""逻辑起点应该揭示对象的最本质规定，以此作为整个体系赖以建立起来的根据、基础"的规定性。基于"多起点论"的观点，每提出一个新的教育学逻辑起点，就是对前面所提出的逻辑起点的否定。目前约 30 种教育学逻辑起点是否都可能存在？这显然是否定的。教育学逻辑起点的"多起点论"必定导致"无起点论"。

关于教育逻辑起点的讨论很少，其中的主要原因是有人认为逻辑起点是"一门学科的范畴"，教育学是一门学科，教育是指教育活动而不是理论体系，所以，探讨教育逻辑起点没有意义。我们可以观察到，马克思在《资本论》中分析逻辑起点时，并没有强调"商品"是经济学的逻辑起点，"商品"是资本理论的逻辑起点，说明逻辑起点可以是一种理论或是一种思想的范畴。在教育体系中，"教育"不仅可以被理解为"教育活动"，还可以理解为"教育思想"，这个"教育"不仅孕育了教育学，还孕育哲学、心理学、社会学等关于人的精神属性的学科，那么，这个"教育"逻辑起点就可以符合这些人的"逻辑起点概念"了。

目前，虽然关于教育逻辑起点的讨论很少，但是相关研究观点相对统一，认为教育思想所叙述的对象是人的社会化问题，教育逻辑起点就是"育人"——关于人的全面成长与发展、人的属性形成与塑造的活动。这个论点的缺点是相关论述不够全面或不能很好地应用叙述方法进行探讨。从这个视角来看，教育逻辑起点研究观点相对统一，至少要比虚无的教育学逻辑起点研究更加有意义。

为了减少争议，本书将教育逻辑起点等同于教育思想逻辑起点，其目的是通过探讨教育逻辑起点来探寻教育的本质属性，而不是为了探寻教育学的学科概念群的内在逻辑关系。本书没有关注教育学逻辑起点的存在性。

1.7 人的基本属性、人性、育人和教育逻辑起点

据上所述，黑格尔的逻辑起点规定性和辩证法的叙述方法，是探寻教育逻辑起点的重要依据和可靠方法。运用叙述方法的基本流程是：从研究对象的历史本源问题入手，提出关于研究对象本源的基本问题，并从中提取最简单、最抽象的概念，叙述这些概念的展开和深化的过程，分析这些概念和研究对象中核心概念群的逻辑联系来确定逻辑起点。

1.7.1 人的基本属性

教育是关于人的社会化、人的全面成长与发展的社会实践活动，抽象而言就是关于人的属性形成与塑造的活动。研究和确定人的基本存在，是研究人的各种问题的前提条件，也是认识论中历史和逻辑发展的辩证统一。[1-42]人是什么，如何理解人的基本属性和人的天然属性，是人性观所研究的内容。

马克思的人性观认为人的最基本属性有自然属性和社会属性。一体心理学认为人区别于其他种类的生命体，不仅在于人的自然性和社会性，更为本质地表现为人的意识和精神，所以，人包含了三种基本属性：自然属性、社会属性和精神属性。

（1）自然属性

人作为生物体，像任何生物一样为了维持生命的延续，会努力地争取各种物质和能量、生存空间，需要持续不断地和外部世界进行物质和能量交换，进行自身新陈代谢、维持生命和繁衍后代的生命活动。人的生长发育遵循着生物

体发展的客观规律性。满足生命延续的本能，是人作为生命体与生俱有的先天属性，就是人的自然属性。

人的自然属性与其他生物或动物一样，也体现出求生、趋利避害和为了利益不惜相互争斗等利己本能，以及附着其他的利益追求，形成人的欲望源泉。马克思指出："人直接地是自然存在物。"恩格斯也指出："人来源于动物界这一事实已经决定人永远不能完全摆脱兽性。"[1-43]《孟子·离娄下》中有"人之所以异于禽兽者几希"，意思为人和禽兽的区别是很少的。这说明了人作为生物体并没有脱离其他生物或动物的共同特征。

人的自然属性是先天的、物质的，保持着生物的利己本能，体现了人与自然界物质和能量交换的特征。

（2）社会属性

考古学、人类学和社会发展史都证明了人是由古猿进化而来的。恩格斯的人的进化理论认为，在原始公社中"正在形成中的人"并不像其他的动物一样独自觅食或者小群体地生存和活动，而是结合成为一个分工合作、共同活动和互相交换其劳动的依存关系，才能进行生产劳动和其他实践活动。人在生产劳动等活动中必然形成了各种各样紧密的关系。恩格斯认为人类的劳动促使了"正在形成中的人"逐渐地形成相互依存、超乎个人的有机整体，形成了社会，人也进化为"完全形成的人"。人是自然的存在物，是社会的存在物，也是社会的产物。

人类社会发展趋势是分工越来越精细，人类的个体对社会依存度越来越高，最终发展到个体无法独立于社会之外。人类社会的发展最终将成为一个人类命运共同体，超越国界和制度进行分工合作共赢，生产要素跨国流动，国家之间相互依存，维护共同利益，促进共同发展。人总是依附于社会之中，彼此进行相互交流和利益交换，才能适应和改造自然环境，才能维持人的生存和社会的持续发展。马克思认为："人的本质是一切社会关系的总和。[1-37]"所以，人的社会属性是人区别于其他生物的本质属性。人的社会属性对自然属性有制约作用。

人的社会属性是后天的、精神的，体现了个体对社会的依附本能、利益交换关系和个体之间的相互交流。与人的自然属性的利己本能不同，人的社会属性的利益交换关系的基础是利他原则。人的自然属性和社会属性存在着天然的对立或排斥关系。这种对立关系如何在逻辑上达到统一，是人性存在的合理性支撑。

（3）精神属性

任何动物对外界的信息刺激都具有反应的本能，使得自身活动与外界环境相适应。但人超越了任何动物对外界的信息反应能力，具有意识能动性。人通过意识活动，包括感觉、知觉、思维在内的一种具有复合结构的最高级的认识活动，产生情感、理念、意志和道德等精神反应，支配着个体进行自觉的、能动的活动。人不仅进行物质活动，还可以进行能动的精神活动，并能将人的意识能动地转化为认识和改造客观世界的实践能力和创造力。精神属性是人区别于任何生命体的核心属性。它包含四种精神元素，分别是利他情感、意志品质、理性思维和道德素养。

从根本上说，人的意识是人脑所具有的一种特殊的机能，是对于客观事物的观念反映，所以，人的精神属性是以自然属性为前提的，或是从属于自然属性。

人的精神属性是后天的。它的产生根植于人的社会生活，包括每个人成长过程中所处的家庭环境、社会环境，以及成长过程中所受的教育和各种经历等，对其产生精神的综合影响作用。离开人类社会生活，人将无法获得人的利他情感、意志品质、理性思维和道德素养等精神特性。从这个意义上看，人的精神属性又从属于社会属性。

因此，人的精神属性在物质基础上从属于人的自然属性，在形成和存在上又依赖于人的社会属性。人的精神属性既从属于人的自然属性，又从属于人的社会属性，体现了人对外界环境的信息交换。同时，人的精神属性体现为认识和改造客观世界的实践能力和创造力，是自然属性和社会属性对立关系达到统一的逻辑支撑。

1.7.2　人的生命体逻辑结构模型

马克思的人性观认为，人的基本属性只有自然属性和社会属性。一体心理学同时认为，人的自然属性和社会属性是平行、并列、相互依赖的。人的精神属性是在社会属性的基础上分离出来的，在物质基础上从属于人的自然属性，在形成和存在上又依赖于人的社会属性。心理学认为人的基本属性在组成结构上是分为三个种类、两个层次的统一体。

在逻辑关系上，人的三个基本属性体现了对立平衡关系。人的自然属性的特征是利己性，人的社会属性的特征是利他性，人的精神属性的特征是利他情感支配和受道德约束性。人的自然属性和社会属性是依附和对立的关系。这种对立关系受到社会制度、法律等规则的显性外在限制，同时受到精神属性的道德层面的内在隐性约束。所以，人的精神属性在内容特征上起着平衡的作用。

在系统结构上，人的自然属性、社会属性和精神属性共同组成了一个生命活动系统的"物质—结构—信息"结构模型，如图 1-1 所示。

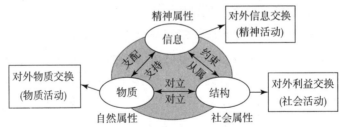

图 1-1　人的生命活动系统结构模型

在人的生命活动系统的结构体系中，包含物质活动、社会活动和精神活动。人的物质活动在一定外在的社会关系中，在人的内外意识或精神的支配下，对外进行物质交换，体现为人的自然属性。人的社会活动以生命实体为基础，在社会制度、法律等规则的约束下，对外进行利益交换。人的精神活动以感官、人脑的机能为基础，在社会活动中对外界环境进行信息探测和反映的精神活动，将人的意识能动地转化为认识和改造客观世界的实践能力和创造力、思想品德等，体现为人的精神属性。

在人的"物质—结构—信息"生命活动系统结构中，人的自然属性是生命体运动的物质基础，体现为个体的新陈代谢、生长发育、繁衍后代；人的社会属性是生命体运动的结构规则，保障了个体在社会生活中的相互依赖、分工合作和利益交换；人的精神属性是生命体运动的信息控制系统，提供运动的力量（能力），决定行为的动机和发展的方向。

所以，人的生命体逻辑结构是一个"物质—结构—信息"生命活动系统，其在内容特征上表现为三个基本属性的相互依赖、相互约束、相互对立的统一关系。

1.7.3　人的利己本能和利他本性

人的精神属性从属于人的自然属性和社会属性，除了具有能动意识特征外，还天然继承了自然属性和社会属性的本能，表现为利己本能和利他精神。心理学把人类天然具备的基本精神属性称为人性。人的精神属性必然是在人性的基础上，在后天的社会活动中进行建构的，且后天的建构无法消除人的天然要素。在后天达到利己和利他、性善和性恶的辩证统一，是人的精神属性建构的逻辑需求，也是"完全形成的人"构成的必要条件。

（1）人的利己本能和无限欲望

社会生物学家把动物为了自身新陈代谢、维持生命和繁衍后代的需求，天然具备追求利益、趋利避害的特征，称为利己本能，或利己天性。人类的进化不仅保留了动物的利己本能，还在利己本能之上附着了其他的利益追求而形成的各种欲望。荷兰哲学家巴鲁赫·德·斯宾诺莎（Baruch de Spinoza）在《伦理学》中指出："欲望，像吃喝一样，是天性的必要。"心理学家认为人类有八种欲望，包括活动欲、占有欲、权力欲、亲近欲、能力欲、成就欲、被认可欲和信仰欲。欲望是驱动人类社会一切活动的根本性力量。无论是政治、宗教、经济、战争，还是教育、文化、艺术、体育等，其社会活动的动力都源于人的欲望。

英国著名哲学家和经济学家亚当·斯密（Adam Smith）在其著作《国富论》中，又提出了"利己是人的本性"的人性假说。《国富论》的出版奠定了资本主义自由经济理论体系的基础，堪称西方经济学界的"圣经"。诺贝尔经济学奖得主、美国著名经济学家乔治·斯蒂格勒（George Joseph Stigler）认为："《国富论》是一座建立在利己主义花岗岩之上的宏伟宫殿。"[1-44]《国富论》认为利己是人的本性，追求个人利益是人们从事经济活动的唯一动力；同时，人的六种自然动机在各种社会机制的平衡和制约下，每个人在追求最大化的个人利益时，会"被一只看不见的手"引导着考虑其他人的利益。由于《国富论》是现代资本主义经济理论体系的奠基石，具有深远的影响力，所以，人们对人的利己本性假说的认知更加广泛。

人的利己本能来自人的自然属性。人们对最大化利益的追求，并不像斯密所说的那样，人的六种自然动机在各种社会机制作用下容易达到平衡，相反，人们追逐利益的欲望更容易永无止境地增长。马克思在《资本论》中指出，商人只要有50%的利润就铤而走险，有100%的利润就敢践踏人间一切法律，有300%的利润就敢冒受绞刑的危险。在外部巨大的利益诱惑面前，社会的任何约束机制很难阻绝人的欲望的增长。人类对利益表现出的"贪"已经远远超出了动物的生存本能之"需"。相关研究表明，多数高级动物在每次捕食达到吃饱后就会停止捕猎，不会习惯于储存食物。只有极少数动物，如松鼠，会为了过冬储存食物。但到了来年春天，松鼠会把多余的或霉变的坚果清理掉，不会长期地储存食物。与这些高级动物不同，人类不但学会耕种、储存粮食、驯养动物，还要不断地积累财富为将来之需，甚至超过一生所需。

古希腊唯物主义哲学家德谟克利特（DemoKritos）指出："欲望是生命力的流露。它可以使人类兴旺，也可以毁灭一切。"[1-45]人们追求利益的欲望，可能诱使人超越社会的道德和规范，甚至使人不择手段、不惜一切代价。英国剧作家威廉·莎士比亚（William Shakespeare）在《特洛伊罗斯与克瑞西达》中写有："欲望，这一头贪心不足的饿狼，得到了意志和权力的双重辅佐，势必至于把全世界供它的馋吻，然后把自己也吃下去。"[1-46] 人的利己本能之上的人类的欲望，远远超出了维持生命的需求，且永无止境地生长，驱动着人们奋不顾身地追求，努力满足自身无限的欲望。爱尔兰剧作家萧伯纳（George Bernard Shaw）在《人与超人》中指出，人的"欲望是经久不息的，需求可以至于无穷"。欲望以强烈的动机驱动着人类社会一切活动，不断地促进人类社会的发展。

人的先天利己本能深藏于人的心理意识底层，是人的生命力的体现，附着了各种永无止境的欲望，无法消灭。人们在后天所形成的价值观、人生观等精神属性也都植根于这种本能，人类从事一切活动的动力都源于人的利己本能。

（2）人的利他本性和利他行为

人的本性是自私的，利己是人的本能，但是人在社会生活中同时又是利他的。亚当·斯密于 1759 年在他的第一部著作《道德情操论》中提出了"利他是人的本性"的人性假说，1776 年才在《国富论》中提出了"利己是人的本性"的人性假说。由于两个假设具有排斥和不相容性，人性假设的"斯密难题"因此而产生。人类社会一切活动的动力都源于人的利己本能，但是，植根于人的利己本能之上的欲望是非理性的、永无止境的，既可促进人类不断发展，也可以毁灭一切。人类社会建立起来的相互依赖、分工合作、互利互惠的关系法则，是利己性与利他性相结合的理性行为准则和规范，也是平衡和制约人类欲望的缰绳。斯密认为人类互利互惠的理性经济活动，不仅是社会性准则和规范的制约作用，还有人的六种自然动机的平衡作用。虽然斯密没有指明人的六种自然动机与利他本性之间的必然联系，但人类的理性活动必定存在利他性的自然根源。

利他行为是一种在客观上有利于他人的行为，不仅在人类社会中存在，在自然界中也存在。群居性动物的利他现象比较普遍，如蚂蚁和蜜蜂社群中，没有生殖能力的工蚁和工蜂终生不辞劳苦地为其他同伴服务；蟊蝠以吸血为生，连续三天不吸血将会死亡，群体中吸到血的蟊蝠把自己吸到的血液反刍给挨饿的同伴，以维持同伴的生命；土拨鼠群在觅食的时候，总是会有一只土拨鼠冒着生命危险担任警示工作；等等。生物学家的普遍观点认为动物的利他行为是其种群存在和延续的一种本能。美国社会生物学奠基人爱德华·威尔逊（Edward O. Wilson）继承了达尔文进化论的观点，认为动物的利他行为是个体以降低或牺牲自身的适合度为代价，来提高或促进其他个体的适合度的自然性选择，目的是最大限度地保存本种群的基因。[1-47]

生物学、基因科学、神经科学、心理学、社会学、伦理学等科学关于动物的利他行为（利他主义）研究，试图建立利他行为的理论或演化模型，来解释人类的利他行为和利他心理，研究人类利他行为的心理机制、生理结构和自然根源。与利他行为相关的理论主要有群体选择理论、亲缘选择理论、互惠利他理论、基因理论等。虽然这些理论存在一定程度的局限性，但是也从不同角度揭示了人和动物利他行为的自然根源和行为动机。

人类也是自然界之中的一个物种，人类的利他行为与动物的利他行为在特性上也有必然性的相通。生物学的相关研究证明，人类在进化过程中已经自然选择了社会性相互依赖的遗传特征。人类为了适应直立行走，骨盆在进化的过程中变小，如果胎儿在母体中完全发育，或与猴子胎儿相接近，就会造成胎儿过大而难产。幼猴出生时，其大脑已经达到成年猴子大脑的 70%，其余的 30% 在 6 个月后达到成熟。而人类婴儿在出生时，其大脑只是成人脑量的 23%，在出生 6 年后才迅速发育，直至 23 岁左右才能发育完成。人类婴儿出生时只是不成熟的"半成品"，需要安全的社会性环境来保障其继续发育。人类在遗传特征上就选择了对社会的依赖，人与生俱来就附带了互利互惠的生物本能，也就是人先天具有利他行为的自然根源和基础。在生物层面的基因遗传和进化决定了人类的生理结构和自然特征，先天具有互利互惠的生物利他本性。

人的利己本能来自人的自然属性；人的利他本性出自人的社会属性。人的基本属性具有自然性和社会性的统一，人的利己本能和利他本性也是统一的。人类的利他行为是人的利己本能的外在表现，受到自然属性与社会属性的双重限定。[1-48] 自然界中动物的利他行为是无意识的、纯洁的，无利益回报作为前提，是自然群体选择的结果。人类是有意识的生命体，人的社会行为总是受到某种动机的驱动。虽然人类也有无意识的纯粹利他行为，但是，在有意识的状态下，人类的利他行为总是需有物质上或精神上回报的刺激。美国社会学家霍曼斯（George Casper Homans）提出的社会交换论认为，人类的一切社会行为都是利益交换。[1-49] 人类的利己行为和利他行为最终都是由自我利益所驱动。美国进化论学家和社会生物学家罗伯特·特里弗斯（Robert L. Trivers）提出互惠利他理论，认为互惠利他行为的目的是获得受益者日后的报偿，从而提高其整体生存适应度，实质是基于自利的惠利交换行为。[1-48]

人作为单个个体是非常弱小的，无法独自生活于社会之外，人的成长和发展离不开社会，并且受制于社会性关系法则。人类的生产和利益交换需要从他人那里获得合作和帮助。相互依赖、分工合作和利益交换的关系法则成为人类社会存在和发展的必然选择。社会化的利益交换是人类群体利益的最优化模式，是人的利己行为和利他行为得到统一的模式。利益交换是人类利他行为的社会根源。所以，人类在社会性关系法则的制约下，进行分工合作和利益交换的行为是社会利他行为。

在心理学领域，利他行为被认为是利他主义的外在表现，相关研究试图去解释利他行为的心理机制，称为心理利他主义。心理利他主义认为个体的利他行为在客观上表现为促进他人的利益，但在个体的心理上则不一定是出于自愿自觉的心理动机。在社会心理学领域，利他主义被认为是出于自觉自愿的心理动机，给予他人帮助或利益不求回报。利他行为被看作是心理利他主义的外在行动。美国哲学家托马斯·内格尔（Thomas Nagel）在其著作《利他主义的可能性》中，从心理的角度将利他主义解释为个体行动的一种理性要求，利他主义不是出于自利、仁慈和同情等情感和欲望，而是"为他人利益着想的行动意愿"[1-50]。

在伦理学领域，主张将仁爱之心作为利他行为的道德动机，称为仁爱利他主义。仁爱利他主义要求人们无私地奉献、不惜放弃自己的利益来满足别人的需求，或为了社会大利益应该牺牲个人小利益。仁爱利他主义在伦理学中是一种社会道德原则或价值规范。

人的行为存在着多元化、多层次性和多样性。不同学科从不同的视角对利他行为进行研究，提出了四种一元利他行为理论模型，存在一定的局限性。索伯（Elliott Sober）和威尔逊（David Sloan Wilson）在群体选择理论的基础上提出多级选择理论，倡导利他动机的多元主义。

笔者认为，人是自然属性、社会属性和精神属性的统一体，人的基本属性及人的生命体运动机理决定了人的多元性行为规律。根据图 1-1 人的生命活动系统结构模型，人的利他行为可分为三个层次。

①生物利他本性

在生物层面，人的生物利他本性由人类基因遗传和进化的生理结构和自然特征所决定，人的生物利他本性与动物的利他行为具有相似性，出于自然选择的本能，是无意识的或者是没有复杂的心理动机。人的自然属性是人的生命体的物质前提，在人的生命活动系统结构（图 1-1）中是最基础、最稳定的形态。人的生物利他本性必定对人的社会利他行为和精神利他行为产生恒久的影响。

②社会利他主义

在社会层面，人的社会利他行为由人类生存和发展的社会性关系法则所决定。人类是从动物进化而来的，人类与动物最基本的生存方式是相同的。如何去理解人与其他生命体的本质区别，马克思超越实体主义思维方式，从"关系"的角度来规定和理解人，强调"人的本质是一切社会关系的总和"。从实践的角度来看，人的生存活动由社会性关系法则来规定，个体是无法脱离或超越的。

相互依赖、分工合作和利益交换是社会关系中最普遍的法则，是人类社会作为一个有机体选择"整体适应性"的进化结果。这些社会关系法则决定了人类的生存活动在客观上需要体现为利他性。

社会利他主义在客观上是指向他人的，但是在主观上可能是指向自我的，也就是在心理上可能是利己的。社会利他主义是人类"整体适应性"进化的自然选择，人也具有利他的生物基础，但是人的利己本能是人类社会一切活动的动力，社会利他行为的产生往往需要有物质上或精神上的回报来刺激，或是由指向自我的终极欲望所驱动。期望利益回报和指向自我欲望的行为动机，更可能产生利己行为。在社会实践中，社会利他主义与普遍利己主义混存和冲突是永恒的社会问题。

③精神利他主义

在精神层面，人的心理利他行为由心理动机所决定，人的仁爱利他行为由道德动机所决定。心理动机和道德动机属于人的精神活动，所以，心理利他行为和仁爱利他行为可称为精神利他行为。精神利他主义强调自觉自愿地帮助他人，给予他人帮助或利益而不求回报。相关研究表明，精神利他主义是由内在（先天）的生物利他基础与外在（后天）的社会环境因素共同作用的结果[1-51]。人的本质是社会属性，在影响人的社会行为的因素中，社会因素比生物基础更重要。影响利他主义的社会因素有社会规范、文化背景、道德水平和教育程度等。这些社会因素都是通过社会机器来强化建立的。教育的作用是培养人的知识和能力，促进人的精神思想的完善，树立社会道德规范，传承人类的文明，从而强化精神利他行为产生的影响因素。

综上所述，根植于人的利己本能之上的欲望永无止境，以强烈的动机驱动着人类社会的一切活动，不断地促进人类社会的发展。社会利他主义却是人类自然进化而选择的"整体适应性"模式，社会的存在和发展需要利他行为的产生。"斯密难题"体现了利己主义与利他主义难以调和的矛盾，展现了现代经济与社会发展所面临的精神困境。[1-52]精神利他主义是人类理性的选择、人为主动建立的利他行为模式。教育与社会相伴而生，一直承担着强化建立精神利他主义影响因素的职责，对平衡社会利他与普遍利己的混存和冲突、促进社会的和谐发展起着不可替代的作用。

1.7.4 人性善恶观

人的三个基本属性是相互制约和相互影响的，总体上是统一的，但也有对立的。人的精神属性在物质基础上从属于人的自然属性，人的精神属性是否继承自然属性的先天成分，这个命题最终归属到人性善恶问题的争论上。所谓人性善恶的争论，聚焦在人的行为和心理上是以利他为本还是以利己为本。

人性是指人类天然具备的基本精神属性，被认为是人类所有人共有的本质心理属性，也称天性（先天属性）、本能。自古以来，人们一直关注人性的特征，探讨人性善恶问题，是因为人的社会行为和社会现象如此的错综复杂、令人难测，希望从人的基本属性角度探寻其根源。在中国历史上，人们千百年来一直激烈地追问人性是以利他为本还是以利己为本，即人是性善还是性恶，形成相互对立的人性善恶观。性善是指人本能表现为友善、慈爱、宽容等善良特征，性恶是指人本能表现为邪恶、贪婪、欺诈等丑恶特征。人性善恶观主要有四种：性善论、性恶论、性无善恶论（性无善无恶论）和性善恶论（性有善有恶论或性善恶混论）。西方国家虽然没有像中国那样激烈地争论，但在宗教理论、心理学与哲学理论之中，关于人性善恶的问题也有广泛的论述。

（1）性善论

中国古代儒家认为："人之初，性本善。性相近，习相远。"也就是说，人的天性是善的，而且是相同相近的，只是后天的原因才造成各种各样的差异。孟子说："人性之善也，犹水之就下也。人无有不善，水无有不下。"意思为：每一个人天生善良，人性具有趋向善良的特性，就像水向下流的规律一样。

（2）性恶论

荀子说："人之性恶，其善者伪也。"他认为人性就是邪恶的，善良只不过是人的伪装表现。在西方，占有社会主导宗教地位的基督教认为，人生下来就具有"原罪"。

（3）性无善恶论

墨家认为："人性如素丝，染于苍则苍，染于黄则黄。"西汉的扬雄认为："人之性也，善恶混。修其善则为善人，修其恶则为恶人。"明朝的王阳明认为："无善无恶心之体，有善有恶意之动。"这些观点认为先天人性并无善恶之分，性善和性恶是由后天决定的。辩证唯物主义则否定先天人性的存在，人的本质心理属性都是在后天的社会实践活动中建构起来的。

（4）性善恶论

性善恶论反对其他人性善恶观，认为人性善恶共存。战国时期的世硕说："人性有善有恶，举人之善性，养而致之则善长；恶性，养而致之则恶长。如此，则性各有阴阳，善恶在所养焉。"他认为人性善恶同时存在，对人进行善的培养引导，善性就滋长，反之则恶就滋长。当前主流学者认为"性善恶论"更符合历史和社会现实。

四种人性善恶观相互对立、相互排斥，不可调和，没有某一种人性善恶观比其他的人性善恶观更有说服力。如果人性本来就是善良的，现实社会中的恶行为什么那么多；如果人性本来就是邪恶的，现实社会中的善举为什么也有很多。它们的观点主要来自对社会善恶现象的推断，并没有深掘到人的三个基本属性层面，永远寻求不到统一的共识。

依据一体心理学的人性观和本书所提出的人的生命活动系统结构模型，人性善与恶的特征都是人的三个基本属性的映射。性恶源自人的自然属性，性善则来自人的社会属性和精神属性，性恶和性善就像人的基本属性一样，是相互约束、相互对立的统一关系，不是不可调和的。

人作为一个生命体，人的生命活动表现为自身生命的延续和更好的发展，天然地追求利益、趋利避害的利己本能。在物质短缺的情况下，人也会像其他动物一样相互争夺，千方百计维持生命，不惜损害别人的利益；在物质丰富的情况下，仍然努力争取更多的利益，永无止境，甚至比其他动物更加强烈而无度，体现出自私贪婪的一面。当人的生命活动表现为损害他人利益的特征或贪婪的属性时，那就是恶行。恶行是人的生命活动的自然体现，它源自人的自然属性。如果恶行不受到约束，人类就会永无休止地相互争斗、相互残害，走向灭亡是最终的归宿。虽然人是一种天然自私、贪婪无度的生命体，但是，人具有精神意识能动性，选择了分工合作、互助互利的社会生存方式，进化成为社会的存在物，形成了利他的社会生活模式。利他合作共赢的社会生活模式比利己争斗互害的生活模式更有利于人类的生存和发展。人的利他社会活动必然表现为善的行为，所以，善举源自人的社会属性和精神属性。恶行是人的生命活动的自然体现，但是约束恶行却是人类生存和发展的内在需要，善举是人的社会活动的必然方式。无论是性恶还是性善，源自不同层次的人的基本属性，在人的生命活动系统中是对立统一的关系，不是相互对立排斥、不可调和的关系。

人性作为人类先天具备的基本天然属性，是人的最底层的心理特性，是支配人的行为最强大、最根本的原动力。人的精神属性必然在人性的基础上，在后天的社会活动中进行建构。后天"养善""修善"，则"善长"；"养恶""修恶"，则"恶长"。"养善"和"修善"是后天对人性的影响和建构，属于教育的手段。人性的利己本能和利他本性兼有，综合体现为人性善恶共存，后天的影响和建构是无法完全消除人性的善或恶的。利他和利己，或性善和性恶，如何在人的精神属性上达到辩证统一，是人的精神属性建构的逻辑需求。

1.7.5　社会利益交换法则

随着社会的高度发展，社会分工越来越复杂化、精细化，人类的生存和发展更是离不开社会，无法独立生活于社会之外。人类作为一个整体从自然界获取物质和能量，但是某一个人所需的物质和能量并不都是直接从自然界获取，而是通过社会分工合作，进行劳动或利益交换而来。马克思认为，人类的物质生产从来就是社会性的生产，它必须以许多个人共同活动为前提，而这种共同活动只有通过物质交换才能实现。[1-53]美国社会学家霍曼斯提出的社会交换论认为，人类的一切社会行为都是利益交换。

在现实社会中存在两种法则的社会利益交换系统：一种是以利己本能为法则的社会利益交换系统——利己法则社会利益交换系统；另一种是以利他精神为法则的社会利益交换系统——利他法则社会利益交换系统。社会利益系统中的利益体可以是个人、社会团体、民族或国家。

（1）利己法则社会利益交换模型

查尔斯·罗伯特·达尔文（Charles Robert Darwin）的生物进化论和约瑟夫·鲁德亚德·吉卜林（Joseph Rudyard Kipling）的森林法则（the law of the jungle）展示了"物竞天择，适者生存，弱肉强食"的规律，反映了生物利己本能的行为方式，揭示了大自然中运行的生物生存法则。人们在利益交换过程中，自然地选择了利己原则作为社会利益交换的法则，形成了利己法则社会利益交换系统。在利己法则社会利益交换系统中，利己标准成为利益体的行为指南，各个利益体为了各自的利益必然进行相互竞争，竞争和冲突是无法规避的常态，利他行为只是指向自我的终极欲望，合作是暂时的。在社会利益交换系统的研究中，利己法则常作为相关理论的基础，利己和利他的平衡问题是永恒的研究难题。

①亚当·斯密的自由经济理论

亚当·斯密于1776年所著的《国富论》，奠定了资本主义自由经济的理论基础，被称为西方经济学界的"圣经"，也被乔治·斯蒂格勒形象地称为"建立在利己主义花岗岩之上的宏伟宫殿"。[1-54]斯密认为人们从事经济活动的唯一动力是人的利己本性，每个人都是在追求最大化的利益。为了解决利益体的单向利益指向、各个利益体的合作和冲突平衡的问题，斯密提出了人的六种自然动机和"看不见的手"的平衡机制。但是，建立在利己法则上利益交换永远无法避免冲突和失序。马克思更是指出在外部巨大的利益诱惑面前，社会的任何约束机制很难阻绝商人为了利润而铤而走险、践踏法律、敢冒绞刑的危险。人类从原始野蛮社会发展到高度发达文明社会，战争和恐怖主义仍是人类社会最大的威胁。

②史密斯的鹰鸽博弈模型

英国生物学家约翰·梅纳德·史密斯（John Maynard Smith，1920—2004）提出了一个鹰鸽博弈模型。模型假设了两种不对等实力的动物为争夺价值而采取不同的策略——强且合作、强且不合作、弱且合作、弱且不合作，来分析非对称性状态的竞争和合作的收益问题。鹰鸽博弈模型与囚徒困境博弈论、TFT（tit-for-tat，一报还一报）策略相比，更加贴近事实。查文静等通过非对称鹰鸽博弈模型仿真，得出观点：每个周期个体与其邻居进行博弈，博弈导致个体财产产生分化，不同的个体处于不同的财富阶段；每个周期当个体财富小于某一阈值时，个体变为强盗，抢劫邻居的财产。[1-55]抢劫会使社会财富减少，当强盗达到一定数量时，社会开始崩溃。美国哈佛大学教授 Nartin Nowak 认为个体之间的合作在人类社会博弈中是最好的选择。[1-56]

③利己法则社会利益交换系统的利益体关系模型

总之，利己法则社会利益交换系统中利益体的利益追求是单向的，相互合作或利益交换只是一种适应性策略，利益体之间博弈的目的是增加适应度，获得更大的利益。利己法则社会利益交换系统的利益体关系模型可以表示为图 1-2。

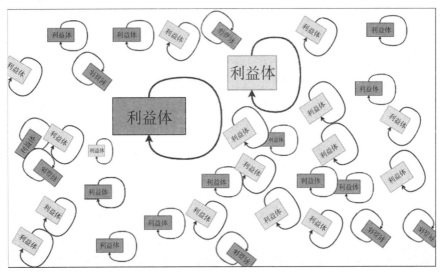

图 1-2　利己法则社会利益交换系统的利益体关系模型

其中，利益体的利益追求表现出排他性、无序性和冲突性。当某个利益体追求利益的欲望越大或贪婪越深时，它追求利益的驱动力就越强，与其他利益体的利益冲突的概率就越大；或者是社会利益分配不平衡、利益体无法维持自身生存，也会对外展开掠夺。人世间的一切"恶"行，从坑蒙拐骗、欺小凌弱，到强取豪夺、战争杀戮，都是利益体的各种利益冲突形式的表现。当今资本主义经济体系建立在利己主义花岗岩之上，经济危机会周期性地出现；信奉森林法则的国家霸权主义不会放弃输出战争，和平只是其实施鹰鸽博弈的一种策略。总之，利己法则社会利益交换系统是不平衡的，会产生周期性的失衡，甚至崩溃。

（2）利他法则社会利益交换模型

亚当·斯密的自由经济理论，主要论述的是经济活动中基于人的利己本性的竞争行为的必然性机理，并提出人的自然动机和"看不见的手"的平衡机制，试图阐明经济活动中的理性行为机理，但是，经济活动中的合作行为并没有得到逻辑机理上的支持，经济理性仍然属于"或然"问题。

①霍曼斯的社会交换论

在社会利益交换中，人们选择何种行动可能有多种考虑，其中对于利益的价值判断和追求是行动的决定性因素。马克思指出在资本主义自由经济活动中，追求利益会诱使人不择手段、不惜一切代价。霍曼斯则认为社会交换是一种理性行为，虽然社会交换最终目的是获得最大利益，但是个人对利益的理性判断并不是完全考虑利益的最大化，而是取决于成功与价值这两个因素。霍曼斯采用数学公式表示人的行动决定性：行动发生的可能性＝价值×概率。

霍曼斯的社会交换论从古典政治经济学以及马克思的经济思想出发，同时吸纳了斯金纳的个体主义心理学思想，将经济理性、社会理性和价值理性有机地结合在一起，虽然在一定程度上揭示了个体的利益交换行为的特征，并试图利用简单的数学公式来解释人类社会普遍存在的社会交换行为规律。但是，他的理论只是在微观社会层面上，以体现个体之间所进行的社会交换原则。在宏观社会层面，社会结构对个体活动的制约作用，以及个体追求利益活动之间的相互作用，则体现了一种利他法则的社会交换现实。

②利他法则社会利益交换系统模型

利他法则与利己法则不同，在客观上，利益体的行为受益指向他人，在实际上，利益体获得的利益是通过满足他人需求得到回报而得到收益的。换句话说，利他法则是多个利益体共同采用利他行为来满足他人需求的分工合作模式，以实现收益目标的行为规则。利他法则社会利益交换系统模型如图 1-3 所示。

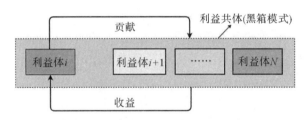

图 1-3　利他法则社会利益交换系统模型

在利他法则社会利益交换系统模型中，利益体的利他行为指向是一个黑箱模式的利益共体，多个利益体在这个利益共体中完成利益交换。利他法则社会利益交换系统具有如下特点。

a. 利益体追求利益的欲望来自人的利己本能，是人的利益或价值需求。人的欲望越大，代表了其追求利益的驱动力就越大，利益体的动力就越大。

b. 利益体的动力具有方向性，以利他精神为追求利益法则，以社会道德伦理为价值规范的行为，为正向动力；以利己意识为追求利益法则，且不考虑他人的利益，甚至损害他人利益、违反社会道德伦理价值规范的行为，为反向动力。

c. 利益体为社会创造利益或贡献的能力越强，其获利的机会越大，价值越大。

d. 所有利益体的收益和贡献是互为前提的、正向相关的。各个利益体收益是间接的、传递的、多向的、差异的、有序的、互利互助的。

③互联网利他法则的商业模式

利他法则体现了利益体利益交换行为的贡献和收益的统一性，利益体对利益共体的贡献越大，利益体获取利益的机会越大。利益体追求利益的活动，在主观上是一种价值判断驱动的利益最大化行为，但在客观上是为他人贡献利益。利益体在主观上努力为他人贡献最大化的利益，他的收益也会最大化，这一命题也是成立的，更符合社会的精细化分工合作现实。例如，农民种粮食、工人生产各种日用品等生产活动，事实上都为他人提供服务，而后才是自己获利。当前流行的互联网免费商业模式就是利他法则典型案例。从互联网搜索引擎公司，如 google、百度等，到即时通信公司，如 Facebook、腾讯等，再到信息安全企业，如奇虎 360 等，这些公司商业模式的特点都是为社会公众提供免费信息服务，快速迭代培育海量用户，迅速跃升成为巨型企业。

互联网的基因是"共享"，这为互联网企业实行利他法则性商业模式提供了运营条件。2003 年春天严重急性呼吸综合征蔓延，打乱了正常的生活与商业活动，在中国以淘宝为代表的电子商务行业迎来了大爆发，基于"共赢互利"的平台经济模式得到了长足的发展。2016 年开始火热起来的共享经济，虽然其模式发展还不够成熟，但正在深刻地影响当今社会经济，又是互联网基因和利他法则结合的产物。

分工合作和利益交换是人类社会关系中最普遍的法则，基于"共赢互利"的商业模式更能体现最普遍的社会法则，催化利他法则社会利益交换系统的形成。从互联网利他法则的商业模式的发展过程来看，利益体的规模越大、社会分工越精细，利他行为指向的黑化程度越高，利他法则社会利益交换系统的运行越畅通。

④利他法则社会利益交换系统良好运行的核心因素

利他法则只是从机制上构造了一个分工合作、利益交换的有序运行系统框架，代替了利己法则的竞争和博弈机制，以避免利益体各方追求利益而造成冲突。但是，利益系统能良好地运行的关键是培养和完备利益体的内部要素，治理和健全系统运行的外部环境。

从利他法则社会利益交换系统的结构和特点来看，利益体创造利益或价值的能力与其创造价值或贡献的机会正向相关；利益体的正向动力代表其对社会增量创造价值或贡献的行为动力；如果利益体的行为动力为反向，且动力越大，将会给利益系统带来冲突，其破坏力越大。可以看出，支撑和保障利他法则社会利益交换系统良好运行的核心要素，就是利益体创造利益的能力和正向动力。

个人作为利益体，其能力和思想道德的培养，就是利益交换系统核心要素的构建。对于社会团体、民族或国家的群体类型利益体，其利益交换系统核心要素也是由人的能力和思想道德构成的。所以，教育的育人职能也是对利他法则社会利益交换系统核心要素的建构，支撑和保障系统的良好运行，确保社会的发展进步。

总之，霍曼斯的社会交换论有机地结合了经济理性、社会理性和价值理性，一定程度上揭示了个体利益交换行为的理性特征，但是，社会交换论仍是基于人的利己本性，并没有揭示社会交换中现实存在的利他主义和利他法则。本书在霍曼斯社会交换论的基础上提出的利他法则社会利益交换模型结合了人的利己本性和利他本性，更能普遍性地反映社会性利益交换规律。

1.7.6　人的基本属性的建构

人类幼儿在刚诞生时，所有器官都发育不成熟，无法站立和独立进食，需长期哺育之后才逐渐达到生理上的独立，之后还要经过漫长的生长发育和学习锻炼，才能达到社会生活上的独立。大多数动物则不同，为了尽快适应生存环境，其幼崽往往刚生下来就可以自由地行走和觅食，否则就会面临死亡。生物学认为，在残酷的生存竞争中，动物的进化向幼体的生存能力和物种的社会性两个方向发展。人类的进化自然选择了社会性方向发展，降低自然环境对幼儿的威胁，决定了幼儿需要更长的时间在成年人的保护和哺育下成长。

人自出生以后，生命体非常弱小，先天行为能力非常有限，包括吮吸反射、抓握反射、探究反射等。这意味着人的个体需要更多的时间来完成生长发育和社会化的历程，才能独立生活于社会之中。人在出生以后的成长历程包括婴儿期、幼儿期、学龄期、青春期和成人期。人进入成人期后，各种生理机能达到完全成熟，并持续一段时间后开始下降；成人的观察力、记忆力、注意力、思维敏捷度、智力等心理现象发展变得缓慢，也逐渐下降。虽然个体在成人后的各种生理和心理机能趋向衰退，但成人的知识经验不断增长，自信心、安全感、意志毅力、工作效率等品质高度发展，更能充分发挥人的创造力。人从一个非常弱小的生命体成长和发展为合格的公民，最后组成主宰世界万物的群体社会。人的成长和发展过程充满艰辛曲折，面临无限可能的生命体运动，而教育是人的生命活动系统的助力器和指南针，维持各个生命体朝人类社会整体的运动方向发展。

人的成长和发展过程就是人的基本属性建构的过程。依据人的"物质—结构—信息"生命活动系统结构体系，人的基本属性的建构主体，应该包括健康体魄、社会价值观念或集体意识、能力或智力、个人道德观和价值观、人生观等核心要素。

（1）人的健康体魄的建构

人类是在遗传基因的作用、群体社会提供的保护系统和相对优越的生存环境下发育成长的。这一过程不是平坦或必然的。虽然自身的遗传基因、社会和家庭所提供的物质条件基本上决定了个体身体素质的发展状况，但是自然灾害和社会高度发展带来环境恶化问题，越来越严重地影响人们身体健康和生命安全，如大规模流行瘟疫、空气污染、全球气候变暖、农药残留等等。在这些灾害面前，人的身体显得非常脆弱和渺小。科学技术和医疗技术的快速进步，都无法避免环境恶化所造成每年人类的大量生病和死亡。人类在一生的成长和生活过程中，各种威胁健康的因素始终相伴，唯有在生长阶段进行体育锻炼，使身体发育强健，提高身体素质；成年继续锻炼身体，保持良好的身体状态，才是应对各种健康问题之根本。所以，在人的成长发育阶段，通过锻炼身体提高身体素质是人的自然属性的建构过程。它属于人的基本属性中"体"的要素。遵从人的成长发育规律安排作息时间、开展体育锻炼是教育活动的一项重要内容。

（2）人的社会价值观念或集体意识建构

人类个体从婴儿期到成人期不仅仅是发育成长的过程，现代社会人还要经过 20 多年的时间进行个体社会化的教育过程，来初步系统地完成人的社会属性的建构。它属于人的基本属性中"礼"的要素。"礼"代表了个体对他人的敬重和互助互爱，为人处事讲究规矩规范。为了保证社会的稳定和延续，教育所承担的社会职能就是把社会价值观念或集体意识灌输于个人，将儿童培养成为社会所需要的成员。人在社会生活中，也可以自觉地接受社会化，但是这种社会化过程是经验性的、放任式的，也有可能受到自私欲望的影响，使得人的社会价值观念背离社会核心的利他原则。如果只依靠社会活动的自由放任式建构，人的社会属性可能更趋向于自私方向，势必造成严重的社会治理成本，或者造成社会的失序和冲突。所以，教育自产生以来就被赋予阶级的属性，通过有目的、有计划、有组织地培养以人的规则意识、协作精神、利他精神为主要内容的社会价值观或集体意识，强化社会规范。

（3）能力或智力的建构

认识和改造客观世界的实践能力和创造能力是人的生命系统的能量，是人类生存和发展的基础。人的能力或智力反映了人们对客观世界的认知、探索、改造水平的度量，属于人的精神属性，是人的基本属性的"智"的要素。人类是具有意识的智能体，在长期的社会实践中积累了大量的经验和知识，创造发明了丰富的科学技术，是人类意识的成果及认识和改造客观世界的精神财富和工具。但是单纯传递或传授这些精神成果并不能直接转化为人的能力，所以，人才培养的教育根本目的是基于人的精神属性的智力建构，以提升人的能力为核心目标。

从教育的历史视角来看，西方"education"词语原义就是"引出"人的素养能力；三种教育起源说都包含通过传授知识或技能来提高人的生存或劳动能力的原义。这说明了原初教育就含有培养人的智能的本义。

（4）道德观和价值观建构

不同于动物只能被动地适应环境，人的自主意识还会产生情感、理念、意志和道德等精神反应，综合体现为判定善恶是非、认定事物价值或作用的主观思维或心理取向，形成个人的道德观和价值观。个人的道德观和价值观是驱使人们行为的内在动力，推动、调节和制约个人的需要愿望和行为动机。个人的道德观和价值观是后天在家庭和社会的教育或影响下逐渐形成的，并具有稳定性和持久性，在一定程度上是不可逆的。

道德是在一定社会条件和一定区域内形成的群体共识意识形态。道德是社会性的，起着规范人们的行为、调节个人与社会关系的作用，有着无形的巨大力量。社会上并没有成文的条律来对道德进行规范，一般是通过社会舆论或者某种阶级性的意识形态宣传来进行约束。

个人的道德观是个体对社会道德现象和道德关系的整体认识和系统看法，并基于事物判断来判定事物的善恶是非，规范和约束个人行为。个人的道德观不是天生的，而是经后天长期的教育及社会舆论的影响而逐渐形成的。由于每个人所受到的道德教育和社会生活环境不尽相同，虽然道德是稳定的群体共识，但是个人的道德观是多元的、成长的。当在成人期达到心理稳定后，个人的道德观在一定时期和一定范围内是稳定的。

人的自然属性具有利己本能、利他本性和人性善恶的特征，在逻辑上是对立的。人的道德观和价值观都是人的心理特征，属于人的精神属性，是人的基本属性的"德"的要素。人的精神属性既从属于人的自然属性，又从属于人的社会属性，因此，人的道德观和价值观同时包含了利己与利他、性善与性恶的对立统一关系。在现实社会中，人们的道德观有四个类型：自私自利、公私兼顾、先公后私和大公无私，呈现多元对立的特征。[1-57]社会道德观建设水平低下必定造成社会失序和冲突。社会强化建立的道德观和价值观一直推动、调节和制约人们的需要愿望、扬善抑恶、平衡利他和利己等心理动机。

人的道德观和价值观建构是人的社会化的必然需求，但是人的基本属性的对立要素不会必然地趋向对立统一。如果是在人的心理成长期放任人的道德观和价值观的自由建构，处于底层的自然属性的自私本能和人性善恶，对于人的道德观和价值观建构影响更加直接。这不利于个人道德观和价值观在建构时融合其中的对立要素。中国的教育词语来源"养子使作善也"，充分体现了教育的道德教化原义。此外，在源远流长的中国儒家教育思想中，理想的人的塑造和培养，除实施有目的的道德教育外，还鼓励"广教化而厚风俗""教育人才，维持风俗"，人们通过社会化的道德教化完善公众人格修养。所以，在人的道德观和价值观的建构中，教育是对人的基本属性中对立要素实现融合的逻辑支撑。

（5）人生观的建构

人生观是个人对人生目的、价值和意义的根本看法，主要内容包括生死观、幸福观、成就观、罪恶观、苦乐观等。它反映了人的更高层次的精神定位、心灵感受和对美的追求，属于人的精神属性，是人的基本属性中的"美"的要素。人生观需要回答的基本问题是：人究竟为什么活着？人生的意义和价值是什么？或是：如何看待快乐和幸福？如何定位成功和价值？快乐和幸福是人的一种内心体验，是心灵对于生命意义的强烈感受。每个人会在其自然属性的利己本能的驱使下追求利益、真爱、权力等各种欲望；同时也会在其社会属性的利他原则的驱动下贡献自己的力量，体现出自我的价值，由此在心灵上感悟生命的价值和意义。人生观是人们生命的内在动力，指引着人的生命体运动的方向。

人生观决定一个人的生活态度、奋斗的目标和道路的选择。当人们树立积极、高尚的人生观，幸福快乐时常伴随着他，生命有意义、有价值，心灵得到安慰，将是美好的人生。当人们陷入虚无或偏激的人生观，其终生将竭力追索各种欲望但永远不会得到满足，生活充满各种烦恼与痛苦，或是终日生活无味、厌世，将是丑陋的人生。积极、高尚的人生观肯定是在精神上使人的基本属性中的对立要素得到和谐融合、辩证统一。虚无或偏激的人生观必定使人的基本属性中的对立要素相互冲突，无法调和。

人生观是一定的社会意识形态、社会文化和社会关系等社会生活环境的产物，是人们在生活和教育过程中逐步产生和发展起来的。与人的道德观和价值观建构一样，积极、高尚的人生观的建构需要教育活动的引导。如果缺乏正确的引导，放任其自由建构，处于底层的自然属性的自私本能对于人生观的建构影响更加直接。所以，正确的教育对积极、高尚的人生观建构起着正向引导作用。

总之，人的成长和发展就是人的基本属性建构的过程，现代社会教育通过有目的、有计划、有组织的活动，针对人的基本属性的体、礼、智、德和美等五个要素进行建构，其根本任务就是保障个体的社会化趋向于符合社会运行和发展的需求。人的成长和发展过程充满艰辛曲折，面临无限的可能，从另一个角度来看，教育的根本任务是促进个体基本属性的和谐发展，降低个体多元性发展所带来的群体性失序和冲突，维持社会的和谐发展。所以，教育是建构人的全面、和谐的基本属性的必然途径，是保障个体社会化趋向于符合社会运行和发展需求的手段。

1.7.7　教育逻辑起点探寻

教育研究的对象是人。教育活动的"本源"问题就是：人何以成为"现实的人"？即人如何才能成长和发展成为现实社会的个体。依据"从抽象到具体"进程的叙述方法，从中提取最抽象的原始成分，直到研究对象发展到最高级、最发达的形式来探寻教育逻辑起点。

（1）人类是怎么来的

关于人类起源主要有三种起源假说，分别是神造论、外星论和进化论，人类起源历来争论颇多。基于进化论的"非洲起源假说"提出了现代人起源于非洲大陆的科学观点。英国生物学家达尔文在 1859 年出版的《物种起源》著作中，揭示了生物由低级到高级的变化和发展的规律。1871 年，达尔文在出版的《人类的起源与性的选择》著作中，提出了人类由古猿进化而来的观点，并猜测人类可能起源于非洲。1984 年，英国人类学家克理斯·斯特林格（Chris Stringer）通过分析多年采集到的世界各地古人类化石数据，提出"第二次走出非洲假说"，阐述了人类经过非洲直立人第一次走出非洲和非洲智人第二次走出非洲的起源过程。1987 年，美国艾伦·威尔逊（Allan Wilson）等遗传学家通过对全世界不同种族女性的线粒体 DNA（mtDNA）进行分析，提出"夏娃假说"：现代人类都是遗传于一个共同的女性祖先。这进一步肯定了"非洲起源假说"。

1990 年，考古学分子生物学对女性 mtDNA、男性 Y 染色体基因和猿猴 DNA 的研究，综合推算确定现代人类的共同智人祖先是一个非洲的女性，大约出现于距今 5 万到 10 万年前。考古学家和生物学家共同认定人类的进化经历了猿人类、原始人类、智人类、现代人类四个阶段。

现代科学证实了人是自然界长期发展和进化的产物，表明了人是自然的存在物或生命体。人的物质特性体现为人的自然属性。但是，单纯的生物进化规律和人的自然属性并不能完全反映人的现实存在性。人自动物进化而来，人区别于动物的根本特性是什么？这是关于人的本质问题的命题。

（2）人的本质是什么

人的本质是关于人类相对于其他生命体根本特征的命题。关于人的本质的论述，比较有代表性的哲学家有德国哲学家黑格尔（Hegel）、德国唯物主义哲学家费尔巴哈（Feuerbach）和德国思想家马克思（Marx）。

黑格尔认为人与动物的本质区别是人具有能动的、自由的精神，而人的精神属于一种抽象的绝对精神。费尔巴哈从直观人本观出发，从生物学的角度抽象出自然人共性的"类本质"，但忽略了人的社会性。他认为动物只能进行满足本能的生理需求和维持自身生命的活动，而人与动物的根本区别是人具有"类意识"。他提出人的本性应该是全能全知的。人类按照自己最完美的人格来创造出宗教的"神"，人的本质等同于宗教中神的本质。黑格尔和费尔巴哈都认为人的本质是抽象的精神或意识。

马克思从实践人本观出发，在批判地继承前人的研究成果的基础上，把人的本质理解为人的"类本质"和人的"具体本质"的统一[1-58]。他从 1843 年末起至 1845 年初一年半的时间内，先后发表了六个人的本质的命题，蕴含了马克思关于人的本质概念的演绎进程。

　　目前学界关于马克思的人的本质思想研究，主要研究视角有五个：一是从"一切社会关系的总和"的命题来讨论人的本质思想；二是从"劳动""一切社会关系的总和""人的需要"三个命题来讨论人的本质思想；三是从实践维度来讨论人的本质思想；四是从马克思关于人的本质不同的命题出发，展开来探究人的本质；五是从人与自然关系来探究人的本质，等等[1-60]。马克思认为"人类自身创造自己的历史，人通过自己行动和需求本质性地形成和转变自己的本质"，[1-61]即人的本质是不断增长的过程。所以，马克思关于人的本质的问题仍是一个发展性的、未完成的生成性命题。

　　匈牙利新马克思主义理论家乔治·马尔库什（Gyorgy Markus）把劳动或实践、社会性和意识看作是人的本质的三重内在联系的要素，集中体现了人的本质内涵[1-62]。

　　一切生命体都是以某种方式的活动或运动得以存在，而不同方式的生命活动赋予了不同的类本质。马克思批判费尔巴哈的直观人本学把人抽象成一个纯粹的自然人，他认为只有基于"现实的人"的实践活动，考察和把握住了人的生存方式及其完整的本质，才能把握到具体的人的存在真谛及其生命表现[1-55]。他在《1844 年经济学哲学手稿》中指出："有意识的生命活动把人同动物的生命活动直接区别开来。正是由于这一点，人才是类存在物。"[1-59]

　　在马克思看来，作为生命活动的物质生产，动物仅仅为了满足自身的本能需求而进行获取和消耗自然对象的生产活动。动物的生命活动是无意识的，只是受到生命本能需求的支配。而人的生命活动受到自由的、有意识的特性支配，能够利用人的能动性、创造性意识，认识自然界和人类自身，创造和利用工具，改造自然界和人类自身。从这个意义上看，人通过以生产劳动为主体的实践活动，使自己具有超越于动物的"本质"，与此同时，也形成人类社会[1-62]。所以，马克思将人的类本质定义为："一个种的整体特性、种的类特性就在于生命活动的性质，而自由的有意识的活动恰恰就是人的类特性。"他把自由的、有意识的活动认为是人与动物根本区别的"类本质"和"类特性"[1-59]。

　　马克思界定的人类意识包括两个方面：一方面，意识是对环境世界、他人、活动和物质性的主体自身的认知；另一方面，意识是通过实践获得实现的目标、理想和价值的"精神再现"。[1-62]人类凭借自由和有意识的特性，将自己的生命活动引向更高的精神形态——艺术、宗教、科学等，促进人的生命活动的发展。

　　马克思在《关于费尔巴哈的提纲》中指出："人的本质不是单个人所固有的抽象物，在其现实性上，它是一切社会关系的总和。[1-37]"恩格斯在他的人的进化理论中认为，劳动促使了类人猿到"正在形成的人"的进化，逐渐地形成了相互依存、超乎个人的有机整体，形成了社会，人也进化为"完全形成的人"。人的劳动是社会性实践活动，决定了人的生存方式，体现了人与社会作为个体和类的统一性，即人的社会性。人类的生存和发展离不开社会，无法独立生活于社会之外。人必须依附于社会之中，彼此进行相互交流、分工合作和利益交换，才能适应和改造自然环境，才能维持人的生存和社会的持续发展。在社会性实践或劳动中所形成的社会关系，是人生命活动的组织形式，也是人的具体实践活动的基础和历史形式。人如果离开了一定的社会关系，人和人的活动都不可能存在，所以，人是社会的存在物。马尔库什把人的社会性概括成两个方面：一是人必须与他人交往和接触才能成为一个真正的人；二是人正是由于占有了前辈或同时代的其他人创造并对象化的产物，并将其纳入在即的生活和活动才是真正的人。[1-62]

　　总之，人的本质是劳动或实践、社会性和意识等多重特性的复合。马克思的"人是人的最高本质"和"人的根本就是人本身"的命题表明：人的本质也就是人本身，也就是人的本质的自我创造性。人的本质是在人的生命活动中自我创造的，而且又不断地超越自我创造，不仅体现了人的自我创造特性，还体现了人的自我发展特性。人类的历史就是人的发展本质的外化和实现。[1-63]人的本质不是纯粹抽象的"类本质"，而是人的"类本质"和"具体本质"的统一。

　　（3）人何以成为一个"现实的人"

　　生物进化规律证实了人类的来源和物质基础。人与其他生命体一样，为了维持生命必须与自然界进行物质交换活动，体现为人的自然属性。"人直接地是自然存在物"，人的自然属性与动物具有同一性和同源性。自然属性与天然属性（生物本能）是人生命活动的物质基础。

　　"现实的人"是马克思关于人的本质命题中的"人的最高本质"，是人的"类本质"和"具体本质"的统一体。马克思关于人的本质的论述表明，在"现实的人"身上，实践活动是人的生命活动的存在方式，社会关系是人的生命活动的组织结构，在自由的、有意识的类特性的基础上产生的精神活动，是人的生命活动的信息系统。马克思从不同维度的人的本质命题出发，演绎的自由的、有意识的社会性实践活动是人类超越动物本性的根本特性，揭示了人区别于动物的两个本质属性——社会属性和精神属性。

　　人的基本属性包括自然属性、社会属性和精神属性，共同构成一个"物质—结构—信息"结构的生命体逻辑模型（见图1-1），支撑着人的生命活动，包括物质活动、社会活动和精神活动。人的生命活动结构体现了"现实的人"的存在真谛及其生命特征。

　　人自出生以后，仅仅是在生理特性上产生了一个生物人或自然人，还不是"现实的人"。人何以成为人？人必须通过人的基本属性的构建，塑造人的本质的基本要素，支撑起人的生命活动，使得自然人转变为"现实的人"，人才能纳入社会生活，成为真正的人。人成为人的过程，就是由一个自然人转变为一个"现实的人"的过程，也是人的社会化过程。

　　人出生以后只是在生理上产生了一个自然人的特性（自然属性），还没有具备人的本质属性。所以，一个人从幼儿到成年阶段，必须经历一个长期的社会化过程，以学习各种社会生活规则、生活技能、文化、道德和习俗等，形成独立人格，才成长为一个"现实的人"。

　　（4）自然人转变为"现实的人"的途径是什么

　　恩格斯的人的进化理论认为，劳动是猿蜕变成人、形成社会的直接因素，也就是说，劳动创造了人。人作为劳动的主体组成了社会，在这个意义上，劳动也创造了社会。社会是一个有机的整体，人的生存和发展离不开社会，并且受制于社会，人是社会的存在物。

　　米丁斯基（Medynsky）和凯洛夫（Kaiiplb）的教育劳动起源说，在恩格斯的人的进化理论的基础上，揭示了劳动创造人和社会的逻辑途径：劳动需求→教育活动→人的社会化（培育人的基本属性）。这说明了劳动创造人和社会，同时催化了教育的产生。

　　英国著名社会主义者爱德华·帕尔默·汤普森（Edward Palmer Thompson），在他提出的社会主义人道主义思想中强调"现实的人"的主体意义。他认为"现实的人"并不是生产工具的附加物，而是劳动的主体，是由于人具有智力和道德，才能按照自身的想法进行社会活动，并实现其创造性。[1-64] 利他法则社会利益交换系统模型（图 1-3）体现了有序运行的社会关系法则，能很好地避免社会冲突和破坏，是理想化的分工合作、共赢互利社会利益交换系统。支撑和保障利他法则社会利益交换系统良好运行的核心要素，是创造利益的能力和正向思想道德，所以，智力和道德是人作为社会活动主体所必须具备的精神属性的核心要素。但是，智力和道德并不是人先天就具备的天然属性要素，不能在人成长过程中被塑造起来，自然地达到劳动主体的社会活动所需求的水平。

　　从教育的词语来源来看，西方"education"词语的本义为培养人的素养（能力、智力等）；中文"教育"词语的本义为培养有道德的人。教育的原初本义表明，教育的本源就是通过培养人的智力和道德，建构人的社会属性和精神属性，来完成人的社会化，建立人的社会主体地位。从这个意义上来看，教育是促进自然人转变为社会"现实的人"的必然途径。

教育与社会相伴而生，通过有目的、有计划、有组织的育人活动，经过漫长的时间进行人的社会化，作为社会存在和发展的手段，保证社会的稳定和延续。教育是自然人转变为"现实的人"的逻辑归因。

（5）自然人能否自然地、和谐地转变为"现实的人"

生物层面的基因遗传和进化带来了人类的生理结构和自然特征，人的基本天然属性，是人类的最底层的共同心理特性，也称人性。利己本能和利他本性是人的基本人性，在逻辑上是对立的、不相容的。社会学认为人类社会的一切现象都是基本人性的映射。在此基础上综合表现出性善和性恶，是人类社会一切善行和恶行的根源。

①基本人性对立与平衡

利己本能来自人的新陈代谢、维持生命和繁衍后代的需求，天然具备追求利益、趋利避害的特征。人的利己本能是人的生命本性，它附着了其他的利益追求而形成了各种欲望，是驱动人类社会一切活动的根本性力量。根植于人的利己本能之上的人类的欲望，远远超出了维持生命的需求，且永无止境地生长，驱动着人们奋不顾身地追求，努力满足自身无限的欲望，不断地促进人类社会的发展。人的先天利己本能深藏于人的心理意识底层，是人的生命力的体现，附着了各种永无止境的欲望，无法消灭。人类社会的一切恶行，从坑蒙拐骗、欺小凌弱，到强取豪夺、战争杀戮，违背社会存在和发展的普遍法则和道德伦理，来源于人的欲望，根植于人的利己本能。日本著名实业家松下幸之助强调："欲望是生命力的流露。它可以使人类兴旺，也可以毁灭一切。"[1-65]

与人的利己本能相对立的是人的利他本性，两者都是社会关系法则的生物基础。人作为单个个体是非常弱小的，无法独自生活于社会之外，人的成长和发展离不开社会，并且受制于社会关系法则。人的生存活动由社会性关系法则来规定，个体是无法脱离或超越的。相互依赖、分工合作和利益交换是社会关系中最普遍的法则，是人类社会作为一个有机体选择"整体适应性"的进化结果。这些社会关系法则决定了人类的生存活动在客观上需要体现为利他性，互利互惠是社会利他主义的本质，但是在主观上未必要求一定是利他的。

在社会现实中，人类的活动，如经济、文化、教育、艺术等，在客观上体现为社会利他性，在主观上可能是利己的，也就是心理上可能是利己的。可以看出，人类活动是建立在人的利己本能和利他本性对立平衡的基础之上的。

利己本能是人的生命本性，生命不息，利己不止。社会利他行为的产生往往需要有物质上或精神上的回报来刺激。人的行为动机往往受到价值判断的支配，如果没有回报的期望，利他行为就可能不会发生，剩下的只有利己行为。

虽然互利互惠的分工合作和利益交换是社会运行和发展的要求，但是，社会现实中损人利己的行为时常会发生，不可避免地引发社会的失序和冲突。所以，社会利他主义与普遍利己主义混存和冲突是永恒的社会问题。

从本质上来看，社会利他主义是建立在利己本能之上的利他行为，客观上是利他的，主观上是利己的。从斯密的自由经济理论、特里弗斯的互惠利他理论，到霍曼斯的社会交换论等资本主义利益交换理论和规则，都是建立在利己本能之上的社会利他主义。其利益交换模式是利己法则的社会利益交换模型（图 1-2）。建立在利己主义上的社会利益交换规则，利己是永恒的，合作是暂时的，任何约束机制很难阻绝商人为了利润而铤而走险、践踏法律、敢冒绞刑的危险，避免不了社会秩序的崩溃和重组，造成社会资源和财富的浪费。现代资本主义市场经济危机同期性的产生，更加说明了利己法则的社会利益交换模型的不稳定性。

社会利他主义是人类社会"整体适应性"进化的自然选择，而精神利他主义是人类的主动选择。精神利他主义强调，在思想上自觉自愿地帮助他人、给予他人帮助或利益而不求回报，在客观上行为的受益者指向他人，在主观上指向终极利己性。教育的育人活动，通过培养人的知识和能力、促进人的精神思想的完善，完成人的社会化，从而树立社会道德规范，传承人类的文明，强化精神利他行为产生的影响因素。在精神利他主义的基础上建构得更加稳定。教育与社会相伴而生，一直承担着完成人的社会化、强化建立精神利他主义影响因素的职责，对平衡社会利他主义与普遍利己主义的混存和冲突，形成更加和谐的利他法则的社会利益交换系统，促进社会的和谐发展起着不可替代的作用。

②综合人性的善恶两面性

利己本能和利他本性是人的基本人性，是人的生命活动系统结构中最基础、最稳定的形态。在人的利己本能的基础上滋长的各种欲望，永无止境，可以成为驱动人类社会存在和发展的源动力，造福人类；也可能成为社会结构的破坏性力量、人类自身产生的"恶"行，甚至毁灭一切。人的利他本性会引发人们自觉自愿地给予他人方便和利益而不求回报，产生有益于社会或他人的"善"行。所以，综合人性有善恶两面性，正所谓人性善恶兼有、共存。

性善表现为友善、慈爱、宽容等善良特征，是社会人际交往、利益交换的精神基础，是社会大厦屹立不倒的根基。性恶表现为邪恶、贪婪、欺诈等丑恶特征，可能成为社会结构的破坏性力量。人的基本属性在后天的塑造，必然是在人的自然属性的基础上进行的。人性如此互斥、对立，人在后天的社会化中，面临着两极化人格塑造与和谐的人的基本属性建构的挑战。

后天的教育和社会环境的影响对人的基本属性建构有着深刻的作用，所谓"养善""修善"，则"善长"；"养恶""修恶"，则"恶长"，但是，后天的影响和建构是无法完全消除人性的善或恶的。人从一个非常弱小的生命体成长和发展为"现实的人"，充满着艰辛曲折，面临无限多的可能。

教育活动依据社会运行和发展的需求，针对人的基本属性进行全面建构，是人的社会化的专门途径。虽然人的一切社会活动都会对人的成长有教化作用，但是，相对于教育的育人活动，其他活动不能全面地对人的基本属性进行建构，或是建立在利己主义基础上的功利性活动对人的精神属性建构进行侵蚀。教育的育人活动能够遵循人的成长规律，依据社会运行和发展的需要，全面地对人的基本属性进行建构，特别是人性和人的基本属性和谐的塑造、人的能力智力和精神道德的培养等，是其他社会活动无法比拟和不可替代的。

在人的成长过程中，如果缺失教育而让人"自然地"成长，且不说人的智力得不到有效的开发和培养，不可能达到社会发展的需求，更重要的是人的道德和价值观将得不到统一，和谐的社会关系法则将得不到维系，不可避免地引发社会的失序和冲突。所以，教育与社会相伴而生，通过有目的、有计划、有组织的活动，针对人的基本属性的体、礼、智、德和美等要素进行全面建构，其根本任务就是保障个体的社会化趋向于符合社会运行和发展的需求，保证社会的稳定和延续。

（6）教育的逻辑起点

依据黑格尔的逻辑起点规定性和辩证法的叙述方法，探寻逻辑起点的基本流程是，从教育的实践对象和历史本源问题入手，提取最简单、最抽象的概念，再分析这些概念和研究对象中核心概念群的逻辑联系，最后确定逻辑起点。

①教育的原初本义

首先，从教育的起源说来看，教育活动以人的"生存需求""模仿本能"和"劳动需求"为起因，以"传授生存技能""学习知识和技能"和"传递劳动经验"为活动具体内容，以"提升人的生存能力"和"人的创造"为目的。虽然三种教育起源说有所差异，但最终都统一到人的精神属性和社会属性的建构上来。

其次，从教育的词语来源来看，中国古代教育词语的原初本义是通过示范和效法的教学活动，培养符合社会道德伦理规范的人才，即教书育人，或立德育人；西方古代教育词语的原初本义是"引出人的素质"，核心是引发人的智力、潜力。抽象而言，教育词语的原初本义是建构人的精神属性的智力和道德等要素。

再者，从教育的发展历程来看，教育与人类社会相伴而生。从原始教育、古代教育，到现代教育，教育的发展与社会的各种要素的变化息息相关，教育的功能、教育的目的、教育的客体、教育的内容和教育的模式等多种要素，都会随着社会生产关系的发展而不断变化、变革和发展。

综合而言，教育的实践对象是人，即教育的客体是人；教育活动的内容有"传授生存技能""学习知识和技能""立德"和"助产"；教育目的和教育功能都围绕着人和社会的存在和发展而产生，所以，教育的概念内涵与人和社会的概念密切相关。

②教育本源的基本问题

教育的实践对象是人，教育目的和教育功能面向人的基本属性的建构，支撑着人的存在和发展，所以，教育本源最基本的问题是：人何以成为人？

现代科学证实了人是自然界长期发展和进化的产物。人的物质特性体现为人的自然属性，是人存在和发展的物质基础。马克思认为自由的、有意识的社会性实践活动是人类超越动物的本质特性，在现实性上体现了人的存在真谛及其生命特征。人的自然属性和本质特性决定了人的生存方式，人必须依附于社会之中，生存于一定的社会关系之中。人是社会的存在物，如果人离开了一定的社会关系，人和人的活动都不可能存在。人的社会性是人最根本的本质特性。马尔库什把人的社会性概括为人与人之间的交往、人能传承人类创造的知识等精神财富，并纳入人的生活和活动。马克思的人的本质思想认为人不是抽象的"类存在物"，而是"现实的人"。

人类超越于动物，不仅仅是因为人的社会性本质，更重要的是人凭借自由和有意识的特性，将自己的生命活动引向更高的精神形态，发展为人的精神属性。人的精神活动能够更好地将自然界和自身作为认识和改造的对象，使人成为劳动的主体，能够按照自身的想法进行社会活动，并实现人的创造性。

人的生命活动系统结构（图1-1）包含人的自然属性、社会属性和精神属性，支撑人的物质活动、社会活动和精神活动。人自出生以后，仅仅是在生理上产生了一个自然人，但是，还没有具备"现实的人"的本质属性，必须通过社会化的过程，构建人的三个基本属性，塑造人的本质的基本要素，支撑起人的生命活动，使得自然人转变为"现实的人"，人才能纳入社会生活，才能成为真正的人。

③教育、人与社会的内在逻辑

社会指的是由相互依存的人们组成的相互依赖、超乎个人的有机整体。人是社会的存在物，人总是生活在一定社会关系之中，无法独立生活于社会之外，社会的关系法则规范和制约着人的实践活动和生活。社会学认为，社会的本质是人和组织的形式，人的本质属性构成决定了社会活动的状态；组织形式决定了社会的性质以及生产关系。

从社会的核心要素来看，生产力是人类改造自然、社会和自身的能力，是人的本质力量的反映；生产关系是人们在生产过程中所形成的依赖和合作关系，也是人们劳动实践的组织关系。所以，归根结底，社会的本质就是人的本质属性的外在体现。

马克思关于人的本质思想认为，人自出生以后仅是一个自然人，并没有具备"现实的人"的本质属性，必须经过社会化过程才能成为真正的人。一个自然人先天带来人的物质基础和精神基础，人的物质基础是人的自然属性，人的精神基础是基本人性。自然人就是在人的自然属性和基本人性的基础上发育和成长起来的。基本人性的利己本能和利他本性，在逻辑上是对立的、排斥的，综合发展起来的人性善恶兼有。某个个体就是在先天两极对立的人性基础上从自然人转变为"现实的人"的社会化过程，充满着艰辛曲折、面临无限多的可能。

如果自然人的成长和社会化过程是自由的、自发的，且不说人的能力或智力得不到有效的开发和培养，不可能达到或满足社会生产力发展的需求，更严重的是根植于人的利己本能之上的欲望，将会永无止境地生长，成为社会结构的破坏性力量、人类社会一切"恶"行的源泉，人的道德和价值观将得不到统一，不可避免地引发社会的失序和冲突，社会的存在将得不到维系和发展。

人从自然人转变为"现实的人"的社会化过程，关系到人和社会的存在和发展，所以，人类社会需要有目的、有计划、有组织地建构、塑造每个个体的本质属性，使人的能力或智力符合生产力的发展需求，使人的道德和价值观等精神品质适应社会生产关系规范的要求。这是人类社会培育成员——育人的过程，就是人类社会的教育活动。

综上所述，教育是人类社会自我造新、培育成员的活动，其本质就是育人。教育的根本职能将自然人培育成为具有本质属性、满足社会运行和发展需求的"现实的人"。教育与人、社会的内在逻辑决定了教育与人类社会相伴而生，支撑和伴随着社会的发展而发展。

④育人和人的基本属性、智力、道德等概念之间的逻辑联系

简单而言，育人是将自然人培育成为满足社会运行和发展需求的"现实的人"的活动。自然人只在生理具备自然属性和精神上具有基本人性。"现实的人"不仅具备自然人的特性，还具有人的本质属性，即社会属性和精神属性。

马尔库什把人的社会性概括为两个方面，一是人与人交往，另一个是人能够传承人类积累和创造的经验、技术、知识等精神财富，并能纳入人的生命活动中。从教育的起源说来看，教育的原始职能就是传授生存和劳动经验技能。

将经验技能纳入人的生命活动提高了人类征服自然的能力，提升了社会生产力。从西方古代教育词语原义来看，教育的原义是"引出人的素质"，意为引发人的智力、潜力。智力是人们认识客观事物并运用知识解决实际问题的能力，是人的一种精神能力，反映了人的本质力量。总之，教育的育人本义是通过建构以人的道德和智力要素为核心的精神属性，提升人改造自然的能力，发展人的本质力量，最终目的是发展社会生产力，支撑社会的运行和发展。

人类的实践活动起源于人的欲望，但人的欲望既可使人类兴旺，也可以毁灭一切。所以，人类的实践活动需要一种理性力量来规范、约束人的欲望，使得人的欲望指向社会共同的利益和价值方向，减少社会的失序和冲突，维系良好的社会关系。道德就是人类社会调节自身欲望的理性机制。在社会学上，道德属性是在一定社会条件和一定区域内形成的群体共识意识形态，起着规范人们的行为、调节个人与社会关系的作用，有着无形的巨大力量。从中国古代教育词语原义来看，教育的原义是"养子使作善"，意为培养符合社会道德伦理规范的人才，简义为"立德育人"。中国古代教育育人的着眼点不仅针对受教育者的道德培养，还针对整个社会中所有成员的道德教化。中国古代教育把育人的目的定位于人的道德培养，将社会道德作用于人，塑造人的精神属性，强化社会道德规范。

智力和道德是人的精神属性的核心要素，是构成社会生产力和维系社会生产关系的原力量。英国著名社会主义者汤普森认为人之所以成为劳动的主体，是由于人具有智力和道德，才能按照自身的想法进行社会活动，并实现其创造性[1-64]。教育的原初本义把育人的目的定位于人的智力和道德培养，其中蕴含了教育服务社会的运行和发展的根本目的。

总之，育人概念内涵包含了人的基本属性的建构、人的本质的塑造、人的社会化、智力和道德的培养、生产力的发展、生产关系的维系和强化、实践活动主体的塑造等意义，把教育和人的本质、人的基本属性、智力、道德、生产力、生产关系、实践活动、社会化等概念有机地联系起来。对应于前面所统计的二十多种教育本质观，这些教育本质观只是育人概念内涵的某一侧面的体现。

从教育的发展历程来看，人类社会生产方式的三次重大变革是推动教育的飞跃式发展的外在动因；人类在实践中创造的知识等精神财富的传承，并应用于人的本质的塑造，提升社会生产力是教育发展的内在动因。无论教育的方式、教育的内容、教育的目标如何发展变化，教育活动的实践对象、教育的客体始终都是人，教育的最终目的仍是人的培养和发展。

综上所述，育人是教育的历史起点，是教育的原初本义、最根本的目的，也是教育发展的终点。根据黑格尔关于逻辑起点的 6 个规定性论述，可以确定教育的逻辑起点，就是育人。逻辑起点揭示了对象的最本质规定，所以，可以推断，教育的本质也是育人。

参考文献

[1-1] 尹艳秋,陆正林.教育起源说的学术视角[J].南通大学学报(社会科学版),2010,26(3):121-125.

[1-2] 罗崇敏.教育的逻辑[M].北京:人民出版社,2010.

[1-3] 王孝哲.论人的基本属性[J].泉州师范学院学报,2008(5):16-19.

[1-4] 孙喜亭.教育原理[M].北京:北京师范大学出版社,1993:20.

[1-5] 郝德永.不可"定义"的教育:论本质主义教育思维方式的终结[J].教育研究,2009,30(9):11-16,56.

[1-6] 成黎明,姚利民.对教育定义的几点思考[J].乐山师范学院学报,2005(6):119-121.

[1-7] GB/T 15237.1-2000 术语工作 词汇 第1部分:理论与应用[S].2000-12-28.

[1-8] 方厚枢.中国大百科全书·哲学卷[M].北京:中国大百科全书出版社,1987:107.

[1-9] 朱志凯.简明逻辑[M].南京:江苏人民出版社,1980:41.

[1-10] 蔡贤浩.形式逻辑[M].武汉:华中师范大学出版社,1990:19.

[1-11] 中共中央文献研究室,中央档案馆.建党以来重要文献选编(第十四册)[M].北京:中央文献出版,2011:400.

[1-12] 列宁.列宁全集(第38卷)[M].中共中央马克思恩格斯列宁斯大林著作编译局,译.北京:人民出版社,1986:223.

[1-13] 叶菁,王健.关于教育定义的文献综述[J].当代教育论坛,2005(12):102-103.

[1-14] 赫尔巴特.普通教育学[M].李其龙,译.北京:人民教育出版社,2015.

[1-15] 顾明远.教育大辞典[M].上海:上海教育出版社,1998.

[1-16] 董纯才.中国大百科全书·教育卷[M].北京:中国大百科全书出版社,1985:1.

[1-17] 南京师范大学教育系.教育学[M].北京:人民教育出版社,1984.

[1-18] 爱弥尔·涂尔干.道德教育[M].上海:世纪出版集团,2006:235.

[1-19] 雅斯贝尔斯.什么是教育[M].邹进,译.北京:生活·读书·新知,1991.

[1-20] 陶行知.陶行知全集(第2卷)[M].长沙:湖南教育出版社,1985:633-634.

[1-21] 杨雅琴.西方教育史中教育概念的变迁[J].太原师范学院学报(社会科学版),2013,12(1):132-136.

[1-22] 朗特里.西方教育词典[M].陈建平,译.上海:上海译文出版社,1988.

[1-23] 布鲁纳.布鲁纳教育论著选[M].邵瑞珍,译.北京:人民教育出版社,2018:
　　　　11-13.

[1-24] 中国大百科全书出版社编辑部.中国大百科全书·教育[M].北京:中国大
　　　　百科全书出版社,1985.

[1-25] 叶澜.教育的魅力,应从创造中去寻找[J].内蒙古教育,2016(10):7-11.

[1-26] 黎军,宋亚峰.社会本位论与个人本位论教育目的之再审视[J].教育理论
　　　　与实践,2017,37(10):3-6.

[1-27] 石中英.本质主义、反本质主义与中国教育学研究[J].教育研究,2004(1):
　　　　11-20.

[1-28] 胡友峰.本质主义、反本质主义与中国当代文艺学的知识建构[J].百家评
　　　　论,2019(3):57-69.

[1-29] 恩格斯.自然辩证法[M].北京:人民出版社,1984:104.

[1-30] 张正江.后现代反本质主义时代的教育本质观[J].教育理论与实践,2011,
　　　　31(31):3-7.

[1-31] 纪旭.教育本质研究的局限与超越:基于方法论的视角[J].内蒙古师范大
　　　　学学报(教育科学版),2011,24(10):16-20.

[1-32] 纪旭.三重结构论教育本质观的特点与价值[J].内蒙古师范大学学报(教
　　　　育科学版),2012,25(6):11-14.

[1-33] 陈向明.质的研究方法与社会科学研究[M].北京:教育科学出版社,
　　　　2000:22.

[1-34] 周越,徐继红.逻辑起点的概念定义及相关观点诠释[J].内蒙古师范大学
　　　　学报(哲学社会科学版),2006(5):16-20.

[1-35] 瞿葆奎,郑金洲.教育学逻辑起点:昨天的观点与今天的认识(一)[J].上海
　　　　教育科研,1998(3):2-9.

[1-36] 黑格尔.逻辑学[M].北京:人民出版社,2020.

[1-37] 中共中央马克思恩格斯列宁斯大林著作编译局.马克思恩格斯选集(第二
　　　　卷)[M].北京:人民出版社,1995.

[1-38] 冯振广,荣今兴.逻辑起点问题琐谈[J].河南社会科学,1996(4):57-60.

[1-39] 石远鹏.教育学逻辑起点的反思[J].唐山师范学院学报,2013,35(1):
　　　　133-135.

[1-40] 胡中锋."教育学逻辑起点"研究述评:教育学有没有逻辑起点[J].现代教
　　　　育论丛,1999(1):15-18.

[1-41] 华勒斯坦,等.学科·知识·权力[M].刘健芝,译.北京:生活·读书·新知

三联书店,1999.

[1-42] 武晟.人的存在及其基本属性的概念辨析[A].中国人学学会(China Homi-nology Society)、上海市委党校.“以人为本与中国社会主义现代化建设”学术研讨会暨中国人学学会第 12 届学术年会论文集[C].中国人学学会(China Hominology Society)、上海市委党校:中国人学学会,2010:191-195.

[1-43] 中共中央马克思恩格斯列宁斯大林著作编译局.马克思恩格斯选集(第三卷)[M].北京:人民出版社,1995.

[1-44] George Stigler.Smith's Travels on the Ship of the State[J].History of Political Economy,1971(3).

[1-45] 古希腊罗马哲学(西方古典哲学原著选辑)[M].北京大学哲学系外国哲学史教研室.北京:商务印书馆,2021.

[1-46] 威廉・莎士比亚.特洛伊罗斯与克瑞西达[M].刁克利译.北京:外语教学与研究出版社,2016.

[1-47] E O Wilson.The War between the Words:Biological versus Social Evolu-tion and Some Related Issues:Section 2.Genetic basis of Behaviour espe-cially of Altruism[J].American Psychologist,1975(46):458-468.

[1-48] 易小明,黄立.人类利他行为的自然基础[J].河南师范大学学报(哲学社会科学版),2015,42(3):99-104.

[1-49] 孙琳.霍曼斯与布劳交换理论之比较分析[J].东南传播,2010(1):89-90.

[1-50] 黄立.利他主义的自然基础及限度[D].吉首:吉首大学,2015.

[1-51] 王志芳,张汉静.索伯心理利他主义探讨[J].科学技术哲学研究,2012,29(1):47-51.

[1-52] 张国清,潘坤.利己与利他均衡点的求索:解决斯密难题的罗尔斯方案[J].浙江社会科学,2020(2):109-120,159.

[1-53] 中共中央马克思恩格斯列宁斯大林著作编译局.马克思恩格斯全集(第三卷)[M].北京:人民出版社,1960:64.

[1-54] George Stigler.Smith's Travels on the Ship of the State[J].History of Political Economy,1971,3:265.

[1-55] 查文静,赵越,吴怡萍,等.基于非对称鹰鸽博弈的社会崩溃的仿真[C].Wuhan University、University of Science and Technology of China、Jimei University、Northwest A ＆ F University、Scientific Research Publishing and Engineering Information Institute.Proceedings of Conference on Web Based Business Management(WBM 2012).Wuhan University、University

of Science and Technology of China、Jimei University、Northwest A & F University、Scientific Research Publishing and Engineering Information Institute：美国科研出版社，2012：582-585.

[1-56] Nowak M A，K Sigmund. Evolution of indirectreciprocity [J]. Nature，2005(437)：1291-1298.

[1-57] 刘建明,王泰玄,谷长岭,等.宣传舆论学大辞典[M].北京:经济日报出版社,1993.

[1-58] 应宇芳.人的本质:人的类本质和具体本质[J].南京机械高等专科学校学报,1999(4):41-43.

[1-59] 马克思,中共中央马克思恩格斯列宁斯大林著作编译局译.1844 年经济学哲学手稿[M].北京:人民出版社,2014.

[1-60] 龙娜.论马克思关于人的本质思想的三重维度及时代意蕴[J].河北青年管理干部学院学报,2020,32(1):93-99.

[1-61] 马尔库什.马克思主义与人类学[M].李斌玉,孙建茵,译.哈尔滨:黑龙江大学出版社,2011:69.

[1-62] 苑芳江,张欣然.马尔库什对马克思"人的本质"概念的解读[J].云南师范大学学报(哲学社会科学版),2017,49(6):109-116.

[1-63] 张奎良.马克思人的本质概念的演绎程序[J].马克思主义研究,2014(11):68-76,159.

[1-64] 程远航.汤普森社会主义人道主义思想的科学性:对人本质的关注[J].理论观察,2020(2):17-19.

[1-65] 松下幸之助.天心:松下幸之助的哲学[M].蒋敬诚,译.北京:东方出版社,2021.

2 个性化教育观

2.1 人的个性和人的个性培养

教育的本质就是育人，是关于人的全面成长与发展、人的属性形成与塑造的活动，其终极目的是为社会的运行和发展培育人才。从功能的角度来看，教育的功能包括社会发展和个体发展两大功能，其中，个体发展包括个体的社会化和个体的个性化两个方面。从价值观的角度来看，个人本位论和社会本位论两种教育本位论相互对立、相互排斥。社会本位论强调教育的社会价值高于个人价值，主张将社会的道德和价值观念强加于个人，忽视个体个性化发展，甚至压抑或抹杀人的本性；个人本位论强调教育的个人价值高于社会价值，主张以个人价值为中心，顺应人的自然本性，根据个人的发展需要来制定教育活动。两种教育本位论在教育的个体发展功能上，都没有提倡培养塑造个体的个性，促进个体的个性化。

这两种教育本位论主导了人们对教育的概念定义、个体发展功能和教育目的的看法。虽然历史上也有教育思想家试图兼顾个体的社会化和个体化两种观点，但由于社会阶级或社会生产力发展的局限性，都没有提出科学的解决方法。

2.1.1 人的个性

个性译自英文"personality"，从拉丁文"persona"一词演变而来，属于一个具体的、"现实的人"的本质属性，是人作为个体而存在的独特性。关于个性概念的研究，主要有心理学、社会学和哲学历史唯物主义等学科。不同学科研究的视角与任务不同，对个性内涵的理解差异很大，其研究的目的都是试图揭示个性的逻辑构成，发挥个体的本质属性的力量。

（1）心理学中的个性概念

心理学认为个性是个体内部的情感世界中比较稳定的心理结构和特征。西方心理学界关于个性概念的定义有多种。美国心理学家阿尔波特（G. W. Allport）考察西方心理学者从"Persona"词义演变出 50 多个关于个性概念的定义。他认为："个性是决定一个人独特的适应环境的行为与思想的内部身心系统的动力结构。"[2-1]苏联心理学家彼得罗夫斯基（Петровский)认为："在心理学中个性就是指个体在对象活动和交往活动中获得的，并表明在个体中表现社会关系水平和性质的系统的社会品质。"[2-2]

中国心理学辞典《心理学大辞典》中将"个性"定义为："一个人的整个精神面貌，即具有一定倾向性的心理特征的总和。"[2-3]该辞典认为个性的结构由多层次、多侧面的心理特征构成，包括能力、气质、性格、需要、兴趣、理想、信念、价值观等。这些心理特征不是孤立存在的，是错综复杂、相互联系、有机结合的一个整体，对个人的行为起着控制的作用[2-3]。

这些定义从不同的角度、不同的层次阐述了个性概念的内涵，表述极不一致。概括起来，心理学认为个性概念的内涵主要包括个性心理倾向性和个性心理特征。

①个性心理倾向性

个性心理倾向性是指一个人所具有的意识倾向性和对客观事物的稳定态度。它是个人从事各种活动的基本动力，决定着个人对社会环境的态度和行为模式，包括需要、兴趣、爱好、理想、信仰和价值观等心理成分。

个性心理倾向性的各个成分是相互联系、相互影响的，但在人的成长和发展的不同阶段，总有某一个成分对人的心理活动与行动起着主导作用。例如，在儿童期，驱动人的行为的主要是兴趣；在青少年期，理想或梦想上升到主导地位；到了成年阶段，支配着人的整个心理与行动的是价值观。

②个性心理特征

个性心理特征是指个体经常表现出来的稳定的心理特点，反映了个体区别于他人的独特心理特征，主要包括能力、气质和性格。能力是使人能顺利完成某项活动所具备的心理特征。气质是人生来就具有的典型的、稳定的心理活动的动力特征。性格是个人在对现实的态度及其相应的行为方式中表现出来的稳定而有核心意义的心理特征。

个性作为心理倾向和特性的统一，个性特征并不是孤立存在的，而是在个性倾向的制约下构成的整体，具有倾向性、复杂性、独特性、积极性、稳定性、完整性、发展性、社会性等特征，是制约着各种活动倾向的动力系统。个性不是人与生俱来的、固定不变的，而是在伴随人的成长和发展过程中不断变化和发展的。所以，个体的成长和发展过程就是人的个性化过程。个性心理学关于个性心理结构的研究，为促进个体个性化的教育活动提供了重要的科学依据。

（2）社会学中的个性概念

个性社会学主要从个体的社会化视角，研究个体在社会关系中的相对独立性。社会学认为个体在社会化过程中，个体逐渐建构一定的能力素养、精神品质等本质属性，使得个体对社会群体间产生相对独立性，形成个体的个别存在形式和主体特征。个体的个别存在形式把个人从社会中相对独立出来，使人具有唯一性、不可重复性、独特性和自我性。个体的主体特征使人具有独立自主性、自由自觉性、能动性和积极创造性等特征。[2-4]个体的个别存在形式和主体特征构成了个体的个性。

社会学认为个体在成长和发展过程中，逐渐形成个体的个性。这种个性化过程既是个性的形成和发展过程，又是个性在社会中自我实现的过程，其最终目的是达到个性的积极创造性。[2-4]

（3）哲学历史唯物主义中的个性概念

哲学历史唯物主义从相关具体科学的综合视角上分析个性的概念，将人的个性内涵划分为三个层次。个性内涵的三个层次分别为：第一层次个性，个别存在形式的特征；第二层次个性：特定群体成员所具有的社会特征；第三层次个性：个体的主体倾向性。

①第一层次个性：个别存在形式的特征

人作为客观世界的存在物并没有融没在所有客观存在物之中，而是以唯一性、不可重复性、独特性和自我性等个别存在形式独立出来。这些特征使个体和他人、个体和外部世界区别开来。

②第二层次个性：特定群体成员所具有的社会特征

人在社会生活中受到各种社会关系的制约，逐渐形成个体的社会特征，表现为个体的社会心理特征、社会关系特征和道德精神面貌特征等，使得个体与社会特定群体中的他人区别开来。每一个体在特定群体中都具有各自的社会特征。

③第三层次个性：个体的主体倾向性

人作为具有自由的、有意识的智能存在物，对于外部世界和人类自身具有支配和改造的能动性，使人成为改造客观世界（包括自然界和人类本身）活动的主体，具有个体的能力、独立自主性、自由自觉性、能动性和积极创造性等特征。人在成长和发展过程中都会努力地追求社会实践主体的价值，表现为这种主体倾向性。

综上所述，个性的本质是人的能力、气质、性格、需要、兴趣、理想、信念、价值观等精神属性要素构成的有机复合整体，是人的心理或精神活动的主导因素。人的个性具有如下特点。

（1）人的个性在人的心理或精神活动中起着动力和指向作用，决定着个人对社会环境的态度和行为模式。

（2）人的"自由的、有意识"的本质属性，使得人在生命活动中产生独立自主性、自由自觉性、能动性和积极创造性等特征。这些特征综合表现为个性的主体倾向性。

（3）人的个性是在人的成长和发展过程中逐渐形成的，在人的心理特征成熟之前是不稳定的、不断发展的，在人的心理特征成熟之后具有一定的稳定性。

（4）人的个性的本质是人的精神属性要素的有机复合。由于精神属性要素是在个人的先天人性基础和后天差异化的成长过程中逐渐建构起来的，人的个性具有唯一性、不可重复性、独特性和自我性，表现出个体差异特征。个体个性的差异特征不是个性的本质，仅仅是个体独特性的外在表现。

总之，人的个性是人的精神要素的有机复合，人的自由、自觉和能动的意识本质和社会性本质，使得人的个性对人的心理或精神活动起着动力和指向作用，支配和制约人的生命活动，在个体的实践活动中体现一定的主体倾向性；同时人的个性具有自我性和独特性，体现个别差异性。个性伴随人的成长和发展逐渐形成并稳定化。所以，教育活动对人的个性培养的目的，是全面形成和塑造人的个性，更好地发挥人的自觉主体性和积极创造性等本质力量。

2.1.2　共性、个性和特性

共性、个性和特性在不同的学科领域中有不同的概念界定，且不同的概念经常混淆使用，特别是个性和特性（独特性）经常混用。这些词语在不同领域的概念内涵、不同语境下习惯用法造成了概念错位的现象。

（1）哲学和个性心理学中"个性"概念的差异

德国哲学家黑格尔认为每一个事物的抽象概念，包含了三个内涵特征：普遍性、特殊性和个体性。普遍性指事物各种不同的规定性之间的同一性，即为共性（generality）；特殊性指事物不同的规定性，即为个性、特性（individuality；specificity）；个体性指包括特殊性在内的丰富的普遍性，是普遍性和特殊性的结合。共性与个性构成个体（individuals），个体具体化了共性并体现了个性（特性），个体（individuals）＝共性（generality）＋个性或特性（individuality；specificity）。

在中文语境下，个性、特性、独特性、特殊性、差异性等都是同义词，表示某一事物区别于其他事物的特殊性质，其英文可对应于 individuality、specificity。在个性心理学中，个性表示人的"心理特征的总和"，其本质是具体人的心理活动的动力组织系统，其英文对应于 personality。所以，个性心理学中的个性概念更加接近于黑格尔哲学中的个体概念，可表示为：个性（personality）＝共性（generality）＋特性（individuality）。在教育的相关研究中，个性概念主要是借用个性心理学的个性（personality）概念界定，同时也混杂了哲学等学科的个性（individuality）概念。个性心理学的个性（personality）概念和哲学的个性（individuality）概念有着本质的差异。

为了避免概念界定的错位，同时又能遵从中文语境下相关文献和习惯的原表述，在下面的内容中，本书将个性心理学中的"心理特征的总和"概念表达为个性（personality），将哲学及相关领域中的"某一事物区别于其他事物的特殊性质"概念表达为特性（个性，individuality）。

（2）哲学中共性和特性（个性）的关系

哲学在讨论事物的共性和特性（个性）问题时，主要是分析同类事物普遍性质和特殊性质的关系，并认为两者是对立统一关系。共性主要指同类事物的普遍性质；而个性（特性）是同一类事物中的特殊性质，使之区别于同类中的其他个体。共性决定事物的基本性质；个性（特性）揭示事物之间的差异性。共性和个性（特性）是一切事物固有的本性，每一事物既有共性又有个性（特性）。

唯物辩证法认为，共性即普遍性，特性（个性）即特殊性，两者密切联系，不可分割，是辩证统一的关系。一方面，共性寓于特性（个性）之中，并通过个性（特性）表现出来，没有特性（个性）就没有共性；另一方面，特性（个性）也离不开共性。世界上的事物无论如何特殊，它总是和同类事物中的其他事物有共同之处，总要服从于这类事物的一般规律，不包含普遍性的特殊性是没有的，即特殊性也离不开普遍性。

（3）心理学中的共性和特性的关系

哲学是关于普遍性规律的科学，虽然个性心理学中并没有严格地界定个性心理的共性和特性（个性）的关系，但在哲学（特别是唯物辩证法）中关于共性和特性（个性）关系的理论，已经揭示了两者的辩证关系。

美国心理学家阿尔波特（G. W. Allport）和卡特尔（R. B. Cattell）认为个性是"共同特性"与"个人特性"的有机复合。"共同特性"是人所共有的，而"个人特性"是个人所特有的。这说明心理学中个性的概念界定为个体的整体特征，人的个性心理动力源自个体的共性和特性的统一，即个性＝共性＋特性。

能力是人的核心精神要素，是人的本质力量，也是人的个性的核心构成。英国心理学家和统计学家斯皮尔曼（Charles Edward Spearman）提出的能力的二因素说认为，能力由一般因素（G 因素）和特殊因素（S 因素）两种因素构成。G 因素是人所有活动都需要的一般能力，且每个人都具有，只是各人的 G 量值不同，G 量值的大小决定了人的聪明程度。因此，斯皮尔曼认为 G 因素是能力结构的第一重要因素。S 因素代表人的各种特殊能力，如记忆、注意力、言语、空间认知等特殊能力。人们在完成任何一种活动时，都需要由一般能力（G 因素）和某种特殊能力（S 因素）共同来承担，但每一个具体的 S 因素只能影响人的某个特定的活动。斯皮尔曼采用测验方法分析了人的各种活动能力的共同因素和特殊因素构成的关系，进一步论证了人的个性心理结构的共性和特性的统一关系。

个性作为人的"心理特征的总和"，对个人的心理活动和行为模式起着"动力和指向作用"。它反映了人的普遍心理特征，每个人都具有的特征，只是在特征尺度上有所不同，是人的一般共性。同时，个人在能力、气质、性格、兴趣、意志力、价值观等心理特征上，又体现了区别于他人的差异性、独特性，反映了个人在存在形式上的差异和特殊性。它只是影响到个人某个方面的行为模式，并不是人的活动或行为的决定力量。

总之，心理学中的个性是一种整体化的具体的人的心理特征，反映了"现实的人"的共同和差异特性的统一。哲学与心理学中的个性相关概念比较如表 2-1 所示。

表 2-1　哲学与心理学中的个性相关概念比较表

学科	相关概念	基本属性	对应英文
哲学	共性	事物的普遍性	generality
	个性（特性）	区别于其他事物的特殊性	individuality; specificity
	个体	包含普遍性和特殊性的具体事物	individuals
心理学	共性	人的心理普遍（一般）特征	generality
	特性（个性）	区别于他人的心理独特性	characteristic; individuality
	个性	"现实的人"的心理特征的总和	personality

2.1.3　教育个性观

个性是一种整体化的人的心理特征或精神特征，一直都是教育研究和实践所关注的对象。在人类漫长的教育历史上，出现了一种以人的个性形成和发展规律为依据，以优化、完善和发展人的个性为核心目标的教育活动，统称为个性化教育。这里的个性概念可以对应于心理学上的个性（personality）概念和哲学上的个体（individuals）概念。

虽然个性是人的精神属性，属于人的本质属性（简称为本性），教育活动对人的个性始终非常关注，但是，在教育中并没有独立界定自己的个性概念。教育中往往是借用了心理学、社会学和哲学等学科关于个性概念的界定。即使是心理学的个性概念，其定义也多达 50 种以上，且概念的内涵差异很大，在教育领域中主要借用的还是心理学的概念。再加上其他学科多种个性概念的混杂，教育研究和实践活动的个性概念相当混乱，概念错位的现象是一种常态。

在教育领域中，关于人的个性内涵的理解主要有两种观点：一种是认为个性就是个体差异性，与独特性（characteristically）、特性（individuality）、特殊性（special）、差异性（differential）等概念同义；另一种是认为个性是具有一定倾向性的心理特征的总和，与人格（personality；character）、性格（temperament）等概念近义。这两种个性概念的观点主导了教育个性观。

（1）个性的差异性观点

个性的差异性观点认为，个性的内涵是个人区别于他人的特征，即心理学上的个别差异性，或是人格中的差异性成分。这个观点得到个性心理学和社会学的支持，在哲学历史唯物观上也被归纳为第一层次的个性内涵：个别存在形式的特征。从这些学科的研究来看，个性的差异性仅仅是个性的特性，但是非实质内涵。

个性的差异性观点的另外理论依据是哲学中关于"共性和个性（特性）"的对立统一说。中国数量庞大的教育研究学者和教育实践者，将这种哲学中的对立统一说用于解释人的心理特征的整体性和差异性的关系，认为心理特征的整体性是"共性"，是人们共同的普遍心理属性，人人都具有；而"个性"是个人与他人的差异性、区分性特征，或是个人凸显的心理特征，认为人的心理上的差异性就是人的"个性"。这种观点虽然认为人的心理"共性"和"个性"是对立统一关系，但是，并没有将心理"共性"归属于人的个性，只有人的心理差异性才是人的个性。这种观点将心理特征的整体性视为差异性对立面，在理论依据上将个性概念引向了错位的方向。

此外，个性的差异性观点的依据还有伦理学关于人的"积极属性和优秀品质"评价尺度说和人们通俗的认知。伦理学关于人的"积极属性和优秀品质"评价尺度说认为，凡是"普通的、平庸的"个人是无个性的，凡是"杰出的、积极的"个人是有个性的。人们通俗的认知认为人的稳定的、不易改变的心理属性或性格就是个性，有个性的人往往是指性格"固执""倔强"的人。

这些理论和认知混杂起来，共同形成了狭义的教育个性概念，产生了两种狭义的个性化教育思想：专长化教育和适应性教育。

专长化教育着眼于受教育者的专长上，将个人某方面的专长或特长看作人的个性，认为个性化教育就是针对个人的专长来开展教育活动，无须顾及个人的整体发展，只要使个人某方面的专长同他人的差别拉大，发挥个体的专长作用。

适应性教育着眼于受教育者的个体发展需求差异，认为个体在成长和发展过程中存在着遗传素质、智力水平、兴趣爱好、理想信念等个人特性的差异。这些差异的特性决定了个人发展的价值和需求的差异。适应性教育认为个性化教育就是依据自身的个人发展需求来制定教育目标和建构教育活动，使之适应个体的能力水平和发展需求，实现个人的价值。

个体差异性的内涵并没有完整地反映主流的心理学、社会学和哲学历史唯物观关于个性概念的本质属性，是个错位的概念，但是由于在实际的教育实践活动中，个体的个别存在形式差异具有一定的易辨识性，人们不需要全面理解和识别人的复杂的心理特征，就可以用于指导教育实践。目前，虽然个体差异性的个性概念理解是错位的，但是，国内绝大多数的个性化教育研究和实践仍然基于这两种教育思想。

（2）个性的人的本性观点

心理学、社会学和哲学历史唯物观都将个性的构成要素归为"现实的人"的本性，从结构上分析它们的构成和相互关系，从功能上解析个性对人的心理活动（精神活动）和行为活动的动力支配和制约作用，从而揭示人的本质属性的力量的形成规律。

①人的生命活动的动力系统

个性心理学认为个性的结构包含了能力、气质、性格、需要、兴趣、理想、信念、价值观等心理成分（也称为心理特征，都属于人的精神属性要素），它们相互联系、相互影响，有机结合成为一个有机整体。个性心理学提出个性的构组理论，并没有揭示众多心理成分的相互作用原理和发展规律，只是说明了个性的心理成分并不是孤立存在的，而是在个性倾向的制约下构成的整体，共同形成各种活动倾向的动力系统。个性结构的所有成分和特征，如能力、气质、性格、需要、兴趣、理想、信念、价值观等，都属于人的本质属性要素。它们有机地结合而共同形成人的各种活动倾向的动力系统，是人的本质属性要素有机的组织形式，最终发挥的是人的本质力量。个性心理特征与人的生命活动关系如图 2-1 所示。

图 2-1 人的生命活动的动力系统图

个性社会学和哲学历史唯物观认为个体在社会化过程中，都会努力地追求社会实践主体的价值，逐渐形成个性的主体倾向性。个性的主体倾向性使人具有独立自主性、自由自觉性、能动性和积极创造性，把人构造成为改造自然和自身活动的主体。个性的主体倾向性是人的心理特征通过驱动人的心理活动、支配人的行为活动来实现的，是人的能动性意识力量作用的结果。

总之，个性的结构由数量众多的人的本性要素有机结合而成，个性的各种特征作为一个相互作用、有机结合的整体，产生驱动和支配人的生命活动的力量。这种力量源自人的本质属性的力量。心理学、社会学和哲学历史唯物观都将个性作为人的心理活动（精神活动）和行为活动的动力系统，揭示了个性的本质。同时，三个学科都认为个体的各种个性特征的存在形式具有独特性，其反映了个体的个性在动力组织方式和效果上的差异性。

②育人活动与人的个性培养

教育的逻辑起点探寻说明了教育的本质就是育人，通过建构和塑造人的基本属性，促进人的社会化，其终极目的是发挥人的本质属性的力量。个性的相关理论揭示了人的本性要素的动力组织特征和基本规律，为教育的育人活动提供了科学理论，特别是为培养和发挥人的积极创造力指明了方向。以丰富、发展和完善个性特征为目标的教育活动，是广义上个性化教育，也是一种崇高理想化的教育思想，在人类教育史上备受推崇，一直指引着教育发展的方向。

由于人的个性心理成分数量众多、结构复杂，人们尚未掌握各种个性心理成分（心理特征）的识别或评估方法，以及它们的形成发展、相互作用和有机结合的机理和规律，真正意义上的个性化教育只是停留在概念层面。

2.1.4 个体的社会化和个性化

人们习惯上将教育的个体发展功能划分为个体的社会化和个性化两个方面。关于教育的个体发展功能的理解和认知一直存在两种观点，其争议的焦点在于个性和共性概念的认知上。第一种观点是：社会化是共性化，个性化是差异化。第二种观点是：社会化和个性化都包含个性培养，两者的区别只是育人的思维角度不同。

（1）社会化是共性化，个性化是差异化

这种观点以心理学上的狭义个性概念和哲学上的"对立统一论"为依据。首先，它认为"共性"是普遍性、类特征，"个性"是特殊性、个别特征。其次，它认为社会人的"共性"是社会共同需求、必不可少的能力素养、道德规范和价值观等精神属性；个人的"个性"是与他人相比自己专长的能力素养。个体社会化是以社会人的"共性"为标准，来塑造与他人一致化的、共同的能力素养等。[2-5]个体个性化是基于个性的差异性观点，培养个人的专长或特长，发挥个人的优势能力。

马和明与高旭平在《教育社会学研究》中认为："教育的社会化功能的本质是一种求同过程……教育的个性化功能的本质是一种求异过程。"[2-6]全国十二所重点师范大学联合编写的教材《教育学基础》也支持这种观点。该书认为："人与人之间既有相同的一面，又有不同的一面。相同的一面表现为人的社会性，社会性反映的是人对社会的适应，是社会化的结果；不同的一面表现为人的个性，个性是个体在实践活动中形成的独特性，它是个体个性化的结果。"[2-7]

可以看出，这种观点认为共性和个性、社会化和个性化在逻辑上是对立的，是矛盾的双方，同时，在逻辑上将社会性与共性、个性与差异性等同起来，可简单概括为：个体社会化就是个体的同质化，个体个性化就是个体的差异化。这种观点把个体社会化和个体个性化作为对立矛盾的双方，势必在个体社会化过程中排斥个体的个性化，反之也成立。

当今社会普遍实行"标准化"或"划一化"的学校教育，是个体进行社会化的主要途径。按照以上观点，学校教育是同质化的共性教育，个体的个性只能在其他的实践活动中形成。个体在学校教育接受社会化的过程中，个人的能力素养、思想品质等精神属性不断建构、提高，形成自己的特长，在群体中逐渐造成个体特性事实上的差异化。也就是说个体的社会化过程造就了个体特性在事实上的差异化。这和以上"个体社会化就是个体的同质化，个体个性化就是个体的差异化"的观点相违背。

作为教育学学科的基础教材，《教育学基础》由全国十二所重点师范大学联合编写，代表了当前中国教育学学科关于个体社会化和个性化的主流观点。这种观点所包含的悖论，源自狭义个性概念的错位。

（2）社会化和个性化都包含个性培养，两者的区别只是育人的思维角度不同

这种观点以心理学上的广义个性概念和社会学上的社会化的基本概念为依据。首先，从人的社会化的基本概念来看，人的社会化过程包含了个体的个性形成的内容。其次，从广义个性概念来看，个体的个性化过程也包含了人的社

会化内容。两者都是塑造人的本性，其本质是相同的。

一般而言，人的社会化是指自然人转变为"现实的人"的过程，是在自然人的基础上建构人的本质属性。社会学认为社会化的基本内容包括三个方面：促进个性形成和发展，培养自我观念；内化价值观念，传递社会文化；掌握生活技能，培养社会成员。《当代教育学》认为："人在社会化的过程中必然伴随个性化，同时也要求个性化。"[2-8] 所以，人的社会化的过程也是个体的个性化的过程。

广义个性概念认为个性是具体的人的心理特征的总和。人的个性结构包含了能力、气质、性格、需要、兴趣、理想、信念、价值观等心理成分。这些个性心理特征都属于"现实的人"的本质属性，所以，人的个性形成和发展过程也就是人的本质属性建构的过程、人的社会化过程。

从个体的成长和发展过程来看，个体通过接受教育和社会实践，个体不断地塑造人的本质属性、完善人格，逐步融入社会，进而发挥人的本质力量。在这个过程中，个体逐渐形成了个人的兴趣、爱好、能力、特长等一系列的个性特征。所以，个体个性化与个体社会化是统一的，其本质是相同的，不是相对立的。

个体个性化和个体社会化的不同之处，在于两者对于人的本质属性形成着眼点不同。个体社会化着眼点于人的本质属性形成要适应社会并积极作用于社会，使得个体更好地走向社会公共生活，融入现实社会。个体个性化着眼点于完善和优化人的个性特征，促进人的主体意识的发展，形成独特性、自主性和创造性的社会活动主体，实现个体的价值。所以，两者在本质上是一致的，它们的区别只是在塑造个体个性的着眼点上有所不同。

综上所述，广义和狭义个性概念界定的差异，造成了个性化教育思想的巨大分歧，影响到了人的个性培养的教育实践和教育发展。

2.2 中外古代的个性化教育思想

在人类古代漫长的教育历史中，出现了许多著名的思想家，他们提出了非常鲜明的个性化教育思想，仍然对当今的教育产生着深刻的影响。

中国古代有许多著名的思想家和教育家，如孔子、老子、庄子、孟子、荀子、墨子、韩愈、朱熹等。他们的教育思想非常丰富，提出了非常鲜明的个性化教育思想，最具有代表性的是孔子"有教无类，因材施教"的教育理念和庄子"顺应本性，因性而行"的教育理念。在西方古代，希腊著名哲学家苏格拉底的"产婆术"是一种基于个人本位的个性化教育思想。

2.2.1　孔子的"因材施教"教育思想

两千多年前中国伟大的思想家、教育家、儒家学派的创始人孔子提出了"因材施教"的教育理念，至今仍影响深远。《论语》中记载了孔子的许多因材施教的故事，下面以两则故事来探讨孔子的教育理念。

（1）颜回、子贡和司马牛问仁

颜回、子贡和司马牛分别询问孔子同样的问题——如何实行"仁"，孔子却给出不同的回答。孔子所提倡的"仁"是以"人与人相互亲爱"为最基本精神的伦理道德观念。

给颜回的回答是"克己复礼为仁"。颜回是孔子最得意的门生，列为孔子门生七十二贤人之首。颜回能做到"一箪食，一瓢饮，在陋巷，人不堪其忧，回也不改其乐"，孔子数称"贤哉，回也"。可见颜回是德行很好的君子。孔子仍要求他克制自己，使自己的言行举止合乎礼仪规范，提升自己的人格。这里的"礼"指的是孔子所推崇的周礼，是孔子所追求的理想道德规范。颜回的德行和意志力符合孔子理想中的圣人形象，所以孔子指引颜回去实行自己没有实现的理想道德。

而子贡问仁，孔子则说："己欲立而立人，己欲达而达人。"子贡以"博施济众"为己任，但他常常过高地估计自己的实力，不自量力，不知从何实行"仁"。孔子建议他要先从自身做起，具备帮助他人的实力，才能使他人得到帮助。孔子给子贡指出，要实行仁爱，应不断地提升自己的能力。

司马牛也问仁，孔子则说："仁者，其言也讱。"由于司马牛常常夸夸其谈，"言多而噪"，所以，孔子要求司马牛说话要谨慎，言行一致，提升自己的品行。

（2）子路和冉有问政

子路和冉有两人都有意从政，向孔子请教。子路和冉有同样问"闻斯行诸"，意思为："听到一件合于义理的事，立刻就去做吗？"孔子却给出截然相反的回答。由于子路勇武过人，有时难免轻率莽撞，所以，孔子要他遇事应听取父兄意见后才做，临事三思而行；而冉有为人懦弱，遇事往往畏缩，所以，孔子要他听到该做的事时不要拖延，立刻去做，以免临事退缩。对于不同的人提出同样的问题，孔子给出相反的回答，皆因各人的性格不同。

孔子因材施教的故事，描述了孔子依据学生资质的具体情况，施加差异化的个性教育，弥补各自的不足，促进了学生的个体发展。孔子针对学生不同的个性，包括德行（颜回）、能力（子贡）、品行（司马牛）和性格（子路和冉有）

等个性要素，实施差异化的教育，使学生的个性得到良性发展。孔子"因材施教"的理念是一种差异化的个人品格教育思想。

2.2.2 庄子的"因性而行"教育思想

以老子和庄子为代表的道家哲学思想非常丰厚，有着极其广博的内容。道家哲学认为万物各有自然、合理的本性和长处，即万物皆有其自然特性。人们应该充分认识和保持各自的特性，只有这样才能发挥优势，获得成功。[2-9]道家哲学从自然无为、效法自然的法则出发，提出了"物各有性，物各有宜，顺应本性，因性而行"的思想，蕴含着鲜明的个性化教育思想。

庄子所处的战国时代，是中国历史上的大变革时期，诸侯列国争霸，相互混战，社会空前动荡，世人对功名、利禄和权势的争夺异常激烈，导致人们生活压抑而痛苦，因此，他极力追求人格独立、个性自由，要达到逍遥的自由境界。正如《逍遥游》中所描绘的一样，庄子希望自己能像鲲一样畅游于天地，转化为鹏扶摇而上九万里，不局限于眼前，追求更广阔的空间，追求个性自由发挥，彰显生命的活力，从而实现自我。[2-10]庄子提倡和追求的是一种自由、自然的"真人"的理想人格。其著作通过许多事例来讲述物各有性、物各有宜的特点，来说明人性的自然特性。

《庄子·骈拇》中记有："长者不为有余，短者不为不足。是故凫胫虽短，续之则忧；鹤胫虽长，断之则悲。故性长非所断，性短非所续，无所去忧也。"庄子以鸭子和鹤腿存在长短差异性，但其天然合理而不可互换的实例，来说明物各有性、物各有宜的特点，进而让人们正确认识和保持各自的特性。[2-11]

《庄子·应帝王》中记有："南海之帝为儵，北海之帝为忽，中央之帝为浑沌。儵与忽时相与遇于浑沌之地，浑沌待之甚善。儵与忽谋报浑沌之德，曰：'人皆有七窍，以视听食息。此独无有，尝试凿之。日凿一窍，七日而浑沌死。'"《庄子·至乐》中又记有："昔者海鸟止于鲁郊，鲁侯御而觞之于庙。奏九韶以为乐，具太牢以为膳，鸟乃眩视忧悲，不敢食一脔，不敢饮一杯，三日而死。"庄子讲述浑沌和鸟的本性被改变后而死亡的故事，警示要遵循事物本性，不可破坏其个性，否则就会扼杀其生命。

《庄子·至乐》中记有："鱼处水而生，人处水而死。彼必相与异，其好恶故异也。故先圣不一其能，不同其事。"庄子这里强调了不要强求每一个人的才能都是相同的，要根据其不同特性而用之。

庄子通过这些事例阐明了"物各有性，物各有宜，顺应本性，因性而行"的思想，强调了人为破坏了自然、抹杀事物的天然个性，将使事物丧失存在的意义。庄子的思想中蕴含着鲜明个性化的教育观：学生的自然本性和天赋的能力各有不同，应当重视学生的个别差异，顺应学生的自然本性，促进学生的个性发展，充分并自由发挥天赋才能；反对抹杀学生的自然本性，或施行整齐划一的教育模式；提倡各逞其能，各自发扬其所长。庄子"因性而行"的理念是一种顺应人的本性、发展个人特长的个性化教育思想。

2.2.3　苏格拉底的"产婆术"教育方法

在西方古代，希腊著名哲学家苏格拉底以"产婆术"闻名于世，对西方当今的教育思想仍产生深刻的影响。产婆术（art of midwifery），亦译"接生术""助产术"，是西方最早的启发式教育方法。

苏格拉底的"产婆术"是一种通过启发模式寻求普遍知识的教育方法。其具体方法是老师不直接将知识传授给学生，而通过谈话问答方式，揭露学生观点中的缺陷或不足，引导学生逐步领会正确的结论。苏格拉底利用问答讨论的方法，帮助学生发现问题，得出答案，使学习过程逐步从个别的感性认识，上升到普遍的理性认识、定义、知识。

苏格拉底认为教育是一个知识"接生"的过程，教师就是"接生婆"，人们之所以接受教育是为了寻找"原我"以不断完善自身。[2-12]"产婆术"是在教师的启发下，让学生逐步发现问题、思考问题、提出问题、得出结论的技巧和知识的过程。苏格拉底的"产婆术"重视人的思维能力的训练，让学生自己领悟到知识，强调教育对个体本身人格的完善。所以，"产婆术"教育方法是一种基于"天赋潜能论"的个性化教育思想。

2.2.4　古代个性化教育思想的比较

孔子不仅把教育和人口、财富作为立国的三大要素，还认为教育在个人发展过程中起关键作用。孔子认为知识和道德都是要靠学习培养出来的，教育是形成人的个性差异的重要原因，因而提出"性相近也，习相远也""有教无类"的主张。[2-13]这些主张体现了"天赋平等的人性论"。孔子的"天赋平等人性论"打破了贵族天赋比平民高贵、优越的思想，指出人的天赋素质是相近的，人的个性差异是后天教育及学习作用的结果。

庄子主张的是"自然人性论"[2-14]。他认为人性是自然生成的，人性的本身，从一开始就有了内在的素质和条理性，即"物各有性，物各有宜"。所以，庄子对于处于统治地位的儒家教育思想出现的教条僵化予以挞伐，极力主张冲破儒家教育思想的樊篱。[2-15]庄子认为儒者治学但为名利，卑微怯懦，扭曲了人之本性[2-15]；再者，儒家以统一的模式培养人才，循规蹈矩，对师长之言"无所不悦"，深受礼仪的约束，违忤了"真人"的人格。"屈折礼乐，呴俞仁义，以慰天下之心者，此失其常然也。"庄子认为儒家所倡导的仁义礼智扭曲了人的自然本性，使人失去了正常的状态。[2-16]

《庄子》中有气魄极大的鲲鹏式人物，有不食人间烟火的海鸟式人物，也有庖丁、匠石、梓庆式技艺专精的人物，等等。[2-16]这些极具个性化的人物是庄子打破儒家的整齐划一的教育模式而极力倡导"自然人性论"的个性化教育的一种努力。[2-16]

苏格拉底的教育主张的前提是"天赋潜能论"。他认为人天生具有潜能，普遍知识隐藏于人的内部，教育就是将人的内部已有的知识引出来。他的"产婆术"是一种启发式教育方法，有助于激发和推动学生思考问题的积极性和主动性，促进独立自主、积极能动的个性主体特征的发展，完善或提升人本身所固有的或潜在的素质。

孔子与庄子的个性化教育思想的差异还体现在两个方面。

①孔子注重了解每个学生的天资、性格等个性特征，但孔子并不是发展其长处，而是针对每个人的短处去进行补偏救弊[2-15]；而庄子是提倡充分并自由发挥各人的天赋才能，培养各有其长的专门人才，顺其之性、据其之长而用之。

②孔子提倡的是社会本位的教育目的，使个体发展符合社会需要；庄子提倡的是个人本位的教育目的，强调自由发挥个体的个性，增进个体的个人价值。

无论是孔子的"因材施教"，或是庄子的"因性而行"，还是苏格拉底的"产婆术"，古代丰富的教育思想中蕴含着鲜明的个性化教育思想精华。在当今我们正在进行的教育改革和实践中，应从中弘扬精华，吸取智慧，促进现代教育的创新发展。

2.3　个性化教育概念的研究与分歧

教育的本质就是育人，通过建构和塑造人的基本属性，促进人的社会化，其终极目的是发挥人的本质属性的力量。心理学认为人的个性是一种由多种心理特征有机结合起来的复合体，是驱动和支配人的生命活动的动力系统。社会学和哲学历史唯物观认为人的个性是个体的主体倾向性，使人在生命活动中成为活动的主体，发挥主体的独立自主性、自由自觉性和积极创造性等能动特性。着眼于人的完善个性或独立人格培养的教育活动，是理想化人的社会化的途径。

在两千多年前，孔子和苏格拉底两位伟大的思想家和教育家提出了鲜明的个性化教育思想，在人类教育史上一直备受推崇，至今仍然对教育产生深刻的影响。18 世纪中叶，蒸汽机的发明标志着人类社会进入了工业时代。在工业革命的驱动下，学校教育实行的是有目的、有组织、有计划的标准化教育模式，培养知识技能型、高度专业化、标准化人才。标准化教育是同质性教育，其最大的缺陷是忽视了个体的个性差异，制约了个体的个性发展，影响到个体独特性和创新性的发挥。随着社会科技的迅猛发展，社会对创新型人才的需求越来越迫切。特别是人工智能时代的来临，维持和保障现代社会高速发展的不竭动力是人类的创新活动，培养创新型人才是当今教育的极大命题。

2.3.1　中国个性化教育研究趋势

随着现代科学技术的迅猛发展，越来越需要高质量的、富有创新性的新型的人才，保障和推进强大的科技进步，个性化教育在中国逐渐引起教育改革研究的重视。在中国知网上以"个性化教育"为主题进行检索（2020.08.06），共检索出文献数量 1967 篇，如图 2-2 所示。其中，期刊论文 1772 篇、硕博士论文 88 篇、会议论文 53 篇，其他文献 54 篇。

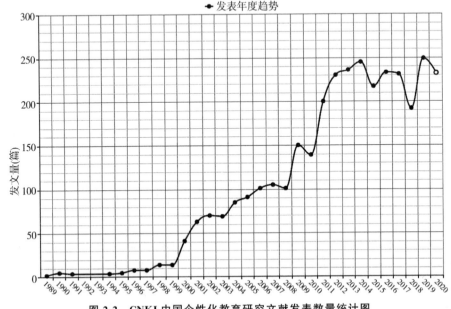

图 2-2　CNKI 中国个性化教育研究文献发表数量统计图

从成果发表数量来看，自 1999 年起至 2014 年，成果发表数量呈现逐步上升的趋势；自 2014 年以后出现相对震荡的趋势。

从研究层次来看，基础研究（社科）共 1584 篇，占 78%，其次是基础教育与中等职业教育（367 篇）和行业指导（334 篇），再次是工程技术（190 篇）、高等教育（173 篇）、政策研究（94 篇）和基础与应用基础研究（自科）（79 篇）等。

从国家教育政策和产业政策颁布情况来看，自 1998 年以来在国家层面颁布了一系列的教育政策文件，其中，《面向 21 世纪教育振兴行动计划》（1998）、《中共中央、国务院关于深化教育改革全面推进素质教育的决定》（1999）、《基础教育课程改革纲要（试行）》（2001）等文件为个性化教育的研究发出了指引和提供了新的思路，拉开了基础教育领域的个性化教育研究的序幕。

2010 年中共中央国务院发布《国家中长期教育改革和发展规划纲要（2010—2020）》，从 2010 年至 2014 年，个性化教育相关成果发表大幅度增加。文件指出："关心每个学生，促进每个学生主动地、生动活泼地发展，尊重教育规律和学生身心发展规律，为每个学生提供合适的教育。""关注学生不同特点和个性差异，发展每一个学生的优势潜能。"它为培养个性化的创新型人才，正以前所未有的时代需求引发教育思想的积极革新。

2017 年中共中央国务院发布了《新一代人工智能发展规划》，明确将人工智能作为新一轮产业变革的核心驱动力，并将其提升到了国家战略。人工智能时代的来临打破了教育的知识传播平衡，教育最重要的意义未必是知识的传授，而是培养个体的创造性知识、创造性思维、创造性人格，发展和完善个体的个性。

2019 年 7 月 29 日，中共中央国务院召开全国基础教育工作会议，印发了关于学前教育、义务教育、普通高中改革发展的三个文件：《中共中央国务院关于学前教育深化改革规范发展的若干意见》《关于深化教育教学改革全面提高义务教育质量的意见》和《国务院办公厅关于新时代推进普通高中育人方式改革的指导意见》。文件指出："树立科学的教育理念，坚持有教无类、因材施教，推动多样化办学，为不同性格禀赋学生提供更加适宜的教育。"个性化教育的思想已经明确进入中国教育改革实施的指导方针中。

从研究内容和视角来看，主要对个性化教育的内涵、意义、特征、制约因素、实践对策进行了深入的理论分析并建构了自己的研究维度，在研究视角上也将个性化教育放在素质教育和新课改的背景下进行探讨。[2-17] 个性化教育研究的重大分歧在于对"个性化教育"概念的理解和认知存在相互否定的概念界定。

总之，个性化教育相关论文发表的年度数量、研究领域，与国家教育改革政策发布的指引和导向紧密同步关联。研究领域主要集中在基础教育（社科），占比为 78%，在其他领域研究占比较小，还没有形成全面研究局面。2017 年国家将人工智能产业变革提升到了国家战略，引发社会对创新型人才的迫切需求，但并没有引起个性化教育研究同步响应。在人才培养的出口端——高等教育领域，并没有引起相应的重视，虽然在个性化教育研究方面有一定的关注，但是硕博士论文只有 88 篇，论文发表不多。在关于"个性化教育"概念的界定这个最基础、最关键的研究问题上，分歧严重，争议激烈。

2.3.2　关于个性化教育概念的分歧

什么是个性化教育？人们对个性概念的理解不同，对个性化教育的定义也有不同的界定。关于个性概念的研究，主要有心理学、哲学、社会学、伦理学和哲学历史唯物主义等学科。不同学科研究的对象、视角和任务不同，对个性内涵的认识差异很大。教育学或教育领域没有自己专门的个性概念的界定，主要是借用心理学的个性概念（personality）和哲学中的个性概念（individuality），此外还混杂着其他学科的个性概念，造成了个性概念非常混乱和泛滥的局面。

在心理学上，个性概念的定义约有 50 种；在教育学上，教育的本质定义约有 30 种。这自然造成个性化教育概念的混乱局面，其分歧几乎是在教育和个性两个概念分歧上的叠加。除此之外，在教育理论研究和实践应用中，还出现一些概念与个性化教育概念混淆或等同使用的现象，例如个性教育、个别化教育、差异化教育、一对一教育、适应性教育、专长化教育、特色化教育、分层教育等。这些分歧严重影响个性化教育的深入研究和实践。

在中文词语上，"个性"是个多义词，也可称为性格或人格；又与特性、独特性、差异性、个别性等词语近义，等同使用。从词语的构成意义来看，"个性化"的词义有两种，一是使对象具有"个性"，二是具有"个性"特征的对象。所以，单纯从词语的构成意义上来看，个性化教育可以表示使受教育者具有"个性"的教育活动，即个性教育、个性培养；另一个是指采用"个性"的方法进行教育活动，即差异性教育、独特性教育。

无论是"个性"词语，还是"个性化"词语，都是多义词。有人根据概念内涵的不同，将个性化教育划分为三个类型：因材施教类、一对一教育类和个性教育类。这种分类依据的教育思想不明，概括性不强。

本书依据个性概念的不同，将个性化教育概念分为两大类：第一类，以哲学上个性概念或心理学上狭义个性概念为基础的个性化教育概念（individualized education，characteristic education）；第二类，以心理学上广义个性概念为基础的个性化教育概念（personalized education）。这两类个性化教育概念的共同点都是针对标准化教育的缺陷：忽视个体的个性差异，影响个体独特性、能动性和创新性的发挥。

（1）第一类个性化教育概念

第一类个性化教育概念分别以哲学上个性概念和心理学上狭义个性概念为基础，它们的共同点都是针对标准化教育的缺陷：忽视个体的个性差异，影响个体独特性、能动性和创新性的发挥。

①以哲学上个性概念为基础的个性化教育概念（individualized education，简称 IE 概念）

在哲学上，个性（特性）的含义泛指某一事物区别于其他事物的特殊性，所以，个性与特性、差异性、独特性、特殊性、特色等词语近义或同义，在多数场合可以等同使用。个性的概念与心理学上的个体"心理特征"没有多大的关系，而是泛指个体的差异性。

IE 概念基于哲学上个性概念和词语构成意义，提出教育组织形式或教育目的。下面几个常见的个性化教育定义就具有这些特征。例如：个性化教育尊重个体的独特性与差异性，针对这些差异性采取不同的教育手段，使每个个体的生命潜能得到充分的发挥，促进个体生命自由发展。[2-18]个性化教育是面对独特的生命个体，通过适合每个独特生命的手段，挖掘个体生命的潜能，促进每个生命体自由发展的教育。[2-19]

这些概念的主要特点是强调依据"个体差异性"来组织教育活动。这里的"个体差异性"泛指人的普遍存在的差异性，每个人都具有的，并没有特指具有一定倾向性的心理特征、支配人的生命活动的动力系统等主体特征。"针对个体差异性"采取"不同的教育手段"或"适合每个独特生命的手段"，而达到以个人价值为中心的教育目的。这就是典型的基于个人本位论教育价值观的个别化教育，属于异质教育。

个别化教育只能是小规模、低效率的教育组织模式，与工业时代、信息时代的现代教育模式——标准化教育是对立的，不符合现代社会发展的规模化、高效率的人才培养需求。人从自然人转变为"现实的人"的社会化过程，必然受到一定的社会关系、社会对人才的需求和个人的基本属性等因素的制约和支配。人的社会属性决定了人不可能完全遵从个人意愿或个人的价值需求而"自由发展"。人的成长具有自身的发展规律，受到社会属性的制约和支配，人的"自由发展"只是一个伪命题。

一些校外培训机构把个性化教育定义为"一对一"或"多对一"式教育。

这只是个别化教学组织形式，是有针对地帮助学生内化知识，达到提高学习成绩的目的，不是专门化的教育模式。

IE 概念并没有含有培养人的个性的内涵。它只是强调人作为具体的生命个体所体现出的独特性、差异性（即哲学上的个性含义），在个人本位教育价值观主导下的个别化教育，遵从个人的价值需求而"自由发展"。这种教育思想既不能替代或融入现行的标准化教育，也很难实现个人的"自由发展"。

②以心理学上狭义个性概念为基础的个性化教育概念（characteristic education，简称 CE 概念）

心理学上的狭义个性概念只是认为人的"心理特征的总和"中区别于他人的独特性，才属于人的"个性"。人的"个性"具有优势潜能，如人的能力特长、专长，也是人的主体价值所在。人的普遍心理特征，即人的心理共性，不具有区分性，被认为不属于人的"个性"。这个心理学上的狭义个性概念作为 CE 概念的理论基础。关于教育的价值观，这一类个性化教育概念也往往是以个人本位论教育价值观来主张以个人价值为中心的教育目的，如"促进个体多样化发展""促进个体生命自由和谐发展"等。

现行的标准化教育是在社会本位论教育价值观的主导下，以统一的教育内容、教育方式和评价标准，对学生的社会化施加系统化和科学化的影响。其优点是大规模、高效率地按照社会发展需求来培养标准化的知识技能型人才；其缺陷是忽略个体的个性差异，严重制约了个体的个性化发展，影响到个体独特性和创新性的发挥。从概念提出的初衷和归宿来看，IE 概念和 CE 概念内涵基本一致，也是专门针对现行的标准化教育的缺陷而提出的。

CE 概念在个人本位论教育价值观的主导下，以心理学上的狭义个性概念为理论基础，围绕发展"人的独特性"这个中心来组织教育活动。最典型的个性化教育定义是：所谓个性化教育就是弘扬、发展和优化学生独特个性的教育。在发展"人的独特性"的策略上，CE 概念有两种思想：专长化教育和适应性教育。

a. 专长化教育

专长化教育着眼于受教育者的专长、特长或优势潜能，认为发展个人的专长或特长可以有效地体现个体的价值，无须顾及个人的整体发展，只要使个人某方面的专长同他人的差别拉大，便可发挥个体的专长优势或独特潜能。孔子"因材施教"的教育思想就是典型的专长化教育。这种专长化教育从学生的独特性专长出发，进行有针对性的差别化教育，使学生都能发挥各自的长处，同时弥补各自的不足，使个体都获得了最佳发展。刘献君也认为个性化教育是尊重

个体生命的独特价值、发掘个体生命的潜能、培养学生独立人格和独特个性，促进个体生命自由和谐发展的教育。[2-20]

专长化教育基本的思想是个人的专长是个体独特性优势，是个人的生命核心价值所在，弘扬、发展和优化个体的独特个性就是教育目的的归宿。

b. 适应性教育

适应性教育着眼于受教育者的能力水平和个体发展需求差异，认为符合于个人的价值需求和适合于能力水平才能使个体得到良好的发展，就是个人的生命价值所在。适应性教育认为个性化教育就是依据自身的个人发展需求，来制定教育目标和建构教育活动，使之适应个体的能力水平和发展需求，促进个体生命自由和谐发展，实现个人价值需求。

庄子"顺应本性，因性而行"的教育观就是一种适应性教育，提倡根据学生的个性差异，提供适合的教育，充分并自由发挥天赋才能。美国著名学者卡罗尔（A. W. Carroll）也提倡适应性教育。他把个性化教育定义为：个性化教育是在学习者个性特征与学习环境之间努力达到的一种平衡，也就是说，它是学习者个性特征与所学知识、概念、行为方式、学习环境、激励系统及习得性技能之间的一种合理匹配，而且是一种连续的过程。[2-21]有人认为所谓个性化教育就是要充分注意学生的差别，承认学生在智力、社会背景、情感和生理等方面存在的差异性，了解其兴趣、爱好和特长，并根据社会要求适应其能力水平进行教育，使之得到发展，而反对强求整齐划一式的教育。

无论是专长化教育，还是适应性教育，这一类个性化教育思想只是针对标准化教育的缺陷而提出的，它并没有否定标准化教育人才培养的目标——知识技能型人才培养，也没有吸取它的优点——大规模和高效率的人才培养机制，相反，走向它的对立面——小规模和低效率。这终将无法满足现代工业化、信息化社会发展对人才的需求。

（2）以心理学上广义个性概念为基础的个性化教育概念（personalized education，简称 PE 概念）

心理学上广义个性概念认为，在结构上，个性是"具有一定倾向性的心理特征的总和""个体独有的并与其他个体区别开来的整体特性"，它包含了能力、气质、性格、兴趣、意志力、价值观等多种心理特征的有机复合；在功能上，个性是驱动和支配人的生命活动的动力系统；在属性上，个性是"现实的人"的本质属性的个别存在形式。

广义个性概念与狭义个性概念的区别体现在两个方面：一是在构成上，广义个性概念认为个性是共性和特性的统一，即个性（广义个性概念）＝共性＋

特性（狭义个性概念）；二是在作用机制上，广义个性概念认为个体个性发挥人的本质力量，是多种个性要素相互联系、相互作用的整体效应。人在完成任何一种活动时，都需要人的共性和特性共同来承担，并不是人的某个特殊能力或是专长优势在起作用。狭义个性概念虽然也认为共性和特性（狭义个性概念）是对立统一关系，但更多的是把两者视为矛盾的双方，不容而互斥；两者之间的统一关系没有找到不力的支撑。广义个性概念认为共性和特性是对应统一关系，不是矛盾的双方，认为共性是个性力量产生的基础和关键。所以，广义和狭义个性概念界定的差异，造成了个性化教育思想的巨大分歧。

心理学上与广义个性概念相关的理论揭示了人的本性要素的动力组织特征和基本规律，为教育的育人活动提供了科学理论。基于广义个性概念内涵，第二类个性化教育是以丰富、发展和完善个体的和谐个性为基本目标的教育活动。目前，虽然许多研究者对心理学上广义个性概念有共识，也引用个性心理学的相关理论作为个性化教育概念界定的重要支撑理论，但是，他们在教育的育人本质问题、个性培养的教育价值观问题、社会生产要素发展对人才需求问题、人的创造力和人的本质属性之间的内在关系、个性化教育和标准化教育的逻辑关系等相关问题上，没有立足于相关理论进行阐述，而推论出个性化教育的逻辑终点。多数研究人员只是从研究者的研究领域、研究视角出发来确定个性化教育的目的，依据不充分，甚至是主观臆断。

例如，刘献君是中国个性化教育主题研究者中发表论文最多的学者。他在《本科学生个性化教育体系探索》[2-22]《个性化教育的内涵和意义》[2-20] 和《个性化教育的十个观念》[2-23] 等多篇论文中依据广义个性概念主张个性化教育概念的内涵，并多次强调："个性不等于特性，个性等于共性＋特性，个性化教育不是特性教育……个性化教育不是外在于现行教育体系的独立的教育过程、教育体系。"但是，他给出个性化教育的明确定义却是："个性化教育是尊重个体生命的独特价值、发掘个体生命的潜能、培养学生独立人格和独特个性，促进个体生命自由和谐发展的教育。"[2-20] 单从这个定义上看，它只突出特性，没涉及共性培养，而主张"促进个体生命自由和谐发展"的教育目的。这又如何和现行的标准化教育的社会本位论教育价值观形成"渗透"或融合统一关系呢？

以上的例子具有典型的代表性。将心理学上的广义个性概念作为个性化教育概念的理论基础、逻辑起点，国内许多研究者都有广泛的共识，但是，在概念的逻辑终点，即个性化教育的目的和归宿上，却是分歧严重、逻辑推论混乱、主观臆断的现象普遍。

又例如，所谓个性化教育就是在发现和尊重受教育者现有个性以及有利的物质条件基础上，尽可能地促进受教育者的体能、智能、活动能力、道德品质、情感意志等素质自主、和谐、能动地发展，最终形成优良个性的教育。这个概念的起点是基于"受教育者现有个性"，终点是"形成优良个性"。概念的内涵看起来十分丰富，但是在教育目的上，至多只属于个性培养的范畴，并没有体现教育的社会职能。

再例如，所谓个性化教育，又称个性教育，就是培养和发展学生良好个性的教育。它强调尊重人的个性和人的个性潜能优势的发掘，主张培养良好个性素质全面和谐发展的人，提倡教育的特色化，是培养和强化受教育者的良好个性素质与预防、改造受教育者不良个性素质的统一过程，是促使受教育者的现实个性素质向理想个性素质的转化过程，是个性化与社会化、他人教育与自我教育的统一体。[2-24]这个概念也是基于"现实个性"，终点是"理想个性"。

虽然 PE 概念所引用的个性心理学上的个性概念，理论依据充分，形成共识，但是，现有的相关概念定义在以上相关问题上阐述不完整，后续概念内涵的展开，逻辑推论不合理，以至于造成 PE 概念的认可度较低，远不及 CE 概念的认可度。在百度百科上，"个性化教育"词条认为这类个性化教育概念"是对个性化教育概念的误解，也不能作为个性化教育的科学定义"[2-25]。

在 2011 年个性化教育国际会议上，有与会者也将个性化教育概念分为三类：因材施教说、一对一教育说和个性教育说。[2-26]这三个类别与本书的分类有一定的对应关系，但他没有说明这种分类依据。笔者在近一年内对高校教师进行关于个性化教育概念理解问题的调查访问，结果有：以前没有或很少关注过个性化教育的教师（他们的认识基于哲学上个性的概念），认可 IE 概念，人数较多；对个性化教育比较关注，并自认为在教学上已经进行相关实践的教师（以师范类专业教师居多），认可 CE 概念；认可 PE 概念的教师很少。这说明了 PE 概念还很不完善。

当前关于个性化教育的概念，认识混乱，分歧严重，与现行的标准化教育思想相互排斥，难于融合统一。有的研究者所界定的个性化教育概念是专门针对标准化教育的缺陷而提出的。在事实上，它们又分别属于不同的概念、不同的教育思想，不具有"可比性"。有人基于某一类的概念来批判或否定其他类的个性化教育思想，概念范畴不同，说服力不强。本书认为，这两类个性化教育思想都具有一定的积极性，但是，其内涵相当局限，不能很好地反映未来教育变革动因和发展趋势。

2.4　教育价值观、教育目的和个性化教育思想

教育思想往往在一定的社会背景下，从某个教育价值主体的价值观出发，形成对教育基本目的、发展方向等本质问题的基本认识或意识观念，以及对教育实践活动中所形成的教育现象和教育问题的反思等看法。教育思想具有实践性和多样性、历史性和社会性、预见性和前瞻性等特点，对教育实践和教育发展方向具有指引作用。

2.4.1　社会本位和个人本位教育价值观

作为一种与人类社会相伴而生的社会活动，教育活动自从产生起就承担着人和社会生存和发展的职能。人和社会作为教育活动的两个价值主体，分别从各自的立场追求教育利益，产生了社会本位论和个人本位论两种对立的教育价值观。教育价值观是指人们对整个教育核心价值或基础价值的看法或观念。教育价值观反映了教育价值主体对教育利益的追求，与教育思想等教育观念一起支配着教育目的、教育模式、教育内容等教育要素的制定和选择，对于整个教育活动起着深刻的导向作用，也是教育发展的推动力和限制力。

社会本位论从社会的利益需求出发，强调个人价值的实现必须通过社会价值来实现，人是实现各种社会目的的工具，否认教育对个人的依存，将个人工具化；主张教育作为社会存在和发展的手段，教育成果只能以社会功能来衡量，教育目的是把个人培养成符合社会需要的人才，以保障社会发展的延续性。

个人本位论强调个人价值高于社会价值，主张教育的目不是社会服务，而是服从于个体的需要，发展人的个性，促进个体价值的实现。个人本位论提倡顺应人的自然本性，强调教育以个体发展为目的，使人成为真正独立的生命体，主张的教育目的是"培养自然人性"和"实现个人价值"。

社会本位论和个人本位论代表了社会和个人两个教育主体最基本的价值追求。这两种教育价值观及其所主导的教育目的，在理论上相互对立、相互排斥，代表了个人发展与社会发展、个人价值与社会价值之间存在着矛盾和冲突的关系。在教育历史上，社会本位论向来占据主导地位，个人本位论居于从属地位，两者一直是相互对立、相互排斥的关系，并随着教育的发展，逐渐呈现渗透式并存状态。

自人类社会进入工业时代以后，在社会生产方式和科技发展等因素的推动

下，人类发展到现代教育阶段，选择了标准化的同质教育模式。标准化教育秉持着典型的、完全的社会本位论教育价值观，目的是规模地培养标准化的知识技能型人才，极大地推动生产力的高速发展，成为社会发展进步的基础。但是，标准化教育存在制约个体的个性化发展、培养个体的创新能力乏力等缺陷。在当今信息化时代，其缺陷越发明显，已经不太适应于社会发展对人才培养的需求。许多教育家试图融合两种教育价值观，至今仍没有成功，但其趋势呈现朝辩证统一的方向发展。

2.4.2 人的全面发展学说

不同教育价值观主导着不同利益取向的教育思想。按照教育主体的价值取向特征，教育思想可划分为三大类：社会本位观、个人本位观和人的全面发展学说。社会本位观完全从社会利益出发，否定个人的价值；个人本位观与社会本位观完全对立、相互排斥，两者都是极端化的教育思想。人的全面发展学说则综合了人和社会两个教育主体的存在和发展的需求，主张教育应以促进人的和谐发展和社会的发展为目标。

人的全面发展学说认为教育应该使人的基本素质得到完整的发展，其基本内涵是将人的基本素质分解为诸多要素，使受教育者在各个方面都得到全面和谐的发展。

西方关于人的全面发展的教育思想有着悠久的历史。古希腊思想家亚里士多德（Aristotle）提出体、智、德和谐发展的主张。[2-27]意大利著名的人文主义教育家维多利诺（Vittorino da Feltre）提出对儿童实施智、德、体、美诸育，注意儿童的个性发展。[2-28]捷克教育家夸美纽斯（Johann Amos Comenius）在其《大教学论》中提出泛智教育的理想，使人得到身体、智慧、德行和信仰几个方面全面发展的教育，成为和谐发展的人。[2-29]法国思想家卢梭提倡教育应该促进人的自然天性，即自由、理性和善良的全面发展。[2-30]瑞士教育家裴斯泰洛齐倡导教育应以善良意志、理性、自由及人的一切潜在能力的和谐发展为宗旨。[2-31]人的全面发展学说是马克思主义的基本原理之一，其基本内涵是发展人的劳动能力，包括人的体力和智力的全面发展，以及人的思想道德的发展、个性的自由发展和按照个人的意愿从事各种社会活动。

马克思并没有从教育的角度论述人的全面发展学说，而是从"现实的人"的本质、人和社会发展的需求出发，阐述实现"人的全面发展"这一目标是社会主义发展更高层次的目标追求。[2-32]首先，马克思指出生产劳动是"现实的人"存在的核心前提。生产劳动有体力劳动与脑力劳动两种形态，对应于人的体力与智力两方面的能力。基于"现实的人"的存在需求，必须充分、统一地发展人的劳动能力。其次，马克思认为："人的类特性恰恰就是自由的、自觉的活动。"[2-33]人的能力与个性的充分自由发展，使得人们能够充分发挥主观能动性、按照人的意愿从事各种社会活动，在真正意义上实现人的自由自觉的创造力，促进人和社会的全面发展。所以，个性自由和全面发展是马克思主义关于人的全面发展学说的灵魂。

教育是育人的社会活动，是实现人的全面发展的根本途径。马克思主义关于人的全面发展学说，为新中国的教育方针提供了理论基础，指导着中国实现人的全面发展原理的本土化活动。

2.4.3　教育目的

教育目的泛指教育主体对教育活动预先设想的行为目标和结果，反映了教育主体的价值追求。依据教育活动主体的不同，可将教育目的分为多种类别。

（1）狭义和广义教育目的

狭义教育目的是指国家或社会对教育活动所达到结果的总要求。广义教育目的一般是指人们对受教育者在接受教育后的结果期望。教育目的往往受到从事教育活动主体（教育主体）的价值观所裹挟，体现了教育主体的主观意志或价值取向。不同的教育主体对教育价值的主观期望也千差万别，呈现了教育目的的多样性。狭义教育目的以社会本位论价值观为价值取向，并受社会统治阶级利益的把持，忽视人的独立性，将人工具化。广义教育目的一般以个人本位论价值观为价值取向，忽视或否定社会对个人的制约，追求人的自由和个性解放，将个人发展超社会化。社会本位论教育目的和个人本位论教育目的是两种极端化的主观性教育目的，都具有一定的合理性。但是，两者在理论上是对立和排斥的，存在无法调和的矛盾与冲突，以及各自存在难以克服的缺陷。

（2）外在教育目的和内在教育目的

美国教育家杜威将教育目的分为外在和内在教育目的两种。外在教育目的是由国家及其教育机构所主导的教育目的；内在教育目的是由教育参与者在教育过程中提出的教育目的。杜威试图从教育活动过程中教育主体所处的内外关系出发，淡化教育价值观的作用，来揭示两种教育目的的特征和逻辑结构关系。但是，在教育现实上，外在教育目的反映了社会的一般需求，向来占据主导地位，指向教育的现实，也决定了教育的未来，是"实然"的；而内在教育目的反映了受教育者（个人）的主观期望，处于从属地位，或是一种美好愿望，从来没有主导过教育的发展方向，指向教育的未来，至多是"应然"的。

（3）教育终极目的

狭义和广义教育目的的分类，反映的是教育目的的主观特性，并没有体现教育目的的客观特性。外在和内在教育目的的分类，反映的是教育主体的层次特性，并没有体现教育主体的统一关系。

剥离教育主体对教育价值的追问，从整体、历史和发展的角度来看，无论是社会统治阶级，还是作为个人，无论教育主体对教育价值的主观意愿是怎样的强烈追求、无限追逐，都改变不了教育的产生、确立和变革，必须依据社会发展对教育的客观需要和遵循受教育者身心发展的客观规律，体现一定的客观特性。从国家或社会角度出发，教育的基本职能是培养社会成员和各类人才，使社会得以存在、延续与发展；从个人角度出发，教育的基本职能是满足个体的自身生存、发展和适应社会的需要。这就是从社会和个人两个教育主体的角度分别体现教育的客观目的，两者在逻辑上是辩证统一关系，并没有像狭义和广义教育目的那样相互对立排斥、矛盾与冲突。

马克思关于人的本质思想认为，人的本质是现实的、实践（劳动）的、社会的和自由意识的。社会是由"现实的人"组成的有机整体，人的生存和发展离不开社会，并且受制于社会，人是社会的存在物，个人无法超越于社会而存在。马克思主义认为生产劳动是人类最基本的社会实践活动，是人类赖以生存和发展的基础。个人和社会如何发展，以及发展到什么样的程度，并不取决于个人的意愿，而取决于社会生产条件，其中最重要的是取决于生产力和生产关系结成的生产方式的发展状况与水平。所以，个人的发展和社会生产发展是一致的。任何将个人和社会两个教育主体分离或对立起来的思想，都无法从客观上、现实上和历史上揭示教育存在的本质，无法切实确立教育活动的出发点和归宿。杜威的外在和内在教育目的论以教育活动过程作为参照，将教育主体划分为内外两个逻辑层次，违背了个人和社会两个教育主体之间的统一关系。虽然这种教育目的的分类方式大大减小了个人和社会的价值冲突，但是并没有反映教育发展的特征。

人的自由意识是人的本质力量的来源。人类在认识和改造客观世界的实践活动中所积累的知识，是人类特有的能动性意识活动的产物，也是社会生产力发展的基础。教育活动通过传承世代所积累的知识来提升人的本质能力，促进社会的发展。教育伴随社会而生，其自从产生起就承担着人和社会生存和发展的职能。

马克思的人的本质思想认为，人作为社会的存在物，绝非抽象的、一般的人，而是具体的、现实的、社会的人。"现实的人"体现了个人和社会的统一性，避免了个人和社会的价值冲突，反映教育的本质特性。以"现实的人"作为教育主体来追寻教育的本质目的，就是教育终极目的——塑造人的基本属性，发挥人的本质力量，满足个人和社会存在和发展的需求。

人的全面发展学说从人的本质特性出发，揭示了个人和社会的存在和发展的辩证关系、发展规律，指明了人的能力与个性的充分自由发展，是人和社会发展的更高层次目标。人的全面发展学说所确立的教育目的，指向教育终极目的，将促进个人和社会的和谐发展。

2.4.4 关于个性化教育的教育理念

教育思想的内涵常常包括一些教育理论、教育学说、教育思潮、教育主张、教育经验、教育理想等教育理念，它反映了人们对教育现象或教育问题的观念意识层面的理解和认识。孔子的"因材施教"、庄子的"因性而行"和苏格拉底的"产婆术"是中外古代三种著名的个性化教育理念。在现代教育的个性化教育思想中，也提出了一些教育理念。这些教育理念集中了对个性差异和个性发展两个教育问题的认识，从不同的观念意识层面支持了个性化教育思想的建立。

（1）关于个性差异的问题

人们对个性差异存在原因的认识有两种：一是"天赋平等上的差异论"，二是"均等教育上的差异论"。

①天赋平等上的差异论

"天赋平等上的差异论"的代表人物是孔子。孔子认为"性相近也，习相远也"，他指出人的天赋素质是平等的或相近的，人的个性差异是后天教育及学习作用的结果。孔子在他的"天赋平等的人性论"的基础上，进而提出"有教无类"的教育理念。

对于学生的个性差异，孔子主要采取有针对性的差别化教育，主要目的是"补偏救弊"，并不提倡宣扬其自然本性，使学生都能发挥各自的长处，同时弥补各自的不足，使各人都获得了最佳发展。儒家经典《礼记·学记》更加清楚地指出："教也者，长善而救其失者也。""天赋平等上的差异论"者对待个性差异的方式主要是"补偏救弊，发挥其长"。

②均等教育上的差异论

"均等教育上的差异论"出现在现代社会。现代社会主张公民享有公平教育权利，应为公民提供"均等教育"服务，在学校教育阶段，有计划、有目的地实行平等、公正、周全的均等教育，使青少年学生获得身心全面和谐的发展。每一个体在成长过程中，所经受的家庭、教育、环境、经济等因素影响各不相同，必然造成个体发展状态的差异性。

"均等教育上的差异论"认为个体的个性差异，应在服从于一定社会要求的目标下，通过教育来帮助或阻碍个体获得某种观念、素质、能力，让其个性在共性得以全面和谐发展之下得到张扬，使个体的差异成为一种有益于社会发展的"积极因素"。"均等教育上的差异论"者对待个性差异的方式主要是平等、公正、周全发展共性，和谐发展个性。

在"均等教育上的差异论"的指引下，个性化教育通过对受教育者的气质、情绪、认知、兴趣、能力、性格、价值观和信念等进行人格整合和个性优化，避免人格缺陷，促进对受教育者个人特长和全面能力和谐发展，完善、优化受教育者的人格。

（2）关于个性发展的问题

个人本位论以个人主义为本，强调人格的自然本性、天然的合理性，个人的价值高于社会的价值，有利于个人发展的教育就一定有利于社会发展；主张自由地发挥个体的天赋才能，反对有违于自然本性发展的行为，不能整齐划一地实施无差别化教育活动。

庄子提倡"物各有性，物各有宜，顺应本性，因性而行"的教育观就是一种博放教育思想的代表。以卢梭为代表的西方个人本位论和庄子的自然人性论所主张的个性化教育思想非常类似，有异曲同工之意，但也有差异。此外，"灵魂教育论"提出教育作为整体精神成长的过程，人的全面发展学说提出教育应该使人的基本素质得到完整的发展。

①自然人性论

庄子的自然人性论认为"物各有性，物各有宜"，不同的个体各有自己的本性和长处，即个体的个性差异是先天存在的，并且具有天然的合理性。对于个体的个性差异，应当"顺应本性，因性而行"，即顺应个体的自然本性，促进其个性发展，充分并自由发挥天赋才能。庄子反对抹杀个体的自然本性或整齐划一的教育模式，提倡各逞其能，各自发扬其所长。

②个人本位论

与庄子的"自然无为"价值观不同，以卢梭为代表的西方个人本位论者认为，人是独立自主的生命个体，个人价值的实现是教育目的。所以，教育是通过完善人的个性、开发人的潜能，来实现个人的最终价值。

奉行个人本位论的个性化教育，以实现个人价值为核心目的，根据学生自身的素质潜能、兴趣爱好、风格习惯、文化背景等个性化要素，量身定制学习内容、学习方法和学习计划等，开展教育活动，发展人的个性，增进人的价值。

③灵魂教育论

德国哲学家卡尔·雅斯贝尔斯是公认的西方"存在主义"大师。在他的著作《什么是教育》中论述了教育的本质是"人的灵魂的教育":"真正的教育必须让教育的内涵超越实用的技术教育和宗教限制,上升到培育人的精神、安顿人的心灵的高度,涵养人的整体智慧。"[2-34]

他认为一个人的受教育过程首先是一个精神成长过程,其次才是获取知识技能;学校教育的目的是把人类社会活动所积累的精神传授给下一代,并在人类精神的指引下学习知识。由此,他进一步提出了"灵魂教育"的内涵:教育离不开必要的知识学习和技术训练,但知识学习和技术训练是为了让知识充盈于人、启迪人心、涵养人的智慧、陶冶人的精神,而不是把人当作学习和训练活动的机器;真正的教育是超越知识传授和技术训练的范畴,并上升到培育人的精神、安顿人的心灵的高度,以接近教育的本质。

这种"灵魂教育论"是个性化教育思想的升华,提出教育应该作为整体精神成长的活动,以促进人的知、情、意的统一发展。

④人的全面发展学说

马克思关于人的全面发展学说,以现实的人和现实的生产关系为出发点,指出人的全面发展的基本内涵是发展人的劳动能力,包括人的体力和智力的全面发展,以及人的思想道德的发展、个性的自由发展和按照个人的意愿从事各种社会活动。西方以卢梭为代表的思想家提倡教育应该促进人的自然天性,提倡促进人的全面、和谐发展。

综上所述,不同历史时期的个性化教育思想围绕着个人发展中的个性差异和个性发展问题,在教育理论、教育价值观和教育目的层面提出不同的教育理念。这些教育理念的提出有着深刻的社会发展历史背景,体现了社会发展过程中社会因素对教育活动的约束或影响作用。

2.5 未来教育变革和个性化教育

教育与人类社会相伴而生,也随着社会的发展而不断变化、变革和发展,其发展历程主要有原始教育、古代教育和现代教育三个阶段。人们还预测未来的教育思想、教育目的和教育模式将会发生重大的变革,进入新的阶段,称为未来教育阶段。人类教育每一个阶段的重大变革动因与社会的生产要素变化有关。

2.5.1　教育变革的动因

教育是社会系统中的一种活动。社会系统中的各种因素，如生产力、生产关系、文化政治、民族传统和科学技术等，都对教育活动起着约束或影响作用。其中，生产力和生产关系所结成的生产方式，是社会存在和发展的决定因素，也是教育活动产生、变化和确立的现实基础。

（1）社会对劳动力（人才）规格的需求

教育的要素和社会的要素存在着错综复杂的相互作用关系，其中，社会对劳动力（人才）规格需求的变化是教育发生变革的直接因素，以生产力为代表的社会生产方式是教育发生变革的最终因素。人类社会生产方式的发展历经三个重要阶段：原始社会的共同劳动方式、手工劳动生产方式和机器大生产方式，它们决定了教育发展的三个阶段。

在原始社会，劳动工具简陋，劳动技能低下，只有共同劳动才能生产。教育活动是通过有经验的长辈对年轻一代传授劳动过程中逐渐积累起来的经验，以此来保持并延续原始社会的再生产。原始教育并没有成为独立的社会活动形态，只是劳动的组成部分。

在封建社会，开始产生学校教育，出现专门从事教育活动的教师和学生，标志着人类教育进入古代教育阶段。在古代教育阶段，社会生产方式是手工劳动，生产技术落后，生产效率低下，生产的发展主要依靠劳动数量；劳动力在生产众要素中居于首要地位，社会经济的发展主要取决于劳动力资源的占有和配置。所以，古代教育由统治阶级主导，目的是培养维护阶级统治的人才和对社会成员的精神进行禁锢或支配，维持统治阶级对劳动力资源的配置。"学而优则仕""教育人才，维持风俗"等中国儒家教育思想充分说明了这一特征。

18世纪中叶，第一次工业革命把人类社会带进工业时代，使得社会生产方式从手工劳动向大机器生产转变。大机器生产以科学技术为基础，要求劳动者必须掌握生产技术知识，而不再是从事手工劳动所需的经验知识。手工劳动经验知识主要依靠师徒制传承或直接在劳动实践中获取，而机器生产技术知识必须通过学校教育才能学习。生产方式的转变在很大程度上改变了社会对劳动力（人才）规格的需求，推动了古代教育向现代教育变革。19世纪初德国著名教育家和心理学家赫尔巴特出版了《普通教育学》，奠定了现代教育科学的基础。19世纪末20世纪初，欧美一些国家开始出现各种教育思潮，带来了范围广泛的教育革新。捷克教育家夸美纽斯所提出的"班级授课制"同质化教学组织模式，在社会生产方式变革的驱动下，在实践中逐步完善为标准化教育模式。标准化教育的完善使教育的社会功能得到高度的发挥，使学校教育真正成为有目的、有组织、有计划的社会活动。现代教育的变革推动了生产力的高速发展，使得教育成为社会发展进步的基础。

生产力是人类社会各种活动发展变化的决定性力量，教育作为一种社会活动，需要与生产力的发展相适应和相互作用。生产方式是生产力的重要标志，与劳动力密切相关，而教育是关于培养人（劳动力）的社会活动，所以，社会生产方式与教育活动有着内在的关联性。综观人类教育的发展历程，社会生产方式的三次重大变革是推动教育飞跃式发展的动因。原始社会的共同劳动生产时期需要保持和延续再生产；手工劳动生产时期需要培养维护阶级统治的人才和对社会成员的精神进行禁锢或支配；机器大生产时期需要大规模培养标准化的知识技能型人才。可以看出，人类社会在历史上生产方式的三次革命性变革，改变了社会对劳动力（人才）规格的需求，直接驱动了教育的重大革新，形成教育变革和发展的决定性力量。

（2）人类知识传授模式的变化

从教育的本质来看，教育活动的实践对象始终都是人，其核心目的和职能是提高人的劳动能力。知识是人类在认识和改造客观世界的实践活动中所积累的成果，是人类特有的能动性意识活动的产物，也是人类认识世界和改造世界的武器。人类通过传承世代所积累的知识来提升人的本质能力，作为人的劳动能力的动力源。教育的核心内涵一直被认为是传授或传承知识，而达到培养人的劳动能力的目的。人类教育活动一直是通过传授或传承知识来提高人的劳动能力，提高生产力，促进社会的发展进步，所以，教育几乎被认为是传授或传承知识的代名词。

在原始教育阶段，人类的知识是劳动过程中逐渐积累起来的经验，是最初级形态意识产物。人们只需要在共同劳动过程中，通过传授劳动经验便可维持再生产。

在古代教育阶段，社会生产方式是手工劳动，生产技术落后，劳动知识主要是初级形态的经验知识，主要依靠师徒制传承或直接在劳动实践中获取。古代教育依附于宗教和政治，教育的目的是培养维护阶级统治的人才，所以，教学内容基本上是道德伦理，而不是劳动技能和知识。

在现代教育阶段，第一次工业革命逐渐把人类社会带进了大机器生产的工业时代。大机器生产以科学技术为基础，要求劳动者必须掌握生产技术知识。机器生产技术知识不像手工劳动经验知识那样，不能在劳动实践中直接获取或依靠师徒制传承，而必须通过学校教育才能学习。

从三个教育阶段来看，人类的知识积累状态和科技发展水平规定了知识传授模式，从而决定了教育的核心内涵，成为促进教育变革的基础力量。

2.5.2　未来教育变革的趋势

在中国知网上以"未来教育"为主题进行检索（2020.08.06），共检索出文献 1597 篇，其中关键词含有"未来教育"的文献 594 篇，如图 2-3 所示。

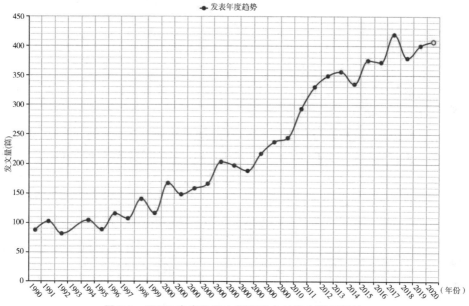

图 2-3　CNKI 未来教育主题研究文献发表数量统计

近 30 年来，教育研究者从不同角度对未来教育的理念、模式、形态、技术、趋势和挑战等多个主题进行探讨，反映了人们寻求变革当前的教育模式，以适应未来社会发展的强烈愿望。相关研究主题面广、层次差异大，没有形成相对一致的研究方向，也没有产生太多的争议和分歧。这说明人们已意识到当前教育模式需要变革，以适应社会高速发展引起的对人才需求的变化，已经从多个方面探寻教育的变革模式，但相关研究并没有深化。在未来教育主题的相关研究中，出现三个热点关键词：人工智能、创新型人才和个性化。这三个热点关键词充分反映了未来教育变革的条件和趋势。

综上所述，在教育发展历史的进程中，教育模式发生重大变革主要有两个动因：一是社会生产方式产生飞跃式改变，改变了社会对劳动力（人才）规格的需求，从而驱动教育的变革；二是知识不断积累和科技高速发展改变了知识传递模式，造成知识传授需求的改变，从而推进教育的变革。人类社会已进入人工智能时代，这两个动因逐渐形成，影响和驱动着当今教育目的和教育思想的改进，并正在蓄势推动教育模式的变革。

（1）前三次工业革命带来社会生产要素、科技发展和社会对人才规格需求的变化

自 18 世纪中叶以来，在科技进步的驱动下，人类社会经历了四次工业革命。第一次工业革命以蒸汽机的改良和应用为标志，使社会进入机器化时代。第二次工业革命以发电机和电动机的发明和应用为标志，使社会进入电气化时代。第三次工业革命以计算机、网络等信息技术的兴起和应用为标志，使社会进入信息化时代。第四次工业革命以人工智能和大数据等信息技术的兴起和应用为标志，使社会进入人工智能时代。人类社会的每一次工业革命，都是以科技飞跃式发展为标志，带来生产力的巨大进步，并促进了社会生产要素的不断变化，社会经济得到高速发展。

工业革命开始以后，西方社会经济结构逐渐从农业经济发展到工业经济阶段。在工业经济初期阶段，由于科学技术的进步，知识的作用得到很大的强化，但是，社会经济的发展主要取决于资本和稀缺自然资源，所以，资本和稀缺自然资源成为首要的生产要素，知识居于次要地位。在工业经济中后期阶段，社会经济的发展主要取决于科学技术在生产上的应用，知识在社会财富的创造中越来越体现重要的作用。自 20 世纪 80 年代以来，知识与经济之间的相互渗透和作用越来越强劲，社会经济结构进入知识经济阶段。传统经济一般以劳动力、资本、原材料和能源为首要经济要素，但是，知识经济是以知识和人才为代表的智力资源为首要生产要素，通过智力资源来开发富有的、尚待利用的自然资源。

人类社会前三次工业革命，带来了科技飞跃式发展、生产要素的不断变化和经济结构的重大变革，以知识和人才为代表的智力资源在生产要素中处于首要地位，但是，社会对人才规格的需要并没有出现质的突破，仍以知识型科技人才为主。所以，在这三次工业革命期间，现代教育一直维持着标准化教育模式，没有出现重大的教育变革。

（2）第四次工业革命带来社会生产方式和人才规格需求的变化

2015 年前后世界许多先进工业国家纷纷推出以工业互联、智能制造为代表的新一轮技术创新战略：2013 年德国推出《工业 4.0 战略》，2015 年日本推出《机器人新战略》，2015 年中国推出《中国制造 2025》等。第四次工业革命的发展不断地促进产业向智能化变革转型。

人工智能时代的核心特征是智能技术和数据的高度融合对人工的极致解放，智能机器将替代现在大部分的人工体力和重复性技术工作，社会生产方式将迎

来全面的改变，社会对人才规格的需求也将从知识型改变为创新型。

人工智能时代的到来，将推动教育重大变革的两个动因形成，体现在如下两个方面。

一是智能机器将大量地替代标准化训练的人才和重复性强的脑力劳动者所完成的复杂工作，促使大量职业的转化，需要更多的岗位是从事"创新、沟通和深度思考"的工作。人工智能时代打破了知识或智力型人才规格需求，转变为创新型人才规格的需求。

二是人工智能时代打破了人类知识的传递模式。当今科技的迅猛发展使人类社会进入了知识爆炸增长时代，人类知识总量呈指数级增长。这给人们对知识的学习带来了巨大的挑战。智能学习和大数据技术支持下的智慧学习环境已初步形成，MOOC等媒体学习资源可以随意获取，移动学习、碎片化学习、智慧学习等智能化网络学习可以提供更高效的学习。由于一部分技术性强的工作由智能机器来完成，人们将不再需要去学习许多技术性强的知识，而转向创新性思维和像毅力、自我控制以及好奇心等非认知技能的训练。人工智能技术打破了知识生产、传递和创新的模式，成为驱动未来教育变革的内在动力。

总之，人工智能时代的到来，逐渐形成教育重大变革的两个动因，将推动未来教育产生重大的结构性变革。

2.5.3　未来教育的个性化教育思想

综上所述，驱动教育重大变革的核心因素主要有两个：社会对劳动力（人才）规格的需求和知识传授的模式。以生产力为代表的社会生产方式发生重大革命性变化所引起的社会对劳动力（人才）规格需求的转变，是教育变革的根本驱动力；人类的知识积累状态和科技发展水平所规定的知识传授模式，决定了教育的核心内涵，成为促进教育变革的基础力量。从人类教育发展历程来看，教育三次重大变革都是这两种动因变化的结果。自人类教育进入现代教育阶段以来已经历了四次工业革命，驱动教育重大变革核心因素的变化，推动教育模式的变革。

第四次工业革命促使社会进入人工智能时代。人工智能时代打破了知识或智力型人才规格的需求，以及知识的生产、传递和创新的模式。社会人才需求规格转变为创新型人才规格。创造力是创新型人才的核心能力。未来教育的主题必定是把人作为社会实践活动的对象，培养人的自由自觉的创造力，使得人们能够充分发挥主观能动性，以适应人工智能时代的社会生产方式和科技发展的需要。所以，未来教育的核心内涵不再是以知识传授为目标，而是以人的创造力为培养目标。

创造力是指产生新思想，发现和创造新事物的能力，是由知识、智力及优良的个性品质等多因素综合优化构成的。创造力反映了人类运用已有的知识信息，通过创新思维活动，突破常规思维的界限或定势，制造出独特的、新颖的、具有社会意义或价值成果的能力。人的创造力来自人的自由自觉的主体意识，其核心是人的创新思维。相关研究表明，创新思维与人的个性特征有着必然的联系。个性是影响人的创新思维活动的复合体，独立、健全的良好个性有利于创新思维的发挥。

马克思的人的全面发展学说从"现实的人"的本质、人和社会发展的需求出发，揭示了人和社会的存在和发展的辩证关系、发展规律，指明了人的能力与个性的充分自由发展是人和社会发展的更高层次目标。其内涵是促进人的能力与个性的充分自由发展，使得人们能够充分发挥主观能动性，按照人的意愿从事各种社会活动，在真正意义上实现人的自由自觉的创造力，促进人和社会的全面发展。人的全面发展学说不仅与教育终极目的是统一的，而且与人工智能时代的创新型人才需求也是契合的。人的全面发展学说是未来教育的理论基础，指明了未来教育的目标、内涵和发展方向。所以，未来教育、创新型人才、教育的育人本质、教育终极目的和个性化教育存在必然的逻辑关系。未来教育的个性化教育思想应该以教育的育人本质、教育终极目的和创新型人才培养为出发点，契合人工智能时代教育变革的需求，促进人和社会的全面发展。

2.5.4　当前个性化教育概念的出发点问题

在漫长的古代教育阶段，教育依附于宗教和政治，作为统治阶级的精神工具，承担上层建筑的职能。教育与生产劳动分离且对立，教学内容不是劳动技能和知识，教育职能也不是培养人的劳动能力。在现代教育阶段，教育演变成为社会技术劳动力的培训工具，或是变成智力资源的加工厂。可以说，在人类教育的历史上，教育职能一直由社会本位论教育价值观来主导，使教育成为社会统治的精神工具或社会智力资源的生产工具。教育职能的工具化造成了人的主体性一直被压抑或被忽略，在很大程度上禁锢了个体生命自由和谐发展，以及制约了人的创造力的发挥。教育职能的工具化是教育的社会本位论价值观所固有的缺陷，因而，历史上许多教育思想都是针对这个缺陷而提出的。

18 世纪的西欧，以卢梭为代表的思想家提倡的个人本位论教育思想，完全以个人价值为中心，强调个人自由权利至高无上，不谋求国家的利益和社会的发展，反对社会对个人的约束。个人本位论教育思想和社会本位论教育思想相互对立、相互排斥。虽然个人本位论教育思想针对社会本位论教育思想的不足之处而提出，但是，个人本位论教育思想只强调个人的价值，并没有体现人在社会实践活动中的主体性，没有真正意义上实现个体生命自由和谐发展。因为人是社会的存在物，个人的价值必须通过社会才能实现。这样，个人本位论教育思想既没有吸取社会本位论教育思想的优点，也没有有效地弥补它的缺陷。因此，个人本位论教育思想在人类教育史上从来没有起到主导作用，也没有在教育变革的过程中起到决定性作用。

从历次教育变革的动因来看，教育的社会主体对教育变革和发展起到绝对的主导作用。反观教育的个人主体，对教育变革的推动力非常有限。在理论上，教育活动应该遵循人和社会存在和发展的需求，指向教育的终极目的，但是，教育的社会价值观对于整个教育活动起到深刻的导向作用，教育的个人价值观仅仅处于从属地位。

当前多数的个性化教育概念，是以个人本位论教育价值观为出发点，针对标准化教育存在的固有缺陷而提出的。这些个性化教育概念既不遵从教育变革的客观规律，也不符合未来教育发展的需要，仅仅是反映了广大教育活动参与者要求变革教学模式、消除现实的教育缺陷的良好愿望，缺乏先进的教育思想的支撑。

2.6 未来教育的人才特性和个性化教育

个性化教育思想在人类漫长的教育历史中不断地得到丰富和发展。但是，它只是作为一种教育思想、教育理念或教育理想，并没有形成一种教育模式而得到全面的实行。个性化教育全面实行需要满足两个前提条件：一个是创新型的人才规格需求，另一个是识别或评估个体的个性特性的方法。随着人工智能时代的到来，这两个前提条件逐步达到，个性化教育也迎来了发展的良机。

2.6.1 人工智能时代的人才规格需求

人类的每一次工业革命都是以科技发明的突破为标志：蒸汽机、发电机、计算机、人工智能，四次工业革命给社会带来了翻天覆地的变化。

（1）智能机器替代人类的工作岗位

人工智能（artificial intelligence，AI）是指让计算机像人那样思考、学习和认知，即用计算机来模拟人的智能。[2-35]它试图探索人类的智能的机理，模拟人类的智能行为，并制造出与人类智能行为方式相似的智能机器。

近年来，人工智能技术已进入高速发展的时期，日益渗透到各行各业，如智能城市、智能医疗、智能交通、无人驾驶、智能制造和智能学习，等等，重复性高、繁杂枯燥、大量使用人工的流水线生产模式转变为大规模的智能制造模式。人工智能技术赋予机器越来越多的智能，它替代了标准化训练的人才和重复性强的脑力劳动者所完成的复杂工作，或是一些通常需要人类智能才能完成的技术性工作。

尤瓦尔·赫拉利（YuVal Noah Harari）在《今日简史》中预测，随着人工智能技术的推进，社会将产生大批量"无用的人员"。因为有了这些科技和算法后，有一些人，必将"毫无用处"，也就是将有大量的人类工作岗位会被智能机器人所替代。

2017 年 11 月，麦肯锡全球研究所发布了一篇题为 *Jobs lost，jobs gained：Workforce transitions in a time of automation* 的研究报告。[2-36] 报告预计，到 2030 年，全球将有 4～8 亿人被自动化机器所取代；而在全球 60% 的职业中，至少 1/3 的组成活动可以被自动化机器代替；全球大概有 3.75 亿人口将面临重新就业，其中中国人口占 1 亿。麦肯锡全球研究所的合伙人 Michael Chui 表示："随着时间的推移，我们将不得不改变自己，并学习如何做新工作。"

随着人工智能技术的广泛应用，将会淘汰大量岗位，同时也会带来新岗位。它所造成的职业转化，对人类社会的影响意义相当重大。

（2）创新型人才规格需求

每一次重大科技的产生，都是对人类想象力极限的突破。科幻小说或科幻电影用来表现人类幻想未来科技重大发展所带来美好生活的憧憬，交织着离奇的想象、美好的期望、科学事实和大胆的预见，是人类对科技发展远景的幻想。许多以前在科幻中出现的情境慢慢变为现实，人们还来不及惊讶就已习惯于人工智能技术带来的智能化生活方式。这一切都源于人类特性拥有的创新思维和创造力，也就是创新能力。

随着人工智能技术的飞跃发展，将不断提升机器的智能程度和学习能力，让机器像人一样能思维学习。如果智能机器能代替人类做越来越多的事情，在有些领域甚至超越人类，人类或将面临着被智能机器取代的危机。

从数学上说，围棋要比国际象棋更加复杂，是人类顶级智力的博弈游戏。围棋的人机对战代表了人的智能和人工智能的博弈实验。2016 年 3 月，谷歌的 AlphaGo 以 4：1 的成绩击败了围棋世界冠军李世石；2017 年 5 月，AlphaGo 再以 3：0 的成绩击败了排名世界第一的世界围棋冠军柯洁。从此，围棋界公认

AlphaGo已经超过人类职业围棋顶尖水平。AlphaGo通过学习以前人类比赛中积累下的海量数据赢得比赛，体现超强的学习能力。

引起更大轰动的是后来被科学家誉为"世界壮举"的AlphaGo Zero。它从零开始，只经过三天的训练，不使用任何以前的数据，而是直接参加数以千场的比赛和数百万盘的自我对抗，并以100：0的战绩击败AlphaGo。也就是说，这台机器拥有超凡的自学能力，标志着人工智能又达到了一座里程碑。

智能机器能否全面超越人类进而征服人类？人们开始担心关乎人类存在的问题。科学家已经告诉人们智能机器只是人类智能的延伸，用不着担心。因为，智能机器必须依赖人所赋予的特定的规则才能运行，其感知能力远低于人，无法接受抽象的命令，更不能胜任创造性工作。布朗德等认为，未来社会只有那些从事"创新、沟通和深度思考"的工作岗位才很难被取代。[2-37]

机器只能被赋予智能，虽然机器可以模仿人类的学习能力，但最终只是人们生产生活的工具，成为人类最得力的好帮手。而智慧是人类作为一群有灵魂的群体所特有的，创意、创新和创造是人类拥有智慧的体现，机器并没拥有。这是人脑和机器智能的最大差别。人与智能机器并非替代关系，而是协作关系，双方可以取长补短，共同形成一个人机混合增强智能的系统。[2-35]未来将会是人机融合，是一个人类与机器人和谐共处的时代。

在未来的人机协作、人机分工中，大规模数据计算和处理、规则学习等方面能力，智能机器可能超越人类，而人类的创新思维和创造力是智能机器无法模拟的。人工智能时代打破了知识或智力型人才规格需求，创新思维和创造力是创新型人才需求的核心能力。工业时代的教育本质是知识和智力的教育，培养知识型人才；人工智能时代的教育本质是创新思维和创造力的教育，培养创新型人才。

2.6.2　创新型人才的特征

人工智能时代需要的是创新型人才，而创新思维和创造力是创新型人才的核心能力。个性化教育思想强调培养人的内在潜能、自主能力和创新能力等自然人格的发展，更加符合新时代创新型人才培养的需求。

（1）创新和创造

人类社会从低级到高级、从简单到复杂、从原始到现代的进化历程，就是一个不断创新的过程。近代以来人类所取得的丰硕成果，主要得益于科学技术创新和思想观念的巨大解放。创新是人类特有的创造性实践行为，是社会发展的不竭动力。

中文"创新"词义为：创造新的或革新。英文"innovation"包含了更新（renew）、创造（create）和改变（change）三层语义：更新是在旧事物的基础上进行改造或改进，而产生新的事物；创造是制造出新的事物；改变是使事物向新的方向发展。所以，创新有产生新的事物或新的发展趋势的含义。

20 世纪以后，人们开始对创新的概念进行了系统深入的研究，分别从各自领域的视角提出创新的概念内涵。随着研究的深入，研究领域日益拓宽，创新概念的内涵也呈现多元化特征。

①经济学领域：创新是指把一种新的生产要素和生产条件的"新结合"引入生产体系，并能获得一定有益效果的行为。

②认识论领域：创新是自我意识的发展。自我意识的发展是自我存在的矛盾面，其发展必然推动自我行为的发展，推动自我生命的成长。

③社会学领域：创新是指人们为了发展需要，运用已知的信息和条件，突破常规思维，发现或产生某种新颖、独特的有价值的新事物、新思想的活动。

④思维领域：创新是人们突破常规思维的界限，获得新知识或新成果的心智活动。

⑤哲学领域：创新是人类的创造性实践行为。这种实践是为了增加利益总量，通过对物质世界的利用和再创造，制造新的矛盾关系，形成新的物质形态。

从"创新"一词的词源、内涵、研究领域和方向来看，创新概念的核心属性如表 2-2 所示。

表 2-2　创新概念的核心属性

创新的主体	创新的客体	创新的核心	创新的关键
个人、团体或组织	客观世界	创新思维	更新和改变，创造
集体合作产生的集体智能（群体智慧）是创新的强大力量	客体包括自然科学、社会科学以及人类自身思维规律	创新思维是指以新的角度、新的方法来思考问题，突破常规思维的界限，能够获得新知识或新成果的心智活动	一是更新和改变，使原有的事物向新的方向或有效的方面进行量和质的变化和发展；二是创造，制造出前所未有的新事物，提供具有一定的社会意义和价值的产品

人类在认识、利用和改造客观世界的实践过程中，积累和创新是两个交互递进的发展过程。积累是人类扩大再生产的源泉、自我完善的基本方式。创新是人类自我超越的基本方式。

（2）创新思维

人类的创新可以分解为两个部分：一是思维，即创新思维；二是行为，即创新实践行为。从本质上说，创新是创新思维的外化、物化、形式化。创新是创新思维主导下的创造性活动。

马克思在《1844 年经济学哲学手稿》中明确地指出：人类区别于其他动物的类本质特征，是由于人能够自由自觉地活动。人之所以是自由的，是因为人是有意识、有思维的主观能动性生命体。思维是人们通过媒介感知客观现实，对新输入信息与脑内储存知识经验进行一系列复杂的心智活动，能动地反映客观现实的本质属性和内在规律。人类可以借助已有的知识和经验，探索与发现事物的内部本质联系和规律性，是人类对客观现实的能动反映，也是人类的高级认识活动。人类就是通过这种能动性反映的思维能力，不断地对客观世界进行认识、利用和改造等实践活动，才建构起人类社会结构。无论是社会实践活动所建构起的人类社会结构，还是哲学、艺术、科学所建构起的自觉的精神世界，其本质上都是人的文化创造。[2-38]

思维有许多种形式，相对于常规思维，创新思维能突破常规思维的界限、定势，并能形成具有一定社会意义和价值的创造性行为，也是创造性思维。正如我国著名数学家华罗庚所说："'人'之可贵在于能创造性地思维。"人类在认识、探索和改造客观世界的实践活动中，可以发挥人类特有的智能，利用已有的知识和经验，反思和批判传统的办法，运用形象、直觉与逻辑思维的方法，突破常规思维的界限或定势，创造出具有一定社会意义和价值的成果。所以，人类社会发展的历史，就是自觉地利用创新思维能力，发挥创造力，有目的地利用和改造客观世界的历史。

（3）创新主体的特征

从创新的核心属性来看，现代社会的创新主体呈现以下几个特征。

①创新主体的力量：人类智慧与机器智能深度融合

创新的主体是个人或团队，创新主体的力量是人的智能，特别是以团队合作为基础的集体智能，更是现代社会创新主体的强大力量。

集体智能（collective intelligence，CI），是团队的智慧和能力，可通过共享、联合和协作方式，支持团队一致性决策。集体智能在细菌、动物、人类以及计算机网络中形成，并以多种形式的协商一致的决策模式出现。集体智能被诺曼·L. 约翰逊称为共生智能。在自然界中，蚂蚁、蜜蜂等社会性昆虫常常协同工作，表现出复杂的智能行为。这就是群体智能（swarm intelligence，SI），指众多行为简单的个体在相互作用过程中涌现产生的整体智能行为。

在自然界中由众多简单个体组成的群体，如蜂群、蚁群和鸟群等，由于群体智能（SI）而产生了明显的智能行为，而人类的集体智能（CI）通过一种技术和机制联合在一起，形成了巨大的智慧能量——人类智慧与机器智能的深度融合。[2-39]以集体合作产生的集体智能正演变为现代社会创新的主体力量。

②完善的人格与创新精神："改变"的力量与失败风险

创新主体进行创新实践活动的内部动力和外部动力是事物"改变"的力量。人的价值观是支配着个体行为最基础的内部动力，特别是人的社会价值观更是驱使创新主体（个人或群体）自愿自觉地为创新而努力奋斗。创新实践活动的外部动力是社会发展的现实需求所引发的。所以，创新型人才需要树立高尚的价值观，富有社会责任与担当的完善人格。

"改变"意味着面临更多的困难、失败风险、挫折与反复。创新主体的努力付出未必得到相应的回报，任何功利思想和个人主义都会使人患得患失、裹脚不前，无法为实现目标而不懈奋斗。创新活动需要创新主体具有善于控制失败风险、勇于承担失败后果和探索的创新精神。

③个性特征与创新思维有着必然的联系

创新的核心是创新思维，思维是人类主观能动的心智活动，是人类特有的智能，但是，人们要突破常规思维的界限或定势并不容易，需要掌握一定的必要知识，并能激发人的各种能力、智慧或潜能。人们的各种能力或潜能等个性特征并不是孤立存在的，而是在需要、兴趣、好奇、信念和思想品德等个性倾向的制约下，形成一个有机整体。创新活动需要克服重重困难、失败风险和挫折，除了个体的价值观所支配的内部价值动力外，兴趣和好奇往往会产生更加专注的内动力，会增强个体的自主性，激发人的天赋潜能，有利于突破常规思维的界限或定势。北京大学校长周其凤说过：好奇性和解放的思维是创新的源泉。所以，个性是影响人的创新思维活动的复合体，独立健全的个性有利于创新思维的发挥。

④人类知识总量指数级增长给教育带来前所未有的挑战

工业革命之后，人类科技高速发展，造成了知识总量呈指数级增长。据英国技术预测专家詹姆斯·马丁测算，人类知识的倍增周期在 19 世纪约为 50 年，20 世纪前半叶为 10 年左右，到 70 年代缩短为 5 年，80 年代以来几乎到了 3 年翻一番。[2-40]就单个个体而言，可承载知识数量的极限和学习知识的速度，是知识学习的最大限制。就算是一个人只选择一个方向学习，可能终其一生都将无法达到最前沿水平。

人类创新思维的基础是对已积累的知识和经验的学习。人类社会科技高速的发展带来知识总量呈指数级增长，给教育带来前所未有的挑战。在未来，人们需要学习的知识可能是无穷无尽的。当前的教育体系普遍注重特定知识的传授和智力的训练，这与未来发展对创新型人才的需求不相匹配。学习能力和创新思维能力的训练应该是未来教育更加关注的方向。美国小说家大卫·福斯特·华莱士（David Foster Wallace）曾在演讲中说："教育的目的不是学会一堆知识，而是学会一种思维。"[2-41]

总之，从创新主体的特征来看，创新型人才通常富有高尚的价值观与社会责任担当、丰富的想象力和创新思维、团队协作发挥集体智能的能力以及勇于承担失败后果和探索的创新精神。当前工业时代标准化教育体系注重知识的传授和智力的训练，特别是教育体系中各种功利思潮盛行，弱化了完善的人格与创新精神的培养，把教育当作获取个人利益的工具。在市场经济为主导的社会背景下，各种短期教育功利都趋向追求短期的利益，扭曲人的价值观，急功近利的思想主导了人的内在行为动机。教育功利固有的局限性，制约个体的个性化发展，不利于创新型人才的培养，与未来的社会发展不相匹配。

2.6.3 人工智能＋个性化教育

当前的标准化教育的缺陷是制约个体的个性化发展，影响个体的独特性和创新性。人工智能时代，社会人才规格需求的变化使个性化教育迎来新的机遇。因为富有想象力和创造力的人才离不开个性化教育的培养。个性化教育通过帮助受教育者形成完善健全的独立人格，优化其独特个性，释放其天赋潜能，从而促进个体独特性、能动性和创新能力的发挥。

（1）人工智能时代的个性化教育

工业化时代实行标准化教育，教育的本质是知识传授和智力的培养。其最大的缺陷是忽视个体的自然本性和个性差异，培养严格服从精神，严重制约了个体的个性化发展，影响个体独特性、能动性和创新能力的发挥。

人工智能时代，人类面临着大量的工作岗位被智能机器所替代的挑战，以及对富有思维想象力和创造力人才的迫切需求，教育的最重要变化应该是教育目的的变迁。教育目的的变迁推动了社会对人才规格需求的变化：从工业时代的具有严格服从精神的标准化知识技能型人才，到人工智能时代的具备扎实知识素养的创新型人才的变化。

人工智能的时代打破了教育的知识传播平衡，教育最重要的意义未必是知识的传授，而是培养个体的创造性知识、创造性思维、创造性人格，发展和完善个体的个性。个性化教育区别于标准化教育或差异化教育，教育目标并不是为了培养知识技能型人才，而是为了塑造和发展学生良好个性，激发或发挥个体的想象力和创造力，培养创造型人才，契合人工智能时代的人才需求。

2016 年 10 月，美国颁布《国家人工智能研发战略规划》，展示了人工智能技术在 14 个领域的具体应用。2017 年 7 月，国务院印发《新一代人工智能发展规划》，制定了人工智能发展的重大战略，提出加快建设创新型国家和世界科技强国。世界先进国家都相继规划本国的人工智能技术发展战略。人工智能时代创新型人才培养已成为全世界教育改革面临的巨大挑战。

（2）个性化教育实施的前提条件

两千年前，孔子和苏格拉底已经提出了非常鲜明的个性化教育思想，后经不断的发展，思想内涵不断丰富。但是，个性化教育思想只重视发展个体本身的"个性"而忽视个体所处的社会环境因素，显然具有局限性，并没有形成一种教育模式而得到全面的实施。制约个性化教育实施的因素主要有两个：一个是社会环境，即社会对人才规格的需求；另一个是实施条件，即识别学习者个性特征和实施个性化教育的智能环境。

①识别学习者个性特征的科学方法

简单而言，个性化教育实施就是"为不同性格禀赋学生提供适宜的教育"。只有首先识别"学生的不同性格禀赋"，后才能提供个性化教育，所以，如何识别、评估和表示学习者的个性特征是个性化教育实施的前提之一。

个性的结构是多层次、多侧面的，是由多种心理特征构成的复杂整体，而且随着学习者身心的成长而不断地变化和发展。识别学习者的个性特征是件相当复杂且困难的工作，在此之前基本上只是依靠人为的主观识别或评估，一直都没有一种有效的科学方法的支持。

大数据和人工智能技术使得个性化教育获得科学性方法的支持。特别是教育数据挖掘与学习分析技术"以理解和优化学习及其发生的环境为目的，对学习者及其所处情境的数据进行的测量、收集、分析和报告"[2-42]，为识别或评估学习者的个性特征提供技术上的支持，使个性化教育实施的前提关键问题得到解决。人工智能技术利用计算机智能算法，可以对学习者的情感、兴趣、动机、意志力、价值观等个性特征进行数字化表示，为个性化教育的实施提供依据。

②支持个性化教育的智能环境

利用人工智能技术识别学习者个性的方法，必须依据学习过程及学习情境的数据；而感知学习情境和记录学习过程的数据必须依靠"信息化教学系统"的收集。同时，个性化教育的具体实施也需要"信息化教学系统"的支撑，包括提供合适的教学资源、提供合适的教学模式、动态分析评测教学效果、优化教学（问题发现和学习效果预测、教学策略及建议、知识推送等）、提供多向交互工具（学习论坛、用户体验感知等）、实施信息化教学管理，等等。除此之外，再加上相应的个性化教育制度、硬件设施等，构成个性化教育智能环境，才能开展个性化教育。

信息化教学是利用信息技术开发数字化教学资源，实施优化教学与信息化管理，从而提高教学质量和效率。从 2001 年美国麻省理工学院（MIT）发起开放课程运动（open course ware，简称 OCW），到 2011 年风靡全球的 MOOC/SPOC 运动，信息化教学侧重于共享优质教学资源，促进教学模式改革，优化教学。近年来，信息化教学应用人工智能技术，探索在线学习路径推荐、学习策略分析、智能化知识推送等有效学习模式和技术支持服务，[2-43]构建智慧学习环境，追求更好的教学目标的达成。[2-44]

智慧学习环境是一种能感知学习情境、记录学习过程、识别学习者个性特征、评测学习效果、提供合适的学习资源与学习交流工具，从而促进有效学习的学习空间。目前，智慧学习仍处于"重知轻情"的层面——注重学习者对认知状态的适应性和成效性，而较少考虑学习者兴趣动机、用户体验等情感状态的适应性和个性化。随着人工智能时代对人才需求从知识型向创新型的转变，智慧学习环境开始引入个性化教育思想，关注学习者的认知状态、认知能力等智力特征，以及情感、兴趣、动机、意志力、价值观等非智力特征，为学习者提供适宜的个性化教育。

个性化教育不仅契合人工智能时代教育目的的需求，还得到人工智能技术的极大支持，解决其实施的前提关键问题，在社会创新型人才需求的推动下，迎来了最佳的发展机遇。人工智能时代的教育目标未必完全是知识的传授，而是培养学习者的创造性知识、创造性思维、创造性人格，发展和完善个体的个性。

2.7　教育功利和个人发展

"功利"在中文中一般指的是功名利禄，多指短期化的或过于注重结果的功效，含贬义；也指某种行为所追求或达到的利益，是一个中性词。功利决定了个人追求某种目标的主观愿望或意向，促使个人自发地产生行为的内驱力，激发本性潜能。

教育从产生以来就带有突出的功利特征。教育功利是个人对其教育活动所追求的教育功效或利益，是个人从事教育活动的行动指南。功利往往蕴含着较强个人目的性的行为动机，即个人行为中自内而外、自觉自愿的核心内驱力。所以，个人的教育功利主导了个人参与教育活动的价值取向，指引着个人自觉努力的方向，激发学习的内驱力，决定了个人发展的动力和方向，势必深刻地影响到个性化教育的实施。

按照时间因素分类教育功利可分为终极教育功利、长期教育功利和短期教育功利。个人对教育功利着眼时间长短不同，对个人发展所产生的影响也不同。

按照引发和影响因素分类教育功利可分为外部教育功利和内在教育功利。外部教育功利在外界的利诱或指引下产生，内在教育功利则由个人的内在价值取向引发。

2.7.1　终极教育功利

教育不仅培养人的道德伦理、知识与智力，还树立人的价值取向，引导人们追问人生的终极价值或意义，如幸福和自由，以及如何实现等。功利主义教育思想和人本主义教育思想分别倡导人们追求人生的终极价值——幸福、自我实现（自由价值），并把能否有助于实现幸福或自我实现的价值判断，当作教育行为的准则。所以，这是一种终极教育功利。

（1）幸福功利

功利主义[2-45]（utilitarianism），即效益主义，是一种以功效或利益作为道德标准的学说，提倡追求"最大幸福"。功利主义的代表是 19 世纪英国的哲学家杰瑞米·边沁（Jeremy Bentham）和詹姆斯·穆勒（James Mill）。他们认为人类行为的唯一目的是获得幸福，人类行为动机以是否有助于增进幸福为价值判断。功利主义以"最大幸福"为最高价值追求。

功利主义教育[2-46]（utilitarianism education）是以功利主义思想为价值观，按照"幸福功利"原则，实施有利于增进受教育者快乐幸福的教育。穆勒在《教育论》中写道："教育的目的是使个人尽可能成为实现幸福的工具，先是成为他自己的，然后是成为他人的。"他指出，教育活动的准则是判断能否对幸福起着促进作用。[2-47]

穆勒在其著作《功利主义》中指出："一个人的高尚使他人感到更为幸福……功利主义唯有普遍培养人们的高尚情操方能实现其最终目标。[2-48]"他在《教育论》中总结了实现幸福的两个条件：良好的心理品质和身体素质，其中心理品质是人们追求幸福的必要条件。同时他强调不可缺少的心理品质应包含古希腊哲人所倡导的四种主要美德：智力、节制、正义和慷慨；人的心理品质受到身体健康状况的影响。教育的任务是培养这些人格美德。

功利主义教育把有助于"幸福"功利的判断当作教育活动的准则，为个人指明了一个追求教育价值的终极目的，把最终达到"最大多数人的最大幸福"作为教育活动的努力方向。

功利主义教育思想提倡培养个人良好的心理品质和身体素质，把人生的幸福需求当作教育价值的终极目的，体现了教育对人们生活的关怀，对丰富教育的内涵具有一定的实现意义。但是，功利主义教育并没有界定"幸福"的内涵，不同的人对"幸福"的理解往往出自个人的主观感受，反而使得教育成为受教育者追逐欲望的工具，例如有人把谋取财富、权力或地位视为自己的"幸福"，并没有将达到"最大多数人的最大幸福"作为教育的终极目的。

（2）自我实现功利

人本主义教育（humanism education），亦称"人道主义教育"，诞生于欧洲文艺复兴时期，其教育思想倡导以人道反神道、尊重人格需要，主张全面发展人类天赋的身心能力。1962 年，美国的库姆斯（A. W. Combs）阐述了新的人本化教育理论，试图发挥人的身体、精神、理智和情感等各个方面的整体潜力来确立人的价值。新的人本化教育理论继承了传统人文主义教育思想，并容纳了人本主义心理学和存在主义哲学等理论，主张培养"自我实现"的人格、促进完美人性的形成、充分发展人的潜能的教育理念。人本化教育于 20 世纪70 年代后在美国盛行开来，其主要代表人物是美国人本主义心理学家马斯洛（A. H. Maslow）、罗杰斯（C. Rogers）等。

马斯洛的需求层次理论观点认为：人的一切行为都由需要引起，而人的需求从低层次到高层次分为生理、安全、社交、尊重和自我实现五个层次。其中，前四个层次通常称为缺失性需求，它们的满足完全依赖于外界，最高层次称为成长性需求，它的满足则需要被自我实现的趋向所激发；当人的低层次的需求得到满足之后，人就会自动地追求更高层次的需求，直到最高层次——"自我实现"。一旦达到最高层次，将实现人生的真正意义，人就成为一个"自我实现的人"，达到人格的自由，获得人性解放。马斯洛认为教育应该以学生为中心，努力不断地满足低层次的需求，促进人的个性的完整发展，最终引导学生达成人的"自我实现"。

人本主义教育强调教育的目的是培养"完整的人"，努力满足学生的成长需求，使人的个性、潜能得到充分发展，引导学生成为"自我实现的人"，形成完美的人性。美国教育学者麦克尼尔认为人本主义教育的核心价值观是达到"人的自我实现"。所以，人本主义教育思想以学生为中心，以人的需求和终极价值为目标，体现了人的本质和价值、人的主体地位，使人人都能够做自己的主人，自觉自发地为终极价值目标而奋斗，追求人的自由和人性的解放。

无论是幸福功利，还是自我实现功利或自由功利，都是一种以人为中心的教育思潮，提倡教育要以培养人格美德或完美人格为任务，将人生终极价值作为教育行为的价值判断和努力方向，引导受教育者终生为之奋斗，对受教育者起到终生的激励和鞭策作用。终极教育功利对培养人格美德起到积极的作用，终生影响着个人的发展方向。

2.7.2　长期教育功利

广义的教育包括家庭教育、学校教育和社会教育。教育是一个漫长的"育人"的社会活动，甚至是终身教育，伴随人的一生。狭义的教育是指学校教育，包括幼儿、小学、中学、大学等阶段的教育，是一个长期的个体社会化和个性化过程。十年树木，百年树人。教育的本质就是育人——树立人的价值观，培养实现人的价值的能力。

（1）人的价值观

人的价值，即人生价值，既包含个人价值（自我价值），又包含社会价值。个人价值是个人活动满足自己的生存和发展需求的程度，包括满足自身物质和精神需求；社会价值是个体对社会和他人所做的贡献。人的价值观是指一个人对人的价值的评判准则或价值取向，它支配和调节个人的一切行为规范。人的价值观是驱使个人行为的最基础的内在动力。

个人价值是个体生存和发展的必要条件，而个人价值的实现需要以人的社会价值为基础。如果人的价值观只由个人价值构成，那是低级趣味的人；如果人的价值观只由社会价值构成，那是纯粹的人。如果以自我价值为中心，去衡量一切事物，其价值观是个人主义或利己主义；如果以社会价值为中心，对一切事物做价值判断，其价值观是集体主义或利他主义。不同的价值观有不同的生存方式和生活追求，成就不同的人生。根据人的价值观的不同，可将人分为五种。

①伟大的人：总是牺牲个人利益，追求他人和社会利益的人。

②高尚的人：既追求个人利益，又兼顾他人和社会利益的人。

③有道德的人：追求个人利益，但不会去损害他人和社会利益的人。

④无道德的人：追求个人利益，无意识但客观上损害了他人和社会利益的人。

⑤卑鄙的人：处处以个人利益为中心，有意识地损害他人和社会利益来谋

取个人利益的人。

现代社会分工更加专业化和精细化，任何人的生活和活动都处于一定的社会关系之中，受到各种各样社会关系的制约。一旦离开社会的条件基础，个人就无法实现个人价值。从这个意义上看，个人的需求从社会上得到满足的程度，取决于个人对社会和他人的贡献，即个人价值的实现由社会价值所决定。个人对社会的生存和发展贡献（个人的社会价值）越大，个人的需求越容易得到满足，即实现个人价值机会越大。所以，"伟大的人"和"高尚的人"体现了人立足于社会的基本法则、个人价值实现的条件基础。"无道德的人"和"卑鄙的人"违背了人的社会性法则，缺乏个人价值实现的条件基础，失去发挥个人价值实现的空间。正如中央电视台主持人康辉所说："当代社会利益深度交融，无论是个人、企业，还是国家，不会独立于命运共同体之外。如果你周围的人过得不好，你又能好到哪里呢？"如果你只顾个人利益，别人怎么会给你再次损害他们利益的机会呢？以个人利益为中心的人最终将孤独于社会之外，被社会所抛弃。

总之，人的社会性决定了个人价值的实现必须符合社会发展的客观规律。这就要求个人价值观的建立必须符合社会公共法则。

（2）人的价值观的树立

教育最基本的个体社会化功能就是树立人的价值观，将社会目标和规范、人的价值观等，转化为稳定的个性特征和行为反应模式，使得个体从自然生命体融入社会群体之中，完成个体的社会化和个性化。

人的价值观随着个人的心智发育成长而逐渐树立起来，一旦确立便处于稳定状态，之后很难改变。心理学相关研究表明，人的心智从6岁开始快速发育，到17岁时发育基本成型，价值观基本确立。所以，学校教育的初高中阶段必须帮助学生树立起正确的价值观，为融入社会打下基础。如果到大学阶段，才通过教学课程来重点树立学生的价值观，似乎有点晚，因为学生的价值观已经基本成型。遵循人的身心成长规律来构建人的价值观，是个性化教育的需求。

人的价值包含个人价值和社会价值，所以，构成完备的个人价值观是教育的责任。个人价值观是一种内在价值，是由个人自身需求和自身感受而引发的，随着个人心智的成熟和生活经验感悟的积累逐渐成型。社会价值观主要通过学校教育来引导。如果人的价值观在树立过程中缺失了社会价值观的构建，只会成为个人主义者或利己主义者。树立高尚的价值观、完善个体的人格是教育的责任，能够对当今短期教育功利带来的乱象起着正本清源的作用。

（3）价值观功利

人有生存温饱的本能，也有体面生活的需求。人有对社会贡献力量的责任、为国家事业奋斗终生的理想，也有追问灵魂的超越。个人在受教育（主要是学校教育）的期间，历经读书的艰辛和成长的苦闷，而指引受教育者坚持不懈的是逐渐形成的个人的价值观。按照人的价值观所确立的价值取向所追求的功利就是价值观功利。2019 年，深圳大学时任校长李清泉在毕业生典礼上演讲时说："如果不是生活所迫，谁愿意把自己搞得才华横溢"。价值观功利支配和调节个体的教育行为，是长期稳定地驱使个体教育活动的内部动力。

①儒家的长期教育功利

中国儒家传统教育价值观提倡"修身、齐家、治国、平天下"，既包含了"修身、齐家"的个人价值，又包含了"治国、平天下"的社会价值。通过发奋苦读而光耀门庭，又能以天下为己任，兼顾了个人价值和社会价值，是一种传统的长期教育功利。儒家的教育功利对中国古代学子的影响最为深远。

②当代中国的长期教育功利

"为中华之崛起而读书"的故事讲述了周恩来在少年时代立下的宏伟志向，体现了他要为国家和民族而奋斗终生的责任感和使命感。"为中华之崛起而读书"深深地打动了几代中华儿女，时至今天，仍然引领着时代的教育价值。2018 年 8 月，习近平总书记在全国宣传思想工作会议上的重要讲话中指出："育新人……培养能够担当民族复兴大任的时代新人。"[2-49]为民族复兴而奋斗就是当代中国社会的核心社会价值。

将追求小康体面的生活、发挥专业特长、享受个人的爱好兴趣等个人价值，扎根于"民族复兴"共同的社会价值的基础上，这种个人价值实现的基础更加坚实、更加完备，也更加有意义。追求这样的价值观功利，可以驱动受教育者的内在动力，使之自觉自愿地为之奋斗。

有用功利和快乐功利等短期教育功利过多地考虑个人价值，是一种狭隘的价值观。马斯洛的人本主义教育思想提倡不断地满足低层次的需求，最终实现"自我现实"的价值目标，也是以个人的价值为中心。这两种教育思潮都是以个人为中心树立价值观，没有把个人价值紧密地融入社会价值中，和短期教育功利一样，也必定走向狭隘的空间。长期积极的教育功利对人性发展的影响是正面的，有利于个体培养高尚的价值观和富有社会责任担当的完善人格，使得个人价值实现的基础更加坚实、更加有意义。

2.7.3　短期教育功利

短期教育功利是指短期化的或过于注重结果的教育功效或利益，它是一种背离了教育本质的狭隘价值。

在教育学术界，经常采用"教育功利性""教育功利化"或"教育功利主义"等多个词语[2-50][2-51][2-52]，来批判教育活动中只追求眼前的、现实的或短期化功效的教育现象。例如分数、学历或升学率至上，应试教育或证书教育、唯智教育、宽松教育等，都是短期教育功利现象。短期教育功利表现为两种极端，一种是"有用功利"，另一种是"快乐功利"。

（1）有用功利

当下有许多人在教育学习过程中，往往期望通过学习获得他们认为"有用"的利益，如"有用"的技能或知识、"有用"的证书、"有用"的竞争力，进而获得"有用"岗位，或者更高的社会地位和物质财富。如果感觉到这目标或利益不能达到，他们就会放弃学习。这就是有用功利。

有用功利往往过分地看重实用性或某种现实的利益，忽视或弱化受教育者的完善人格、身心成长规律和理想道德等教育的"育人"本质；把教育当作获取个人利益的工具，急功近利，造成学生身心、智力和道德发展的畸形化：高分低能、缺乏创造力、缺乏正义感与责任担当。

（2）快乐功利

快乐功利以快乐至上为行为准则，不顾及教育目标及教育结果，对受教育者无原则地宽容和放纵，希望通过自由快乐的感受来释放青少年的天性，激发潜能或创造力。

"宽松教育"或是"快乐教育"追求的是快乐功利。特别是在儿童教育阶段，一味减负、无度宠惯，把宽松和快乐的时间奉献给玩耍、游戏和互联网，失去智力开发的最佳时机，破坏了教育的可持续发展。日本从 2002 年到 2012 年的平成时代，实行的宽松教育所造就的"平成废物"（学生纵情享受当下，不关心明天和未来，只靠幻想解决问题），已经向世界证明了追求"快乐功利"带来的弊端。

短期教育功利一直受到教育学界的严厉批判，2005 年的"钱学森之问"很精准地切中教育功利化的要害，但这类现象仍顽固盛行，是当下社会和教育环境助长了其气焰，还是被有意地忽视了呢？这说明短期教育功利对中国教育的影响是深远的，也是难以消除的。

当前以市场经济为主导的社会背景下，人们面临各种压力：升学压力、就业压力、市场竞争压力、技术升级压力等；面临各种诱惑：享受、名利等；面临唯分数论的教育评价制度和单一化的社会人才选拔制度等。各种压力、诱惑和制度交错构成的复合环境，促使人们对教育功利的极端追求，支配了教育主体的教育行动，必然会导致教育异化。

短期教育功利造就"一群群功利化绵羊"——缺乏创新性人格、创新性精神，只追求自身利益的投机分子。日本的"平成废物"、中国的"钱学森之问"，正在拷问当下短期教育功利对教育带来的危害。它背离了教育本质，严重阻碍了社会创新型人才培养。这种危害是巨大的，且又是长期的。短期教育功利是由人的内在价值引发的，在本书的下一节中从人的内在价值的成因进行分析，更能解析它对个人发展的影响。

2.7.4　外部教育功利

外部教育功利是在外界的利诱或指引下产生的教育功利，如家庭的教育功利"光宗耀祖""望子成龙"等。外部教育功利更多来自封建时期统治阶级主导的为阶段统治培养人才的教育思想。这些外部教育功利对个体的个性发展有着强大的引导作用。中国儒家的教育思想包含最典型的为做官而读书的仕学功利。

（1）仕学功利

儒家的教育思想就包含有功利化的一面，如"学而优则仕"。在儒家经典的"修身、齐家、治国、平天下"教育价值观的指引下，多少寒门学子，十年寒窗苦读圣贤书，志在"学成文武艺，货与帝王家"。儒家教育思想所体现的功利性——为做官而读书，可称为仕学功利。自从中国有了科举选拔人才的制度，儒家仕学功利更加明确，指引着寒门子弟，通过发奋苦读走上光耀门庭的康庄大道。

仕学功利符合封建社会人才需求，有助于固化社会统治。庄子认为儒者治学但为名利，卑微怯懦，扭曲了人之本性，抹杀人性的独立和人性的自由，不利于发挥个体的天赋才能。在此教育功利思想的禁锢下，社会精英都把他们的才华发挥在仕途之上，或是歌词诗赋之上，而不是创造和发展生产力，造成教育和生产劳动的分离。在工业革命来临时，儒家教育功利思想严重阻碍了科学技术飞跃带来的发展机会，造成国家逐渐由强盛变为衰弱。

儒家仕学功利思想单一化的利益诉求，并不是每个寒门学子经过努力奋斗就可以实现的。当学子们看不到功利实现的希望，容易望而却步，或是产生"读书无用论"的思想。为了宣扬儒家仕学功利，出现许多劝学名言，如"万般皆下品，惟有读书高"（出自北宋著名学者汪洙的《神童诗》）、"耕读传家久，诗书继世长"等，其中，最为经典的当属《劝学诗》。

（2）最功利的劝学经典

作为封建社会最高的统治者，宋朝的第三个皇帝宋真宗赵恒，亲自写下了这首流传千古的《劝学诗》。

劝学诗

富家不用买良田，书中自有千钟粟。

安居不用架高堂，书中自有黄金屋。

出门莫恨无人随，书中有马多如簇。

娶妻莫恨无良媒，书中自有颜如玉。

男儿若遂平生志，六经勤向窗前读。

《劝学诗》列举四种人生不如意的事例，描述了寒门学子的心酸困境：无钱买良田、没安身之处、出门无仆婢相随、娶不到老婆，以四个"书中"来慰藉和利诱，指出人生艰苦奋斗的希望。其中一句话"书中自有黄金屋，书中自有颜如玉"，被古代读书人奉为最直接、最功利的劝学经典。

中国的知识分子，几千年来都受到儒家仕学功利的深刻影响。儒家仕学功利服从于封建统治的人才培养需要，有其局限性，即抹杀了人性的独立和人性的自由，不利于发挥人的天赋才能，但也有一定的激励意义。虽然儒家仕学功利为受教育者指出了努力的方向，未必使得受教育者自觉自愿地为之奋斗。

2.7.5 内在教育功利

马克思说："人们的奋斗所争取的一切，都同他们的利益有关。"[2-53] 从根本上讲，人的一切活动都是由利益需求的动机所驱动的。人的利益需求的不同，使人产生不同的价值取向。所以，人的价值取向影响了人的一切活动。

对于人的内在价值，哲学领域有着多种概念内涵。汤姆·雷根（Tom Regan，美国专门研究动物权利理论的哲学家）认为内在价值的内涵主要是生命主体的生活体验及其所具有的价值，包括各种精神状态，比如快乐和满足[2-54]。康德、布伦塔诺、摩尔、苏格拉底和边沁等哲学家强调内在价值有不同的内涵，概括起来主要包含善良意志、情感态度、幸福、快乐、尊严和正义等。多种内在价值概念的内涵可能达成一致[2-55]。

内在教育功利是以个人的内在价值取向为追求目标的教育功效或利益。在教育活动过程中，常见的内在教育功利有有用功利、快乐功利和自私功利，造成多种教育异化思想。（1）有用功利与读书无用论

当把教育当作解决现实中的某种问题的工具时，读书无用论的思想随之而产生。读书泛指学习或知识获取等教育活动。"无用"一般指读书不能达到预期的价值目标，如创造财富、获取荣誉地位等的功用。读书无用论思想有三种不同程度的观点或态度。

①读书无用论——对读书的功用持完全否定的观点，反对教育活动。

②新读书无用论——并没有完全否定读书的功用，而是怀疑读书收益的有效性。如果他们感觉到其教育功利不能达到预期时，也会抛弃读书。

③微读书无用论——对学习某些知识所带来功用持否定观点，进而怠学。

读书无用论思想，从古至今，由来已久，当今呈现普遍之势。《论语·先进篇》中记载，子路对孔子说："有民人焉，有社稷焉，何必读书，然后为学？"这可能是最古老的对读书的质疑。子路认为治理百姓和祭祀神灵都是学习，并不是读书才算是学习。孔子的得意门生尚且有此论调，何况"绝圣弃智"的道家和"摩顶放踵"的墨家。"学无益""知不知""百无一用是书生"等谬论，都是读书无用论的观点。

与读书无用论相对立的就是读书有用论。"耕读传家久，诗书继世长""家无读书子，官从何处来""万般皆下品，惟有读书高""知识改变命运"等，都是尊重知识、崇尚读书的良言名句。

新中国成立以来，出现过三次读书无用论思潮，分别在"文化大革命"时期、改革开放初期和大学扩招时期。前两次属于"读书无用论"，后一次是"新读书无用论"和"微读书无用论"。"新读书无用论"关注的是教育的直接现实收益，没有考虑教育的社会化和个体发展功能。特别是在当前中国大学生就业的专业对口率逐年呈下降趋势的情况下，"新读书无用论"思潮悄然冲击学生和家长的读书意愿。《2010 年中国大学生就业报告》等社会调查报告显示，大约 1/3 的大学毕业生从事的工作与其所学专业无关，且应届本科毕业生的专业对口率呈逐年下降趋势，其中，电子信息、机械等理工专业毕业生的就业对口率约 60% 左右；而哲学、教育学、法学等人文社会科学类专业毕业生的就业对口率只有 30% 左右。[2-56]大学生的初就业不对口率居高，导致在校的大学生认为学到的专业知识无用。

在当前以市场经济为主导的社会背景下，教育被当作谋取经济利益的工具倾向越来越普遍化。受教育者期望通过读书获得他们认为"有用"的利益，如"有用"的技能或知识、"有用"的证书、"有用"的竞争力，进而获得"有用"岗位，或者更高的社会地位和物质财富。受教育者的这些内在利益需求，引发了个人的内在教育功利。如果感觉或怀疑未能达到这些教育功利，他们就产生"新读书无用论"，就会怠学或放弃学习。

实用主义哲学极为盛行的美国，也出现与"新读书无用论"类似的"学历无用论"。其观点是谋求高等学历的代价太大，人们付出的时间和金钱，与获取高等学历所带来的收益不匹配。普林斯顿大学校长伊斯格鲁布（Christopher

L. Eisgruber）则极力反对"学历无用论"的论点，他在 2018 年毕业演讲中强调，按 20 年间的投资回报率来比较，上大学的每年投资回报率为 15%，而美国股市的每年投资回报率只有 7%。他呼吁年轻人不要轻信"学历无用论"的谎言，应该着眼于自己的前途和国家的未来。

在市场经济为主导的社会背景下，教育的投入被当成了利益投资，中外的教育工具化特征都已经普遍化。虽然没有完全否定教育的价值，但人们对教育功利的追求，不仅要对教育的整体性收益进行盘算，还要对平时所学习的课程或知识将来能否"有用"进行算计。当学生认为平时所学习的课程或知识对将来的功利"无用时"，就会怠学或厌学。这种教育功利思想就是微读书无用论。美国心理学家哈罗德·凯利（Harold Harding Kelley）把这种消极学习现象和应付学习行为的心理状态称为怠学心理。在 CNKI 文库中以"怠学""厌学"为篇名进行查询（2019 年 8 月），相关论文达 2000 多篇，说明当今学校教育中怠学或厌学现象非常普遍，尤其是大学本科生中最为严重。[2-57]

在利益的驱使下，学生对所学课程进行"有用"的内在教育功利判断，如果有"无用"的体验感知，难免会有消极的怠学心理——这就是为什么多年来"微读书无用论"普遍化的思想根源。微读书无用论思想的根源就是这种内在教育功利。

过分地追求"有用"的内在教育功利，使受教育者消极地对待他们认为"无用"的课程或知识，如道德、哲学、历史、艺术等，甚至抛弃学习，偏离教育的原初意义，不利于完善个人本性和身心健康成长。

（2）快乐功利与快乐教育

快乐教育的概念是由 19 世纪英国著名教育家赫伯特·斯宾塞（Herbert spencer）所提出的。他认为在教育过程中，应该引导孩子在快乐中学习，满足孩子的内在快乐功利，对保护孩子的学习兴趣、充分调动内在积极性起着积极的作用。斯宾塞的快乐教育理念内涵丰富，对儿童早期教育有其独特性，但也存在局限性。

首先，"快乐"是人的一种心灵上的愉悦感觉，其概念定义模糊、宽泛。只要满足内在的需求，就是"快乐"；不满足，就是"不快乐"；忤逆，就是"痛苦"，不包含"善"或"恶"的意志。

其次，布伦塔诺等认为人的内在价值包括快乐等情感体验。儿童早期教育刚刚开始进行社会化和个性化，还没有树立善良、尊严和正义等内在价值和更多的社会价值，快乐是儿童的天然价值。追求快乐、满足自己内在价值的需求，是孩子内在的功利，也是儿童阶段的人生意义。随着个体社会化的不断深入和个性的丰富，将会树立善良、尊严和正义等更多的内在价值，快乐未必是人们核心的需求。

再次，如果学习遇到挑战，甚至因为挫折而"不快乐"，快乐教育如何保持学习的"快乐"状态。斯宾塞主张教育遵循"自然后果惩罚"原则：受教育者受到的后果（惩罚或鼓励）完全由自己的行为所定。人的行为与价值取向密切相关，面对困难和挫折的挑战，孩子必定选择回避，甚至怠学或放弃学习。同时，"自然后果惩罚"原则不利于树立道德规范。[2-58]可见，斯宾塞的快乐教育思想存在局限性。

另外，在现实中，孩子不会无条件地"热爱"学习，与游戏和玩耍相比，做作业和考试，肯定不会令人"快乐"。中国著名学者钱文忠教授在"第三界新东方家庭教育高峰论坛"上说："凭什么教育是快乐的？我实在想不通，教育怎么一定是快乐的？教育里面一定有痛苦的成分，这是不言而喻的。""学海无涯苦作舟"，知识的学习从来都是含有辛苦或痛苦的成分的，而且也是挑战和挫折不断反复的过程。单纯依赖"快乐"而激发起来的内在学习动力，无法完全抵消教育中的"痛苦"成分，因为现代知识的学习，本身就是一个反人性、反惰性的过程。

最后，20世纪60年代斯坦福大学著名的"棉花糖实验"证明，孩子更倾向于满足眼前的需求，年龄越低越显短视。而2018年"重温棉花糖实验"[2-59]研究表明，在不控制任何因素的情况下，儿童早期的延迟满足能力和今后的行为结果间不存在相关性。这意味着，影响儿童未来的，可能是更宏观、更难改变的因素。

虽然"快乐教育"的概念来自英国，但是在以英美文化为代表的西方现代教育体系中，并不存在以"快乐"为主题的教育模式。反而是东方的日本却是在2002年至2012年全面推行与"快乐教育"非常类似的"宽松教育"。在最近的十多年来，中国的"快乐教育"思潮也开始活跃起来。

①日本的"宽松教育"与平成废物

日本政府为了培养创新型人才，提升国家的国际竞争力，教育改革试图从知识教育向创造力教育、创新教育的方向转型，从2002年起开始改变"填鸭式教育"，全面推行"宽松教育"。

日本教育为了培养创新型人才，引入了"快乐教育"的教育理念，实施"宽松教育"。其具体内容有：降低课业难度，减轻学生负担，不公布成绩，不对学生进行排名，学习内容减少三成，上课时间缩减一成，等等。认为轻松愉快的学习环境，更能够增强学生的主体性，可以培养学生独立思考的能力，充分发挥学生的个性和潜能，最终能发展学生的创新能力。

　　日本"宽松教育"的理念是那么的美好，赢得了很多家长和学生的支持。但是日本十几年"宽松教育"的结果却是培养出"一代及时行乐，没有欲望、追求，像猪一样生活的'死宅'"——被网友称为"平成废物"（平成时代是指日本天皇明仁在位的时期，大约从 1989 年至 2019 年）。2012 年日本的《学习指导要领》开始朝"去宽松化"的方向改革，宣告"宽松教育"正式落幕。

　　②中国"快乐教育"思潮

　　学业压力、升学压力、就业压力、优质教育资源的供需不平衡、高考、单一化的社会人才选拔制度等，中国学生的压力和辛苦几乎是全世界最大的。中小学生平均每天写作业的时间达 3 小时，是全世界平均数的两倍。睡眠不足、肥胖、近视、不快乐，似乎成了大多数孩子的标签。

　　在最近的十多年来，随着中国对外开放交往的不断扩大，受西方教育方式的影响，中国式的"快乐教育"思潮开始活跃起来。学校义务教育开始了一系列减负措施：减少学生作业，不公布成绩，不对学生进行排名，等等。家长希望自己的孩子轻松快乐、独立自由地成长，释放孩子最完美的天性。这和日本"宽松教育"的措施非常"形似"。

　　在学术研究领域也开始活跃。在 CNKI 文库中以"快乐教育"为主题的论文也多达 600 篇（2019 年 8 月检索）。其中大多数研究的角度主要是辨析概念、解释教育现象，少数则是采用斯宾塞的快乐教育思想设计增强学生内在动力案例，说明相关研究没有深入。

　　目前，在互联网上对十多年来中国式的"快乐教育"思潮的反思，多数都认为"快乐教育"是"伪命题"或是"毒鸡汤"。亲历"快乐教育"的成功案例分享几乎没有，反思把"快乐教育"变成"放纵教育"的家长却有不少。也许中国的教育环境的确太严苛了，太多的家长希望孩子能轻松快乐地成长，释放孩子自然的天性。

　　总之，斯宾塞的快乐教育就是一种依赖儿童追求快乐功利的天性，来激发学习兴趣、维持内在学习动机的思想。快乐教育思想在西方的现代教育体系中并没有演变成为一种教育模式，反而是在教育环境较严苛的日本和中国引起关注。日本实行了十年"宽松教育"是快乐教育的一种实践，已经向世界证明了快乐教育的局限性和危害性。在中国，快乐教育演变为一种"放纵教育"，社会上已经开始反思其危害性，但教育研究领域仍在试图探究它的"独特优势"。

　　（3）自私功利与精致利己主义

　　自私是基于个人利益需求做出的行为及反应，是人的一种内在价值取向，也是人的属性之一。由追求个人利益的内在价值取向而引发的功利就是自私功利。自私功利也是人的主要内在行为动机。常见的自私功利思想有个人主义和利己主义。

①个人主义和利己主义

个人主义（individualism）是一种强调个人自由和利益的政治、伦理学说和社会哲学，是一切以个人利益为根本出发点的价值体系。利己主义（egotism）把"利己"作为人的天性，以个人利益至上作为人的道德标准和行为规范。利己主义是个人主义的表现形式之一。

无论个人主义还是利己主义，都会破坏人与人交往、协作的基础，为现代社会所不容。与自私相对应的是无私，是为了他人或社会利益的行为。现实社会中，奇妙的是自私和无私可以兼顾，那就是互惠互利。互惠互利不仅仅是一种道义，也是当今社会运行的基本准则。虽然追求自私功利往往能产生强烈的内在动机，但是在现代教育思想体系中，不会利用自私功利来维持内在学习动机，因为会带来"人的价值"的扭曲。教育通过道德课程来培养人的无私奉献素养和团队合作精神，树立"高尚的人"的价值观，完善人的个性，否则会带来危害。

②精致利己主义者

教育不追求自私功利，不培养个人主义者和利己主义者，但最近在中国的大学中讨论了一种精致利己主义。精致利己主义者是指经过精心伪装的利己主义者。

北大教授钱理群教授曾经公开指出："我们的大学教育培养精致的利己主义者。他们高智商、世俗、老到、善于表演、懂得配合，更善于利用体制达到自己的目的。这种人一旦掌握权力，比一般的贪官污吏危害更大。"

曾在耶鲁任教的威廉·德雷谢维奇（William Deresiewicz）的新书《精致的利己主义者和常青藤的绵羊》，在书中将美国的精英大学生称为"优秀的绵羊"。威廉·德雷谢维奇说："别人怎么要求，他们就怎么反应。不敢冒险，互相模仿。一群群地都往同样的方向走。这不就是绵羊吗？"他们都在随着社会要求的变化而逐步调整自己，从而获得自身利益的最大化。

粗糙的利己主义者容易被发现，在当今社会广泛受到道德的谴责而寸步难行，所以需要精心的伪装才能"混"下去，而带着伪善面具的精致利己主义者难以鉴别。精致利己主义者往往学历高、智商高，或顶着精英的光环，背地里唯利是图，利用制度的漏洞来达到自己的目的。

作为学校教育的最后阶段，大学教育使得"精英们"的智商快速增长，足够让利己主义者"精致"起来。他们追求自私功利，善于利用既定的规则、制度或法律，去获得自己的利益。这说明了在以前的教育阶段，没有树立完备的价值观，没有完善人的个性，以致自私功利主导了他的内在行为动机。皮囊在裸奔，灵魂没跟上，精致利己主义者自认为"聪明"过人，却看不透自己心中的狭隘，往往都走不远。

内在教育功利以个人的内在价值取向为追求目标。人的利己本能天然具备追求利益、趋利避害的特征，附着了各种永无止境的欲望，造成内在教育功利总是趋向于追求短期的利益，急功近利。大量的事例证明了其局限性和危害性，不利于完善个人本性和身心健康成长。

2.7.6 教育功利对个人发展的影响

以上各种常见的教育功利反映了受教育者在教育活动中对教育利益的多种多样追求。按照时间因素分类，可分为终极教育功利、长期教育功利和短期教育功利三大类；按照引发和影响因素分类，可分为外部教育功利和内在教育功利两大类。这些大类中又可细分为若干个小类，去除重复的小类，共有 7 个子类的教育功利。表 2-3 概括了 7 个子类教育功利的价值观或理论基础、目标和原则及对个人发展的影响。

表 2-3　常见教育功利的价值观或理论基础、目标和原则、对个人发展的影响比较

子类	类型	价值观或理论基础	目标和原则	对个人发展的影响
幸福功利	终极教育功利	边沁和米尔的功利主义	目标：以最终达到"最大多数人的最大幸福"作为教育活动的努力方向。先是成为他自己的，然后是成为他人的 原则：一种行为如有助于增进幸福，则为正确的；若导致产生和幸福相反的东西，则为错误的。	有助于树立人的高尚情操、人格美德，体现了教育对人的生活的关怀
自我实现功利	终极教育功利	马斯洛的需求层次理论	目标：成为一个"自我现实的人"，达到人格的自由 原则：不断地满足低层次的需求，最终实现"自我现实"的需求	体现了人的本质和价值、人的主体地位，使人人都能够做自己的主人

续表

子类	类型	价值观或理论基础	目标和原则	对个人发展的影响
价值观功利	长期教育功利	对人的生命意义的追问	目标：遵循人的身心成长规律来构建人的价值观，包括个人价值和社会价值，实现人的生命意义 原则：个人对社会的责任和贡献，以及社会对个人的尊重和满足	明确人的长远奋斗目标和努力方向，可以帮助个人克服成长道路上的困难和挫折；高尚的价值观是人的强大的精神力量
有用功利	短期教育功利、内在教育功利	人的利己本能	目标：通过学习活动来获取个人的直接利益 原则：把教育当作获取个人利益的工具，判断某种学习行为"有用"则为之、"无用"则怠之	偏离了教育的原初意义，不利于完善个人本性和身心健康成长，有用功利常导致读书无用论
快乐功利	短期教育功利、内在教育功利	斯宾塞的快乐教育理论	目标：采用快乐的教育手段和方法，引导孩子在快乐中学习，来激发学习兴趣，维持内在学习动机，释放孩子的自然天性 原则："自然后果惩罚"原则、"尊重自主性、主体性"原则	单纯依赖"快乐"而激发起来的内在学习动力，无法完全抵消教育中的"痛苦"成分；面对困难和挫折的挑战，孩子必定选择回避，甚至怠学或放弃学习。已经在日本十年的教育中被证明为创新人才培养的"伪命题"，制造一代"平成废物"
仕学功利	外部教育功利、长期教育功利	儒家的教育思想	目标：通过发奋苦读走上光耀门庭的康庄大道 原则：读书做官	这是封建社会人才需求观念，不仅抹杀人性的独立和人性的自由，也是现代社会以权谋私观念的温床
自私功利	内在教育功利	人的利己本能和欲望	目标：满足个人私欲 原则：以个人为中心，一切从个人利益出发	为了满足个人私欲而不惜损害他人和社会利益，甚至把自己的幸福建立在他人痛苦之上。这违反了人类社会互惠互利的利他法则，失去与他人合作的基础，害人必定害己

　　人是利己本能的生物，人同时是社会的存在物，人更是精神和意识的主体。个人的教育活动总是在各种各样的教育功利的裹挟下，为了追求自己认可的利益，自发地产生行为的内驱力，指引着个人自觉自愿努力的方向，支配着个体完成个人发展的过程。从这些教育功利的价值观或理论基础、目标和原则等特征来看，其共同点是每个人都在各自的内在价值或主观愿望的引导下，形成不同的内驱力，制约和调节个人的教育活动；其不同点主要表现在各自追求的价值或需求不同，如幸福、人格的自由、人的价值、快乐、可感知的个人短期利益、当官、个人私利。从教育功利对个人发展的影响来看，有正面也有反面的。凡是短期的和以个人价值或人的利己本能为中心的教育功利，几乎都是负面的、危害的；凡是长期的、融合个人和社会价值的教育功利，基本上可以支持正面的、有利的动力。这充分说明了教育是一项长期的育人活动，任何短视的行为及思想都是违反人的成长和发展规律的。

　　正面特征的教育功利能引导个体将个人价值紧密地融入社会价值中，将个人发展扎根在社会发展的基础上，使得个人的成长和发展同社会的发展和进步紧密联系，使得个人成长和发展的基础更加坚实、更加有意义。正面特征的教育功利总是在良好的价值观的指引下，建立为国家和民族而奋斗终生的责任感和使命感，将追求小康体面的生活、发挥专业特长、享受个人的爱好兴趣、追求自由幸福等个人价值，扎根于"民族复兴"共同的社会价值的基础上。这种个人价值实现的基础更加坚实、更加完备，也更加有意义。

　　相反，以短期的和以个人价值或人的利己本能为中心的教育功利，忽视个人的社会价值，违背了人的社会性法则，缺乏个人价值实现的条件基础，失去了发挥个人价值的空间。以个人利益为中心的人最终将孤独于社会之外，被社会所抛弃。有用功利常导致读书无用论，继而怠学或放弃学习；快乐教育培养出一代"平成废物"；精致利己主义产生了一群群"优秀的绵羊"；仕学功利则抹杀了人性的独立和自由。大量的事例证明了其局限性和危害性，不利于完善个人本性和身心健康成长。

　　综上所述，人的教育活动总是裹挟着强烈的教育功利，产生活动的内驱动力和努力的方向，受到教育功利的支配和调节。在各种教育功利中，把个人价值紧密地融入社会价值的长期化教育功利，将促进个人的良好发展，使得个人成长和发展的基础更加坚实、更加有意义；而多数以个人价值为中心的短期化教育功利，忽视个人的社会价值，对个人的发展有极大的局限性和深远的危害性，影响到个人的健康发展。

　　两千多年前，庄子认为持社会本位论教育价值观的儒者治学但为名利，其仕学功利抹杀人性的独立和人性的自由。在当前以市场经济为主导的社会背景下，教育的工具化和功利化倾向越来越普遍化。在各种短期化的教育功利的指引下，受教育者倾向于以个人价值为中心，主动地追求可感知的"有用"的成绩、证书和岗位，或是满足一时的快乐和愉悦，或是专心谋求个人私欲，更加排斥非知识或智力的素养和个性的塑造。无论是社会本位论价值观或教育思想，还是个人本位论教育价值观或教育思想，都无法遏制教育功利的局限性和危害性，也无法支持创新型人才所需要的高尚价值观、富有社会责任与担当的完善人格的培养。所以，第一类和第二类个性化教育思想以个人价值为中心，忽视了教育功利对个人教育活动的内动力和努力方向的影响，在理论上和现实上都无法适应未来教育发展的需要。

马克思关于人的全面发展学说，从人的本质特性出发，主张个人和社会的一致性发展，把促进人的能力与个性的充分自由发展作为个人和社会和谐发展的更高层次目标。这势必倡导树立个人价值和社会相融合的教育价值观，即倡导树立高尚的价值观功利，有利于确立个人的社会责任与担当及个人的完善人格发展，走出狭隘的发展空间。人的全面发展学说所主张的促进个人和社会和谐发展的教育思想，不仅为未来教育提供了先进的理论基础，解决了社会本位论和个人本位论两种教育价值观的互斥难题，同时还倡导树立高尚的价值观功利，对现实中短期化教育功利带来的教育异化问题起着积极的遏制作用。

参考文献

[2-1] G. W. Allport. Personality: A Psychological Interpretation[M]. Holt Publishing Company, New York, USA, 1937:24-28, 50-54.

[2-2] 彼得罗夫斯基.普通心理学[M].龚浩然,译.北京:人民教育出版社,1991.

[2-3] 林崇德,杨治良,黄希庭,等.心理学大辞典[M].上海:上海教育出版社,2003.

[2-4] 韩庆祥.个性概念分析[J].求是学刊,1993(1):18-23.

[2-5] 徐俊."个体个性化"与"个体社会化"究竟是什么关系:兼论学校的教育功能[J].上海教育科研,2015(8):18-21.

[2-6] 马和民,高旭平.教育社会学研究[M].上海:上海教育出版社,1998.

[2-7] 全国十二所重点师范大学.教育学基础[M].北京:教育科学出版社,2002.

[2-8] 袁振国.当代教育学[M].北京:教育科学出版社,2004.

[2-9] 张卉.从道家思想看现代高等教育[J].赤峰学院学报(汉文哲学社会科学版),2011,32(10):47-48.

[2-10] 杨雨晴.庄子的逍遥思想及其现实意义[J].决策与信息,2016(4):185.

[2-11] 吕锡琛.论道家思想对现代教育的启示[J].有色金属高教研究,1998(2):
13-17.

[2-12] 秦春华.低水平美国基础教育为何能培养出高端人才[N].光明日报,2015-
3-24.

[2-13] 陈景磐.孔子的教育思想[M].武汉:湖北人民出版社,1981.

[2-14] 李唐.庄子的"自然人性论"与文明[J].湘潭师范学院学报(社会科学版),
2004(4):25-28.

[2-15] 刘兆伟.《庄子》一书的个性化教育思想发凡[J].教育评论,1999(4):56-58.

[2-16] 许立莉,张丛林.庄子教育思想对我国现代教育的启示[J].科技和产业,
2009,9(4):97-100.

[2-17] 仝磊,尚琦.回顾、反思与展望:我国个性化教育研究 30 年[J].江苏教育,
2019(63):23-30.

[2-18] 于越.浅谈个性化教育的内涵与实施[J].内蒙古师范大学学报:哲学社会
科学版,2013(5):145-148.

[2-19] 冯建军.论个性化教育的理念[J].教育科学,2004(4):11-14.

[2-20] 刘献君.个性化教育的内涵和意义[J].西北工业大学学报:社会科学版,
2018(1):15-21.

[2-21] A. W. Carroll. Personalizing Education in the Classroom[M].Love Pub
Co.,Denver,1975.

[2-22] 刘献君.本科学生个性化教育体系探索[J].高等工程教育研究,2012(6):
105-113.

[2-23] 刘献君.个性化教育的十个观念[J].高等教育研究,2018,39(9):1-7.

[2-24] 刘文霞.完整地理解个性教育[J].内蒙古师大学报(哲学社会科学版),
1997(2):7-8.

[2-25] 百度百科.个性化教育[DB/OL].https://baike.baidu.com/item/个性化教
育/9444935? fr＝aladdin,2020-8-10.

[2-26] 傅坤昆.个性化教育:理念、实践与反思——2011 年个性化教育国际会议
综述[J].中国教育学刊,2011(10):9-11.

[2-27] 宋慧娟.试析亚里士多德的教育思想[J].长春师范学院学报,1995(1):
17-21.

[2-28] 姜文闵.维多里诺教育实践和教育思想述评[J].教育科学研究,1988(1):
54-57.

[2-29] 夸美纽斯.大教学论[M].傅任敢,译.北京:教育科学出版社,1999.

[2-30] 卢梭.爱弥儿[M].李平沤,译.北京:人民教育出版社,2001.

[2-31] 裴斯泰洛齐.裴斯泰洛齐教育论著选[M].夏之莲等,译.北京:人民教育出版社.1992.

[2-32] 王晓艳,曹德龙.从人的全面发展反思我国高等教育目标[J].西部学刊,2020(12):103-105.

[2-33] 马克思恩格斯文集[M].中共中央马克思恩格斯列宁斯大林著作编译局,编译.人民出版社.2009.

[2-34] 雅斯贝尔斯.什么是教育[M]邹进,译.北京:生活·读书·新知,1991.

[2-35] 潘云鹤.人工智能 2.0 与教育的发展[J].中国远程教育,2018(5):5-8,44,79.

[2-36] McKinsey Global Institute.Jobs lost,jobs gained:Workforce transitions in a time of automation [EB/OL]. https://www. mckinsey. com/~/media/McKinsey/ Global Themes/Future of Organizations/What the future of work will mean for jobs skills and wages/Jobs-Lost-Jobs-Gained-Full-report.ashx,2017-11-6.

[2-37] Borland,J.,&Coelli,M..Are Robots Taking Our Jobs? [J].Australian Economic Review,2017,50(4):377-397.

[2-38] 罗泽荣,龙佳解,吴红艳.论马克思异化劳动理论之文化批判向度及其当代启示[J].学术论坛,2011,34(7):1-4.

[2-39] 刘锋.2019 展望:超级智能崛起,人类智慧与机器智能将深度融合[EB/OL]. http://blog. sina. com. cn/s/blog＿591a83bf0102z4m9. html,2019-01-01.

[2-40] 解桐.网络平台知识共享与版权保护失衡对策研究[D].黑龙江大学,2020.

[2-41] 大卫·福斯特·华莱士.生命中最简单又最困难的事[M].龙彦,马磊,译.北京:北京时代华文书局.2015.

[2-42] Siemens,G.Learning and Knowledge Analytics- Knewton-the future of education? [EB/OL].[2011-04-14].http://www.learninganalytics.net/?p＝126.

[2-43] 宋春晖,陈焕东.MOOC for Teaching 模式的 SPOC 教学服务体系分析[J].教育现代化,2017,4(45):180-182.

[2-44] 赵磊,朱泓,张春博.我国 MOOC 研究热点及趋势的知识图谱分析[J].大连理工大学学报(社会科学版),2016(4).

[2-45] 朱镜人,汤燕.詹姆斯·穆勒功利主义教育思想研究[J].河北大学学报(哲

学社会科学版),2007(5):51-54.

[2-46] 徐生.教育的功利主义与终极价值追求[J].理论前沿,2009(4):17-19.

[2-47] W. H. Burson. James Mill on Education[M]. London:Cambridge University Press,1969.

[2-48] 约翰·穆勒.功利主义[M].徐大建,译.北京:商务印书馆,2019.

[2-49] 习近平.论党的宣传思想工作[M].北京:中央文献出版社,2020.

[2-50] 吕静,高金岭.教育功利性的现象分析与对策研究[J].唐山师范学院学报, 2014,36(6):130-134.

[2-51] 吉利.论功利化教育及其道德后果[J].教育导刊,2018(11):12-17.

[2-52] 杨倩倩.教育功利化的现实困境与祛除路径[J].内蒙古师范大学学报(教育科学版),2016,29(5):26-30.

[2-53] 马克思,恩格斯.马克思恩格斯全集:第 46 卷[M].北京:人民出版社, 1975:146.

[2-54] 王鹏伟.汤姆·雷根的内在价值和固有价值[J].自然辩证法研究,2017,33 (9):50-54.

[2-55] 颜青山.三种内在价值概念及其可能的一致性[J].山西大学学报(哲学社会科学版),2015,38(1):25-32.

[2-56] 麦可思研究院.2010 年中国大学生就业报告[M].社会科学文献出版社,2010.

[2-57] 安福杰.大学本科高年级怠学现象调查与对策研究[J].文教资料,2016 (19):173-174.

[2-58] 夏正慧.斯宾塞快乐教育思想及其对我国家庭教育的启示[J].鄂州大学学报,2018,25(5):91-93,96.

[2-59] T W Watts,G J Duncan,H Quan.Revisiting the Marshmallow Test:A Conceptual Replication Investigating Links Between Early Delay of Gratification and Later Outcomes[J].Psychological Science 29 (7).May 2018.

3　个性化教学观

3.1　教学本质观

教学本质观是关于个体的认识活动本质的根本观点，或是从认识活动的核心问题出发来探讨认识本质的总体看法，如教学的概念内涵、主客体、教学目的等核心问题，是教学观的核心部分。它具有个体性、差异性、稳定性、倾向性、历史性和时代性等特点，既受到个体的教育水平、认识论和意识形态等个人因素的影响，也受到社会文化传统、人才培养目标和科学技术发展水平等社会因素的影响。由于人们对于教学的立场、角度、方法和知识水平等方面存在差异，造成个体的教学本质观多样化。教学本质观对个体的教学实践活动有着相对稳定性的支配作用，更将倾向性地影响教学实践的方向。

3.1.1　教学的概念定义

不同的学者对教学概念的研究角度不同，对教学概念的定义看法也有所差异。其中，以苏联教育家提出的"知识说"和美国教育家提出的"智力说"最具有代表性。

苏联教育家米哈伊尔·尼古拉耶维奇·斯卡特金提出："教学是一种传授社会经验的手段，通过教学传授的是社会活动中各种关系的模式、图式、总的原则和标准。"[3-1]苏联的另一位教育家凯洛夫提出："教学，这首先是教师在学生们自觉与自动的参加之下，以知识、技能和熟练技巧的体系去武装学生的过程。"[3-2]苏联教育家的"知识说"认为教学的主要目的是传授知识技能。

美国教育心理学家布鲁纳（J. S. Bruner）认为："教学是通过引导学习者对问题或知识体系循序渐进的学习来提高学习者正在学习中的理解、转换和迁移能力。"[3-3]美国耶鲁大学校长理查德·雷文（Richard Charles Levin）曾说过："如果一个学生从耶鲁大学毕业后，居然拥有了某种非常专业的知识和技能，这是耶鲁教育最大的失败。真正的教育不传授任何知识和技能，却能令人胜任任何学科和职业。"[3-4] 他认为专业的知识和技能是学生们根据自己的意愿，在大学毕业后才需要去学习和掌握的东西，那不是耶鲁大学教育的任务。这些美国教育家关于教学目的的观点是一种"智力说"，并认为教学中所传授的专业知识技能只是作为达到培养学生各种智力的媒体。

新中国的教育方针以马克思的人的全面发展学说为基础，关于教学概念的定义也体现了"人的全面发展"的思想。《中国大百科全书·教育》关于教学概念的定义是："教师的教和学生的学的共同的活动。学生在教师有目的、有计划的指导下，积极主动地掌握系统的文化科学基础知识和基本技能，发展能力，增强体质，并形成一定的思想品德。"[3-5] 王策三对这个定义进一步修正为："所谓教学，乃是教师教、学生学的统一活动。在这个活动中，学生掌握一定的知识和技能，同时，身心获得一定的发展，形成一定的思想品德。"[3-6] 2014 年中国教育部印发《教育部关于全面深化课程改革　落实立德树人根本任务的意见》，提出"教育部将组织研究提出各学段学生发展核心素养体系，明确学生应具备的适应终身发展和社会发展需要的必备品格和关键能力"。[3-7] 2016 年 9 月 13 日，由北京师范大学牵头的核心素养课题组研制的《中国学生发展核心素养》总体框架正式发布，对学生发展核心素养的内涵、表现、落实途径等做了详细阐释。"发展核心素养"的教育思想是中国教育方针和教学实践的桥梁，规定了教学的内涵是发展"素养"——培养学生的"品德＋能力"。

从教学概念内涵的认识来看，知识、能力、思想品德或者素养是教学本质认识论所关注的核心要素。

3.1.2 教学的主体和客体

教学是一种教育实践活动，也是一种认识活动。从主体和客体角度出发，分析教学活动中的主体和客体关系，有利于明确教学活动的本质和目的。

关于教学的主体问题一直是教学研究的热点问题，具有代表性的观点有以赫尔巴特为代表的"教师中心论"、以杜威为代表的"学生中心论"和我国流行的"双主体论""主导—主体论"和"共体论"等，但是关于教学的客体问题却鲜有研究。

（1）教师单一主体论

19 世纪德国的教育家赫尔巴特是"科学教育学"的奠基人，是传统教育流派代表人物。他提出了教学活动的"三中心论"，把课堂、教材和教师三者称为教学活动的中心要素，被称为"旧三中心论"。传统教育流派强调教师和教材的权威作用，在教学活动中学生必须无条件地服从教师的教导，学生的积极性和自主性受到了压制。传统教育流派把学生比作"船"，把教师比作"舵手"，"船"的航行必须由"舵手"来掌控。[3-8]从这个角度来看，传统教育流派将教师当作教学活动的主体，把教材知识当作教学活动的客体。这种教师单一主体论，忽视了学生在认识活动中的主体性。

"旧三中心论"同时强调"教材中心"论，突出教学活动中的知识中心地位。苏联教育家的"知识说"认为教学是传授或传递知识技能的过程。这些主张将知识作为教学活动的客体，甚至忽视学生的存在，并一直影响到当代的教学观。例如，有许多教师把教学当作"讲课"，在课堂上只专心"讲述"知识，并没有关注或掌控学生对知识吸取和内化的状态。有些教师在放学前最后一节课的下课铃声响了，学生已呈现身心俱疲、归心似箭的状态，仍然不停持续地讲解原课堂计划中剩余的知识。这些知识应该不会被学生所吸取了。而这时教师的教学行为仅仅是宣讲知识，与学生毫无关系，教学活动的客体只能是知识。这是教学活动客体异化的典型案例。

（2）学生单一主体论

20世纪美国实用主义教育家杜威对传统教育思想和刻板化的教学方法进行改造，形成现代教育流派，在批判传统教育教学"旧三中心论"的过程中，提出了"新三中心论"，把学生、活动和经验作为教学活动的中心要素。杜威的现代教育思想认为传统教学活动以知识为中心、知识与行为相分离，学习是被动接受的。杜威强调学生是教学活动的认知主体，学生的知识（认知对象）和行为应当是合一的，并通过运用所学知识的活动（行为）逐渐发展他们的能力。

（3）双主体论

从哲学角度来看，在认识世界和改造世界的社会实践活动中，人作为主体而存在，处于主体地位并体现主体性作用。人的主体性是人在社会实践中，与客体相互作用所体现出的自主独立性、自由自觉能动性和创造性等特征，是来自人的本质力量。教师和学生作为教学活动的参与者都具有主体性特征，在教学活动中发挥各自的自主性、能动性和创造性等精神力量，都是教育活动的主体。

传统教育流派的教师单一主体论将学生或知识作为教学活动的客体，忽略了学生的主体性，可能引起学生消极地抵制，造成教师的教学行为和学生的学习行为的分离。现代教育流派的学生单一主体论突出学生的主体性，但是没有强调教师的主体性，教师的能动性和创造性得不到重视。双主体论认为教学活动包含了"教"和"学"两个相对独立的系统，教师和学生分别是两个系统的主体。"教"系统是教师传授知识给学生，帮助学生个体发展，活动的主体是教师，客体是学生；"学"系统是学生对知识进行吸取和认识，或进行自我教育，活动的主体是学生，客体是知识。于光远在文章中表达了他的双主体观点："教育者是第一主体，他在整个过程中完全是主动的因素。受教育者，从认识论上来说，他当然也是一个主体，但是他又是教育者施加影响的对象。"[3-9]双主体论强调了认知活动中人的主体性。

（4）主导—主体论

双主体论客观地反映了教师和学生的主体地位，但不能很好地反映两个主体在教与学两个活动系统的作用关系。双主体论往往认为"教"和"学"两个系统是平行的，教师和学生的主体地位是平等的。如果认为"教"和"学"两个系统是平行的关系，势必造成教师的知识传授活动和学生的认知活动过程在逻辑上的独立或分离；同样，如果认为教师和学生两个主体是平等的关系，要求两者的特征和作用必须一致，否则必定会引起冲突。但是在实际上，两个主体在教学活动中的特征、任务和作用是不同的，它们的价值追求有所差异，需要其中一个主体来主导教学活动。

我国在恢复高考后，大量的"精英"学子返回高等学校校园，他们非常珍惜来之不易的学习机会，渴望学习，学习的主动性、自觉性和能动性很强。在此期间提出了以"教师为主导，学生为主体"的"主导—主体论"，主张在教师的引导或指导下，发挥学生的自主性、能动性和积极性。例如，王策三提出："学生是学习成长中的主体，教师是帮其成长的助手。在教学中，充分发挥教师主导作用，引导学生自己获取知识。"[3-10]这是主导—主体论的主要思想。它提倡教师在教学活动设计和组织中，不限制于传授知识，还要培养学生的主体意识和主体能动性，使学生于教学活动中处于主体地位和发挥主体作用。主导—主体论的提出符合当时的教育状态，得到广泛赞誉和认可，被认为是当代课堂教学的主流意识和教学基本思想。[3-11]

主导—主体论是在学生的主体意识已经建立的情况下提出的，教师只需通过"引导"学生已建立起来的主体意识，便可发挥学生的主体作用。随着我国高等教育从"精英教育"转向"大众教育"，主导—主体论的欠缺与不足之处日益突现。郑福胜等认为"主体"与"主导"是不同性质、不对等地位和作用的表述，其命题的表述不科学。[3-12]主导—主体论把教师的主要作用定位于"主导"之上，即指导、引导、劝导、开导等。"主导"只是反映了教师和学生之间作用关系，并没有肯定教师的主体性。这在很大程度上淡化或弱化了教师主体地位与作用。从另一角度看，学生只能作为教学过程中的"学"系统的主体，而不能作为"教"系统的主体。所以，主导—主体论的本质是学生单一主体论。

（5）双主体—共客体论

人作为社会实践活动的主体而存在，是由人的本质力量所决定的。教师和学生作为教学活动的参与者，也是客观上的主体存在。无论是教师单一主体论和学生单一主体论，还是主导—主体论和双主体论，人们对教学活动中主体对象的理解，仅仅是对教师和学生两者处于教学活动中的主体地位的一种认知。教师和学生作为教学活动中客观存在的两个主体，任何一个主体都会因为单一主体论的弱化或忽略而不存在。马克思主义认为人的主体地位与人的主体作用是相适应的。这些主体论把教师或学生认定为教学活动的主体，其目的是希望通过认定教师或学生的主体地位，来发挥教师或学生的主体作用。

教师单一主体论、学生单一主体论和主导—主体论只认定教学活动的单一主体，在理论上与马克思主义的主体观相违背，无法真正发挥教师和学生的主体作用。双主体论虽然认定了教师和学生两者的主体地位，但是，其将整个教学过程分离为"教"和"学"两个独立系统，造成两个主体所作用对象和所追求的价值的不一致，势必引起两个主体的主导地位之争。

从教育的育人本质理论和"教育性教学"的思想来看，本书认为教学活动的主体特征是"双主体—共客体"：学生是教师和学生两个主体的共同客体，知识是中介。对于教师主体，教学活动的目的是塑造和发展学生的本质力量，主体的实践和认识的对象是学生；对于学生主体，学习活动的目的也是自我发展本质力量，活动的作用对象自然也是学生。教师和学生两个主体的作用对象是统一的、一致的。学生是它们共同的客体。

知识是人类特有的能动性意识活动的精神财富。教育活动通过传承世代所积累的知识来提升人的本质力量。工业时代以来，社会的人才规格需求一直是标准化知识技能型人才，形成教育的"知识中心"思想和教学的"知识说"定义。教学的核心内涵一直被认为是传授或传承知识，而不是发展学生的能力和个性，提升学生的本质力量。这种以知识为中心的教育思想和教学目的，使得教师主体和学生主体的活动作用对象知识化，造成教学活动客体地位的弱化。耶鲁大学校长理查德·雷文强调"真正的教育不传授任何知识和技能，却能令人胜任任何学科和职业"。[3-4]大卫·福斯特·华莱士说："好的教育教会你如何思考你眼前的一切。懂得如何思考和领悟，往往比具有一定的知识储备更加重要。"[3-13]他们的主张都是反对教育和教学活动的"知识中心论"。

人工智能时代的到来，人类社会科技高速的发展带来知识总量指数级增长，改变了标准化知识技能型社会人才规格需求，打破了知识的生产、传递和创新的模式。教育和教学的最重要意义未必是知识的传授，而是培养个体的创造力。未来教育和教学的主题必定是把学生作为实践活动的对象（客体），培养学生的自由自觉的创造力，使得学生能够充分发挥主观能动性，以适应人工智能时代的社会创新型人才规格的需要。

所以，未来教育的教学活动不再是以知识传授为核心目标，而是以个体发展为宗旨。以学生（个体发展）为教师和学生双主体的共同客体，不仅使得教学活动契合教育的育人本质，更加有利于确立以综合培养学生的知识、智力和创造力为目标的教学思想，塑造学生独立、健全的良好个性，培养学生的创造力，符合人工智能时代人才需求。

3.1.3　教学与教育的关系

教育泛指培养人的一切活动。广义的教学与教育的概念相近，是指教师组织和指导学生进行学习的教育实践活动。从概念的外延、内涵属性关系来看，教育是教学的上位概念，教育与教学是整体与局部的关系，教学是教育活动的最重要的构成和实现教育功能最基本的途径，教学也必须按照教育思想、教育方针分步实现教育目的。但在教学与教育研究发展的历程上，不同学者对教学与教育的关系有不同的认识。

19 世纪瑞士民主主义教育家裴斯泰洛齐最早提出"教育心理学化"的主张，认为教学应具有教育性，教育和教学应使人固有的、内在的能力得到培养和发展。1800 年，裴斯泰洛齐向"教育之友会"提出"教学心理学化"的思想，从此欧洲开启了"教育心理学化"运动，推动教育教学过程向科学化方向发展。

19 世纪德国的心理学家和教育家赫尔巴特提出了"教育性教学"的思想。在此之前的教育教学活动中，教育与教学分别被赋予不同的目的和任务。其代表作《普通教育学》中明确指出，教育的最高目的是道德培养，而道德培养的教育任务必须落实到学科教学上；教育与教学是目的与手段的关系，手段应该服从目的。他认为："教学如果没有进行道德教育，只是一种没有目的的手段，道德教育如果没有教学，只是一种失去手段的目的。"[3-14] 他所提倡的"教育性教学"的思想奠定了科学教育学的基础，因此，他也被誉为"科学教育学"的奠基人。

教育目的规定了国家或社会的人才质量的总体规格与要求，体现社会的意志和国家要求，是教育和教学活动的指南，但是在实际的教学实践中，教育机构（如学校）、教育者（如教师）和受教育者对教学本质、教学与教育关系及教学主客体的认识不同，形成了有很大差异化的教学核心目的。

3.1.4　教学的核心目的

教学的人才培养目的是教学活动所要达到人才培养规格的意图或期望。它是教学活动的纲领和依据，是教学过程的出发点，对教学主体起着直接的指向作用。一般认为，教育终极目的是塑造人的基本属性，发挥人的本质力量、人的能力，教学是实现教育目的的手段，所以，教学的终极目的也是培养人的能力。如何达到培养人的能力的目的，由于人们的教学本质观、知识观、能力观等教学理念的不同，所形成的教学核心目的也有所不同。按照教学理念的不同，可将教学核心目的分为传授知识技能、发展智力和培养创造力等不同层次。教学核心目的层次的不同，形成教学内容和教学方法的不同，也造成培养人才质量标准的差异。

（1）传授知识技能

人类社会在探索和改造客观世界的漫长历程中，经过不断地提升总结、凝练和发明的知识，是人类长期积累的智慧财富，也是人类认识世界和改造世界的武器。在现代社会，知识已经超越劳动力、自然资源和资本，成为社会生产的第一位要素。个体的发展过程是个体通过学习和掌握知识、技能、语言、规范、价值观等，来传承人类的智慧财富、接受社会价值观和行为规范的社会化过程，以及形成独特心理特征的个性化过程，以适应和促进社会的发展需求。知识的传承与发展，主要是通过教学来完成的。苏联教育家关于教学概念的"知识说"，体现了教学活动以传授知识技能为教学目的。

一般而言，能力是反映人们对客观世界的认知、探索、改造水平的量度。从学习者的角度来看，人们学习和掌握知识的目的是能运用知识来认识、探索和改造客观世界。可见知识是能力形成的基础和前提，能力是运用知识的水平或量度。所以，教育的目标可以按"知识"→"能力"的路线来实现。教学活动通过传授知识技能，达到培养人的能力的目的。

（2）发展智力

虽然知识是能力形成的基础和前提，但是，通过学习而掌握了足够的知识，并不会自动地转化为解决实际问题的能力。一般认为，人们依靠自我的智力和知识去探索和改造客观世界，从而发挥人的能力，可表示为：智力＋知识＝能力。

一般认为智力是指人们在认识和改造客观世界的活动中所表现出来的认识能力。教育学家和心理学家都认为知识学习和智力发展两者存在着辩证统一关系。知识是智力发展的必要基础；智力的发展水平是影响学生掌握知识的广度、

深度、速度、巩固程度和运用程度的直接条件。[3-15]

以美国为代表的西方教育体系一直重视学生智力的发展，特别是在大学教育阶段，更是以发展学生的智力为教育的主要培养目标。如耶鲁校长雷文所说："大学毕业生拥有了某种非常专业的知识和技能，是耶鲁大学教育最大的失败。"[3-4]这种教育思想是以某种专业知识或技术为媒体，发展学生的各种智力，最终使学生具备能"胜任任何学科和职业"的能力。这是关于教育目标的"智力说"。

所以，教育目标的实现路线可改变为："知识"→"智力"→"能力"。教学目的的重点也相应地移动到"智力"层次，即发展智力作为教学活动的重点目标，而传授知识技能只是发展智力的基础或媒体。

（3）培养创造力

四次工业革命带来科技的迅猛发展，特别是人工智能时代的到来，科技日益突飞猛进的进步，推动了当今社会的大发展。而维持和保障着现代社会高速发展的不竭动力是人类的创新活动。2019 年的 GES 大会上，北京师范大学副校长陈丽教授，就教育体制发展的方向与趋势发表了演讲。陈丽教授[3-16]认为：科技创新作为推动国家发展和社会进步的原动力，其基础和根本在于人才培养，而培养具有创新能力的人才是当今教育的极大命题。

创造力反映了人类运用已有的知识信息，通过创新思维活动，突破常规思维的界限或定势，制造出独特的、新颖的、具有社会意义或价值成果的能力。创造力是创新型人才的核心能力，所以，培养创造力是现代教育人才培养的重要目标。美国的华莱士认为"教育的目的不是学会一堆知识，而是学会一种思维"。[3-13]这充分体现了主张培养学生创新思维能力而提升创造力的教育思想。

相关研究认为，创造力形成和发展的影响因素主要有知识、智力及个性等多方面。基于创新型人才规格的培养要求，教育目标的实现路线可改变为："知识"→（智力、价值观、意志力等）个性→"创造力"。教学目的的重点放到"创造力"层次，实现创新型人才的培养。

从三个层次教学核心目的来看，社会人才规格需求以及人们的知识观、能力观和创造力观等认识观，与不同层次教学目的的确立相关。

3.2　知识观

知识观是人们对知识本质和价值的基本看法或观念。它直接影响着教育和教学价值观和目的的确立，影响教育和教学活动的开展方向。知识一词来源于西方，关于知识本质的探讨，可以追溯到古希腊时期，苏格拉底、柏拉图等哲学家开始讨论关于知识的本质问题：知识的定义标准；知识的来源；认识的过程；人、物质和知识的相互作用关系，等等。不同学科领域从不同的角度对知识的本质问题进行研究。哲学领域主要对人类社会共同知识的本质进行研究；认知心理学主要对个体认识的产生过程进行研究，等等。

3.2.1　知识定义的标准

知识是人类对客观世界探索的结果总和，是人类特有的能动性意识活动的产物，是构成人类智慧的最根本的因素，也是人类认识世界和改造世界的武器。关于知识概念的定义至今无法形成共识，仍然是一个热论非凡的问题。

（1）知识的三要素

柏拉图在他的《泰阿泰德》一书中将知识定义为"被确证的真实的信念"（被相信的事物）。如何定义知识，他提出了能否称上为"知识"必须具备三个要素：证实的、真的（正确的）和信念，简称为 JTB（Justified Ture Belief）理论。例如，某个认知主体 S 掌握了关于命题 P 的知识，是指：

①命题 P 为真；（正确的）

②认识主体 S 相信 P 为真的；（信念）

③S 相信 P 为真是得到辩护的。（证实的）

依照传统的知识论，只有满足以上三个要素而获得的知识才是真实可靠的。JTB 理论中的每一个要素（步骤）都是必要的。

（2）葛梯尔问题

1963 年，美国哲学家爱德蒙德·葛梯尔（Edmund Gettier）在《有理由的真信念是知识》一文中，对柏拉图的知识三元定义标准提出了疑问。他通过案例反驳 JTB 理论规定的知识三个要素的充分性，从而引发了葛梯尔问题（Gettier problem）——"应当怎样补充或修改知识三要素，才能完整地定义知识的概念"。

①葛梯尔反例的内容

葛梯尔反例内容大致为：某认知主体 S 有充分的理由相信命题 P 为真，S 依据 P 进行推论，得出一个碰巧为真的信念 Q，但事实上命题 P 却是虚假的，即 S 拥有真的信念 Q 是从假的命题 P 推论出来的。葛梯尔反例是精心构造出来的，其内容有三个假设的原则[3-17]：

a. 一个假的语句 P，有可能是一个人 S 有充分理由相信的；

b. 一个假的语句 P，有可能提供充分的理由，使一个人 S 相信语句 Q；

c. 若一个人 S 有充分的理由相信 P，且由 P 正确地推出 Q，则 S 有充分的理由相信 Q。

葛梯尔所构造的反例具有一定的人为的偶然因素，但梯尔反例的出现还是有其必然性[3-18]。

②葛梯尔反例的反对观点

葛梯尔反例实际上是利用三个假设原则构造出来的，一些学者发现这三个假设原则存在错误，因此，认为"葛梯尔问题"是一个伪命题。学者反对葛梯尔反例假设原则的主要观点有三个：一是"充分理由"和"真"之间是有必然联系的；二是由"充分理由"推论出另一个"真"，假设语句 P 必为真；三是传递演绎法不一定合理。

阿尔梅德（R. Almeder）在《真理与确证》中反对原则 a，认为有充分理由的证据必定是真的，假如有一个有充分理由足以令人相信的语句居然可以为假，则人们如何知道一个语句为真呢?[3-19]

麦尔斯（R. G. Meyers）和恩登（K. Stern）在他们的论文《知识无悖论》中写道："葛梯尔类型的反例全都依赖于这样一个原则：某人能够有理由依据 p 接受某个命题 h，即使 p 是假的。"[3-20]

萨尔伯格（I. Thalberg）在《为合理的真实信念辩护》中反对原则 c，认为 S 有充分理由相信 P，由 P 推出 Q，并不能说明 S 有充分理由相信 Q[3-21]。

葛梯尔反例假定原则的反对观点，充分反映了葛梯尔反例在构造上存在的不足，虽然知识的三元标准定义是不完备的，但是依据葛梯尔反例来完全否定知识的三元标准定义，其理由也不充分，没有足够的说服力。

③完善知识定义的充分条件的解决方法

葛梯尔问题导致了哲学界关于知识定义标准的一系列争论，出现多个流派：哲学家阿尔文·戈德尔曼（Alvin Goldman）为代表的外在主义、劳伦斯·邦久（Laurence Bonjour）为代表的内在主义、凯斯·雷尔（Kaith Lehrer）和汤马斯·帕克森（Thomas Parkson）为代表的可败性理论，等等。一些哲学家从"葛梯尔问题"出发，提出充实和完善知识定义的充分条件的解决方法，比较有影响力的解决方法有因果理论、不败性理论、决定性理由和知识条件论等。

这些解决方法各有所长，但也普遍存在着各种不足或问题，至今为止还没有一个方案得到普遍的认同。这说明"葛梯尔问题"涉及了知识的本质问题，也是认识论的核心问题。人类关于知识的本质问题的探索还任重而道远。

3.2.2 认识客体世界

认识客体是主体的认识活动的对象；认识客体世界是进入主体的认识活动领域，能够与认识主体建立起观念关联的所有事物的总和。

（1）柏拉图的两个世界理论

柏拉图的理念论和知识回忆说是他知识观的基础。他认为人们感官所接触的现象世界是运动而不稳定的、变化多样的、不真实的，属于感觉世界。在感觉世界之外，还存在着另一个与之相关联的、稳定的、绝对的永恒世界，称为理念世界。感觉世界是理念世界的幻影或派生物，理念世界则是感觉世界存在之根据的实在。一类事物必有一个理念，但一个理念可因人的感知不同而有多个意见（现象）。理念是事物的共相，亦即事物的类概念或本质；理念是事物之完满的模型，事物则是理念的不完满的摹本，事物是因为模仿了它的理念而成其为事物的；最后，理念是事物追求的目的。理念是事物的本质，事物存在的目标就是实现它的本质，从而成为完满的存在。[3-22]

柏拉图早先将客体世界一分为二，即感觉世界和理念世界。感觉世界是一个可感世界，但是有形的事物是流动而不真实的，人们只能对它产生"意见"，不可能有真正的认识；理念世界是一个可知世界，是真实永恒的，虽然人们对它不可感，但是可以运用理智来认识它。他在《国家篇》中将人的认知结果分为"意见"和"知识"。"意见"是对感觉世界的认知，有可能是错误的；"知识"是对理念世界的了解，是真理，所以不可能是错误。他在《美诺篇》《斐多篇》等著作中谈到"知识回忆说"，认为知识源自灵魂对理念世界的回忆。这种知识回忆的能力只有少数有天赋的哲学家才具备。柏拉图的知识回忆说将知识来源最终归于天赋（或是灵魂世界）。他的知识回忆说或天赋论无法全面解释认知活动的发生，在知识来源问题上面临着困境。[3-23]在柏拉图之后，关于知识论或认识论的研究形成两个流派：一个是理性主义流派，理性主义知识论称为唯理论；另一个是经验主义流派，经验主义知识论称为经验论。

（2）波普尔的"三个世界"理论

1972 年，奥地利科学哲学家卡尔·波普尔（Karl Popper，1902—1994）在《客观知识》一书中提出"三个世界"理论。他将客体世界一分为三：把物质世界称为"世界 1"、精神世界称作"世界 2"、客观知识世界称作"世界 3"。

"世界 1"指客观世界的一切物质客体及其各种现象，如物质、能量、人体及其大脑等。"世界 2"指人类的思想意识状态和精神活动过程，如意念、思维、信仰等。"世界 3"指人类精神活动的产物（心智产品），反映思想的客观内容，包括抽象的精神产物（语言、文字、文化和艺术等）和具体的精神产物（如图书、设备工具、建筑、计算机等），泛指广义的客观知识。波普尔特别强调"世界 3"具有客观实在性与独立自主性。

首先，"世界 3"具有客观性，区别于"世界 2"的主观性，它是物质世界的表象、属性和规律等在人脑中反映的内容，是人类认知和思维活动的成果或产物，且它的存在不受人的主观意志所支配。同时，它以文字符号或艺术形式依附在具体的媒体上而存在，不断地进行积累和传递，并可以与"世界 2"相互作用，引导人类进行认知或思想活动，生产出其他更多新的知识，促进知识不断地迭代式发展。同时，"世界 3"通过"世界 2"为中介，与"世界 1"相互作用，指导或支配着人的社会实践活动。这就是"世界 3"的实在性。正如波普尔所说"关于实在性的判断标准，主要在于相互作用"。

其次，"世界 3"具有独立自主性。知识一旦被人类创造出来，它就脱离于它的生产者而独立存在，具有自身的性质和发展规律，它的演化发展不会受到人为意志影响而改变。这种独立性是"世界 3"理论的核心。波普尔以"自然数中素数"的发现为例，说明"世界 3"中客体（知识）的独立性。他说当人们发现自然数的时候，并没有预想到自然数中存在着素数，但素数的发现是由自然数自身的演化发展所决定的，人们回避不了这个必然结果。因而像素数、平方数以及其他许多的知识是由"世界 3"遵从自身的发展规律而"产生"的。简单地说，人们的认知活动（"世界 2"）发明了自然数（"世界 3"客体），之后，它进一步自主演化发展而产生其他"世界 3"客体（如素数等）。它的发展规律不会受到人们认知活动的影响而改变，说明"世界 3"具有独立自主性。

波普尔认为"世界 1"产生"世界 2"；"世界 2"产生"世界 3"。三个世界的相互关系是统一的，如图 3-1 所示。

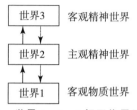

图 3-1　世界 1、2、3 相互作用示意图

"世界 1"和"世界 3"必须以"世界 2"为中介发生相互作用。相互作用有两种，一个是正向作用："世界 1"→"世界 2"→"世界 3"，促进知识的增长；另一个是反馈作用："世界 3"→"世界 2"→"世界 1"，产生价值。也就是说，客观物质的现象必须通过人们的认知活动，产生知识，促进知识的增长、进化；

或者是作为客观的知识必须通过人们的主观精神活动，才能运用于物质世界，发挥其作用，产生价值。

虽然"世界 3"是人类思想活动的产物，但是它具有客观性、实在性、自主性，独立于人的心智活动之外而存在，不会因为人的意志而改变。波普尔说："人们只能说是发现了它们，而不是发明了它们。"[3-24]"世界 3"和"世界 2"在本质上仍是精神世界，波普尔将主观思想世界和客观知识世界分离开来，目的是突出客观知识的特性，以及客观知识和精神世界、物理世界的相互作用关系，使得知识能够成为人类的共同精神财富，而不至于仅仅存在于知识生产者的头脑中，并且能够更好地利用客观知识和其他两个世界的相互作用关系，促进知识积累、运用和发展。

波普尔另一个科学哲学理论是证伪论。证伪论认为一个真正的科学理论应该是可证伪的，其表示越是清晰明确，其可证伪性也就越高。但是"三个世界"理论是不可证伪的，虽然没有人认为是伪科学，其也存在着局限性。"三个世界"理论提示了知识的某些本质特征和它的发展机制，但忽视了知识的绝对性，也就是知识的真理性、可靠性、能在实践中获得成功性。[3-25]"三个世界"理论在表面呈现机械唯物主义、蕴含辩证唯物主义革命要素的同时，却带着浓烈的唯心主义色彩。[3-26]

无论是柏拉图，还是波普尔，首先认为世界是复杂的；其次将人类的客体世界划分为若干个世界或层次，主要是为了更好地研究人和科学知识的产生与发展规律。

3.2.3　知识的来源和休谟问题

知识的来源是人类知识大厦建立的根基问题。在哲学史上，关于知识起源的理论既丰富多彩，又针锋相对，其中理性主义和经验主义的争论最为典型、最为激烈。

（1）理性主义和经验主义

理性主义哲学是建立在承认人的理性可以作为知识来源的理论基础上的，人的理性独立于并高于人的感官感知。人的理性是指人类的识别、推理、判断和评估等认识能力。法国哲学家勒内·笛卡尔（Rene Descartes）、荷兰哲学家巴鲁赫·德·斯宾诺莎（Baruch de Spinoza）、德国哲学家戈特弗里德·威廉·莱布尼茨（Gottfried Wilhelm Leibniz）等人是理性主义的代表。一般认为理性主义产生于笛卡尔的理论。理性主义知识论者认为理性是知识的来源，感觉经验是不可靠的。笛卡尔认为单纯依靠推理可以得到一些永恒真理（如数学等抽象知识）。斯宾诺莎和莱布尼茨认为人们先前本能地掌握一些基本原则（如几何法则），然后依据这些基本原则便可推理出其余知识。他们希望运用理性系统（如几何、代数等数学系统）来认识世界。理性主义知识观（又称唯理论）把人类知识的基础归结于理性是一种独断论。这和柏拉图的知识回忆说或天赋论有相似之处。

经验主义认为感性经验是知识的唯一来源，一切知识都必须通过经验观察而获得和实证。英国哲学家弗朗西斯·培根（Francis Bacon）、英国哲学家约翰·洛克（John Locke）、英国哲学家乔治·贝克莱（George Berkeley）、苏格兰哲学家大卫·休谟（David Hume）等人是经验主义的代表。培根认为应用归纳、分析、比较、观察和实验等科学方法，对感性材料进行研究可获得真正的知识。洛克在《人类理解论》（又称《人类理智论》）中说："我们的一切知识都在经验里扎着根基，知识归根结底由经验而来。[3-27]"贝克莱提出人类知识的对象是观念，而观念的存在在于心灵、精神、灵魂、自我和感知。他在《人类知识原理》中说："存在就是被感知。[3-28]"经验主义知识论（又称经验论）都认为人类的知识来源于感觉经验，观察和实验是获得知识的可靠途径，否认唯理论依靠直觉和推理而获得知识的实在性。

（2）休谟问题

休谟问题是对知识的确定性的疑问。在西方哲学和科学史上，因果关系（因果律）被认为是整个科学知识根基中最为基础的部分。古希腊哲学家亚里士多德在《后分析篇》中说："我们认为自己认识到事实所依赖的原因，而这个原因乃是这件事实的原因而不是别的事实的原因，并且认识到事实不能异于它原来的样子的时候，我们就认为自己获得了关于一件事物的完满的科学知识。[3-29]"人们通常认为一件事物都必然有其原因，必须找出其原因才能获得关于一种事物的知识。

到了 18 世纪，形成知识的原则主要有类似关系、接近关系和因果关系。其中，因果关系是人类形成知识的重要性关键原则，也被认为是获取知识的普遍必然性规律。经验主义者休谟在《人性论》和《人类理智研究》中，对因果关系的普遍必然性提出了疑问，把疑问矛头指向知识的确定性。休谟对因果关系的疑问被后来的康德称为"休谟问题"。休谟的疑问论对人类探讨知识的普遍必然性和确定性等问题起着积极的推动作用。

休谟《人类理智研究》中认为"人类理性的一切对象可以自然分为两种，就是观念的关系（relations of ideas）和实际的事情（matters of fact）"。他依据认识的客体（被认知或认识的对象）将人类的知识分为两类：一类是观念关系的知识（观念知识），另一类是实际事情的知识（事实知识）。

休谟认为观念关系主要有类似关系、相反关系、性质程度的差别关系、数量或数的比例关系。凡含有这四种关系中任何一种命题，都属于观念知识的范围。按认识途径分类，观念知识分为直观知识和解证知识（理性知识）。直观知识是通过观念关系便可直观地判断而获得的知识；解证知识是通过观念关系间的抽象演绎推理、间接地获得的知识（如数学各门学科的知识）。观念关系的四种关系都是自性、必然性的关系，所以，只需要遵守矛盾律即可保证观念知识的确定性，不会受到经验事实的影响。

实际事情是指社会和自然界实际存在的事物或现象。关于实际事情的知识，就是对这些事物或现象以及它们之间关系的描述。事实知识都来自经验，通过感觉、观察、实证或经验推理方法获得。休谟在《人类理智研究》中说："一切关于事实的推理，似乎都是建立在因果关系上。[3-30]"所以，因果推理是首要的经验推理，即由原因出现推断其结果或者由结果追溯其原因，来确定事情的因果关系。对于实际的事情，休谟认为"各种事实的反面仍然是可能发生的"。在《人性论》[3-31]中，他讲到关于事实的因果推理是概然推理（有可能发生，但又不是必然性的推理），认为事实知识是"或然的，不确定性的"，唯有依靠事实来证实它的正确性。因此，休谟就因果关系提出了疑问：因果关系能否作为获取知识的必然性和确定性的基础？

休谟所在时代的经验派哲学家认为，客观事物自身就存在着客观的因果关系，凭借经验推理便可获得所有的知识，所以，以往的经验推理都是假设：在可观察的现象和不可观察的形而上学实体之间存在着必然的因果关系。[3-32]休谟指出，我们经常观察到一件事物和另一件事物相伴而来，其实只观察到两件事物现在"经常联结"，并不能说明未来它们一定会一直"互相联结"着，也不能判定一件事物的出现是另一件事物产生的原因。[3-32]例如，人们常常观察到"热伴随火出现"，两个物象"恒常会合"，能否凭因果推理得出"火是热的原因"？能否进一步确认二者之间存在"必然联系"？休谟认为"经验却也不能告诉我们因果之间的必然联系，所以因果观念不过是事物之间的某种关联的多次重复之后在我们的心灵中引起的主观联想，我们永远也不可能知道因果之间有没有必然的联系"[3-33]。两个事物恒常不变的联系，只不过是人们的心理习惯和人性直觉的多次反复联想，仅是一种或然性联系。

事实知识的论证是假定为完全来自感觉和观察，但是人们是通过感觉和观察而得到个别的事实，据此预测出未来可能产生的结果。从已知的事实推测未来可能产生的结果，显然超出了目前的经验，有违于经验知识论证的最初完全假定。休谟最后得出："知识降落为概然推断。"因为，因果推理只是一种概然推理，从逻辑形式上并不排除怀疑的确信，即事实知识具有不确定性。

休谟认为真正的理性知识只限于数量比例关系的数学各门学科的知识，凡超出这个界限的理性认识都是诡辩。所有的形而上学的对象，如灵魂、神、上帝等，都超出了数量比例关系之外，不是合理的理性认识。真正的理性知识的范围很小。一切经验科学，如物理、化学、政治、自然哲学、历史、地理、天文学等，都是以实际的事物为认识对象，属于事实知识，是经验的、概然的、实证的。人类大部分科学知识都是事实知识。

休谟对人类知识的本质性原则——因果关系的普遍必然性的疑问，动摇了建立在因果关系基础上的人类大部分知识的根基。休谟的怀疑论并没有完全否定因果关系的正确性，其实质是对人类知识的确定性的质疑，从此，人类知识打上了"不确定性"的标签。休谟的怀疑论同时启发人们对知识的不确定性的思考，激发人们去探究知识的不确定性背后所蕴含的原因，推进认识论的进步与发展[3-34]。

3.2.4 康德的认识论

德国哲学家伊曼努尔·康德（immanuel kant）面临的时代背景，是追求知识的普遍必然性基础和遵循原则。他调和了理性主义和经验主义两种知识论，提出"先验法（transcendental method）"，在哲学理论层面上完善了知识论体系，重新夯实了科学大厦的根基。因此，康德被认为是继苏格拉底、柏拉图和亚里士多德之后，西方最具影响力的思想家之一。关于知识的普遍必然性的争论，康德提出了理性批判理论，目的是为人类已经获取的科学知识寻求确定性条件，为人类的科学大厦夯实根基。他并不怀疑知识的普遍必然原则的存在，而是主张调和唯理论和经验论的理论观点，从中寻找知识的普遍必然性成立的条件。休谟的怀疑论对康德建立理性批判理论起着指导作用。

他所思考的问题是：经验知识是如何获得普遍必然性的？一方面赞同经验论的观点：知识来源于经验；另一方面同意唯理论的观点：知识的普遍必然性是不依赖于知识本身的。他认为普遍必然性的知识是由人的经验和人的认识能力共同构成的。

康德的认知论改变了传统认识论从客体角度出发的研究思路。他从主体的认知结构出发，将人的认识能力分为感性、知性和理性三部分，应用"先验法"建立起"先验感性论（transcendental sensibility）""先验分析论（transcendental analysis）"和"先验辩证论（transcendental dialectic）"三个认识理论，构成了先验批判的知识论体系，分别对应于人的感性、知性和理性的认识阶段。按照康德的知识论体系，人类的认识过程分为三个阶段。

（1）先验感性论：认识的第一阶段

英国经验主义的代表人物洛克认为人们的最初心灵是一块"白板"，一无所知，人类的知识是通过人的感官感知、观察和实验而获得的。但是，人类既然是一块"白板"，何时产生了归纳、分析、比较、观察和实验的能力或知识呢？理性主义的斯宾诺莎和莱布尼茨认为人们先前本能地掌握了一些基本原则（如几何法则），然后依据这些基本原则便可推理出其余知识。但是，这些先前的基本原则不是来自人的理性，它们是否属于知识？这类似于柏拉图的知识回忆说将知识来源最终归于天赋（或是灵魂世界），而这种知识回忆的能力只有少数有天赋的哲学家才具备。

康德修正了洛克的"白板"说，并融合了理性主义的观点，认为人们具有一种天然认知的感性直观形式——时间和空间，以及拥有一种先天的理性认知能力。他认为人们自身先天就拥有这种认知属性（知性）——由时间和空间构成的先天感性直观形式，是人们获得现象世界的前提和基础。正因为人们具有先天的知性，才赋予人们感知事物存在的形式和方式，才使得人们理性的认知事物成为可能。

牛顿的时空观认为："有离开事物存在的时间和空间，但是没有离开时间和空间的存在的事物，不管我们承认不承认，时间和空间都是客观存在的。"[3-35]马克思唯物主义的哲学观认为："时间和空间是事物存在的方式，是客观的存在，不是根据我们的意识而改变和转移。"[3-36]康德继承了西方哲学中关于时间和空间的客观存在思想，认为时间和空间是事物存在的外在形式，并且只能存在于时间和空间的形式之中；人们可以接受来自事物的存在形式的刺激，感受到事物存在的现象或表象，形成丰富多彩的感性世界，因此，他把人们所感知到的时间和空间称为感性直观形式。

康德认为，人们之所以感知事物的属性和事物之间的关系，如事物的大小、数量、前后左右位置、静止、运动等时间和空间的直观存在形式，人们首先必须具有这种事物存在的观念，否则，就不能有能力来感知事物的属性和事物之间的关系。人们作为整个世界的认知主体和实践主体，伴随着人的生命体的诞生，就拥有这种先天性的感性直观形式。所谓先天性，它与经验没有任何关系，是天赋的。康德把时间和空间所构成的先天感性直观形式作为人类获得知识的前提和基础。康德的先验感性论认为人类认识的第一阶段，是借助感性而形成直观的经验知识。

（2）先验分析论：认识的第二阶段

人们感性只能形成杂乱的感性材料或现象世界，没有任何原则和规律，还不能产生直观的知识，所以还需要对感性材料进行知性加工，才能有效地把握事物。康德认为："知性是一种对我们感性的材料的一种加工，把我们的经验世界中的现象进行加工，对感性对象的综合，是关于现象世界形成的知识具有普遍性和必然性的一种先天的认识和思维能力。"[3-37]

康德把知性归纳于人们先天具有的一种认知能力。感性使人们产生了对现象世界的直观能力；知性形成了人们分析现象世界的思维能力。知性通过运用归纳和判断方法，把相对的、有限的、个别的感性材料进行抽象分析，归类出事物的共同性质，形成普遍性的知识。所以，知性就是从感性材料中获得知识的过程，是人们认识的第二阶段。

（3）先验辩证论：认识的第三阶段

康德认为感性是能感知直观现象世界的功能，而知性则是具有归纳和判断的功能，理性则是具有推理的功能，也是人类拥有的一种先天的认识能力。知性仅仅就是对感性进行归纳和判断而获得知识，只是对现象世界有效；理性仅仅与知性有关，与感性无关，只能运用知性来获得知识，可以追求现象背后的依据，使人类的认识能力超越现象世界去把握自在之物。

康德的先验辩证论认为通过分析判断、综合判断等理性推理能力，获得普遍性的知识，使知识具有必然性和可增加性，形成人们认知的第三阶段。康德的知识论为科学知识观的发展奠定了基础。

康德概括人类认识形成的过程："我们的知识的形成过程是始于感性，成于知性，止于理性。[3-38]"

3.2.5　知识价值观

从知识本质观来看，知识是人类对客观世界（包括人类自身）认识的成果，是关于客观事物属性和规律的认识。人类通过已有的知识来认识客观世界，运用知识来探索和改造客观世界，人类才能生存和发展，从而实现知识的价值。知识的价值包括知识的物质价值和精神价值。知识的物质价值反映了知识对于人类社会的存在和发展的价值；知识的精神价值反映了知识对于人的精神需求和人格成长的价值。知识价值观是指人们对知识的核心价值的基本看法或观念。随着社会的不断发展，人类生产和积累的知识越来越丰富，知识在社会生产中的作用越来越重要，人的知识价值观随之不断变迁。

（1）不同社会发展阶段的知识价值观

人类社会发展历经的经济形态主要有农业经济、工业经济和知识经济三个历史阶段。人类的知识在这三个不同社会历史阶段中所体现出来的价值，主要反映在其对社会生产要素的作用上。因此形成了不同社会经济形态的知识价值观，并主宰着教育活动的形态和发展趋势。

在农业经济阶段，生产技术主要是初级形态的经验知识，技术简单而落后，效率低下，社会生产主要依靠的是劳动力（劳动数量）资源。劳动力在生产众要素中居于首要地位，社会经济的发展主要取决于劳动力资源的占有和配置。生产技术的传承依靠的是长辈对晚辈的传授，不需要专门的学校教育。知识传授在劳动力培养过程中作用不大，而是在培养统治阶级人才中发挥重要的作用，通过道德教育来操纵和配置社会劳动力资源。

在工业经济初期阶段，由于科学技术的进步，知识的作用得到很大的强化，社会经济的发展主要取决于资本和稀缺自然资源，所以，资本和稀缺自然资源成为首要的生产要素，知识居于次要地位。马克思在《政治经济学批判大纲》中指出："随着大工业的继续发展，创造现实的财富已经不再依靠劳动时间和应用的劳动数量了，而是依靠劳动时间以内运用的动源的力量，而这种动源自身的生产上所耗费的直接劳动时间根本不成比例，相反地却取决于一般的科学水平和技术进步程度或科学技术在生产上的应用。"也就是到了工业经济中后期阶段，马克思指出社会财富的创造主要依靠"动力源"，并预设随着科学技术的不断进步，知识在社会财富的创造中越来越体现重要的作用。

知识经济阶段以知识为基础，以人才和知识为代表的智力资源为首要生产要素，而农业经济和工业经济阶段的社会经济发展虽然也离不开知识，但是社会经济的增长取决于劳动力、原材料和能源等以物质为基础的生产要素。人类的科学技术高度发展，能节约并更合理地利用已开发的自然资源，利用科学技术去开发尚待利用的自然资源，开发和利用自然资源的能力和效率大大提高。科学技术成为第一生产力，知识作为第一智力资源成为首要的生产要素。知识的生产、传播和运用决定了社会经济的发展。

总之，在农业经济阶段，知识在社会生产中没有起到太大的作用，教育的目的是培养统治阶级道德卫士；而在现代社会，知识已经超越劳动力、自然资源和资本，成为社会生产的第一要素，教育的目的主要是培养科技人才。由此而见，知识在不同经济形态的社会发展阶段中的作用，确立了不同的知识价值观，也决定了不同历史时期的教育本质观：农业经济阶段的教育本质观是道德教育，现代社会的教育本质观是知识教育。

（2）个体发展的知识价值观

个体的发展过程包括个体的个性化与社会化，是教育的重要目的和功能。随着知识在社会发展过程中发挥的作用越来越大，教育的基本形式也确立为通过传授知识来完成个体的社会化与个性化。到了现代社会的知识经济阶段，知识作为第一智力资源成为首要的生产要素，知识的物质价值呈现不断升值的趋势。人们在接受教育的过程中更多的是以知识的物质价值为导向，知识的精神价值逐渐被淡化。

关于知识的物质价值的最著名观点，当数英国著名的哲学家弗朗西斯·培根（Francis Bacon）。培根是英国唯物主义哲学家、实验科学的创始人，也是近代归纳法的创始人，被马克思称为"英国唯物主义和整个现代实验科学的真正始祖"。他认为世界是客观存在的，自然是物质的，人类掌握知识是为了认识自然和支配自然，对万物建立统治。他对知识赋予了浓厚的外在价值意义，认为知识是认识和统治自然的力量。他在《新工具》和《学术的伟大复兴》等著作中提出"人的知识和人的力量相结合为一""人类统治万物的力量是深藏在知识和技术之中的""达到人的力量的道路和达到人的知识的道路是紧挨着的，而且几乎是一样的"。后来人们将培根的话归纳为众所周知的名言："知识就是力量。"培根的这一观点打破了中世纪神学对于人们思想的束缚，肯定了人的智慧和人类运用知识作为工具来征服自然的主观能动作用。这种立足于知识的工具价值或社会功用价值，造成知识总以权威、真理的身份出现，人和学校都成了围绕知识运转的机器，服从知识的权威。[3-39]

著名企业家李嘉诚先生提出"知识改变命运"的观点，他说："我们正在跨入的 21 世纪，是知识和知识经济的世纪，知识将最大程度地决定经济发展、民族进步、国家富强以及人类文化的提升。知识是推动发展的最重要工具，改变命运的机会就掌握在我们自己手中！"[3-40]他强调在知识经济时代，拥有足够的知识可以创造更大的财富。从这个意义来说，人们最大的财富就是知识，知识是一种永远不会贬值、不会丧失的财富。

人们往往注重知识的物质价值，造成教育功利思想的蔓延，如现代社会各种"有用功利"的泛化：唯智教育、宽松教育、应试教育或证书教育等，人们总是出于某种功利动机来学习知识，而忽视知识的精神价值。

知识的精神价值表现了知识是一种人类的共同智慧，也是个体个性组成的内在需求，它与个体精神和人格的和谐相长。德国哲学家卡尔·雅斯贝尔斯将知识诠释为"天然潜在的自我认知"[3-41]，它只能被唤醒，而不能强灌。教育是一个人的精神成长过程，传授知识是"人与人精神相契合，文化得以传递的活动"[3-41]。作为知识传递的主体，不仅可以启迪学习者的智慧，涵养人们的精神修为，同时也使得学习者学会感悟品味人生真正的快乐和幸福。

孔子《论语》开篇的首句是："学而时习之，不亦说乎。"其意思是学到了知识后并在适当的时候进行实践练习，不是很喜悦吗？孔子认为学以致用、知行合一让人们的精神得到了升华，内心感到真正的喜悦。北宋苏轼在《和董传留别》中写道："腹有诗书气自华。"歌德曾说过："读一本好书，犹如交上一个高尚的好友。"可见人们通过学习，积累知识，精神获得陶冶与升华，从而增加幸福感。

从波普尔"三个世界"理论来看，属于"世界 3"的知识和属于"世界 2"的人的精神活动相互作用，一方面正向作用促进知识的进化和发展，另一方面反馈作用使人的精神得到陶冶与升华。这就是知识对于人的精神价值。属于"世界 3"的知识通过人的精神活动，与属于"世界 1"的物质世界相互作用，支配着社会生产的运作，成为社会发展的推动力量，发挥知识的物质价值。

3.3　智力观

智力可被看作是个体的各种认知能力的综合，特别强调解决新问题的能力，抽象思维、学习能力，对环境的适应能力。第二层次的教学目的究竟是发展智力，还是培养能力？这两种不同的教学观，对教学实践活动的指引有很大的不同，也深刻影响人才培养的规格。

3.3.1　能力与智力

能力与智力，这两个词语经常出现在教育教学研究和认识论研究的文献中，这两个概念常常被混用。例如，刘云翔在《在教学中如何培养和发展学生的智力》中把智力定义为："智力应该是指人们运用知识、经验能动地认识事物和独创地解决各种问题的能力。"[3-42] 这个定义将智力和能力等同表述。下面本书通过分析能力与智力两个概念的差异，理清教学活动中两个概念的差异。

（1）能力

①能力的定义

关于能力的定义有多个角度。心理学角度的定义：能力是指能够顺利完成某些活动所必须具备的个性心理特征；[3-43] 能力是直接影响活动效率，使活动得以顺利进行的心理特征。[3-43] 其他角度的定义：能力是生命物体对自然探索、认知、改造水平的度量；[3-44] 能力是完成一定活动的本领，是一种力量。[3-45] 除这些定义之外，能力还有各种各样的定义。总之，能力主要是指人们适应环境和改造环境的实践能力，特指完成某项具体工作的本领，它属于实践范畴。

②能力的分类

基于不同的角度或目的，能力可分为多种类型，包括一般能力和特殊能力、基本能力和综合能力、认知能力和元认知能力、创造能力和再造能力，此外，还有超能力等。

a. 一般能力：指在进行各种活动中必须具备的基本能力。它保证人们有效地认识世界，也称智力，如观察力、记忆力、注意力、想象力、思维能力等。其中抽象思维能力是核心，因为抽象思维能力支配着智力的诸多因素，并制约着能力发展的水平。

b. 特殊能力：又称专门能力，它是顺利完成某种专门活动所必备的能力，如音乐能力、绘画能力、数学能力、运动能力等。

c. 基本能力：指某些单因素能力，即主要通过大脑某一种功能完成的心理活动中表现出来的能力，如感知、记忆、思维、肌肉运动等能力。

d. 综合能力：由许多基本能力分工合作完成的活动中表现出来的能力，如数学能力、音乐能力、管理能力等，这些都是由某些基本能力结合而成的综合能力。

e. 认知能力：指个体接收信息、加工信息和运用信息的能力。

f. 元认知能力：指个体对自己的认识过程进行的认知和控制能力。

g. 创造能力：指在活动中创造出独特的、新颖的、有社会价值的产品的能力。

h. 再造能力：指在活动中顺利地掌握前人所积累的知识、技能，并按现成的模式进行活动的能力。

③能力的差异

人的能力的差异性主要有两个方面。

a. 能力类型的差异

每个人的能力都是多种能力以特定的结构结合在一起的。由于不同人的能力结构不同，因而能力在类型上便形成差异。

b. 能力水平的差异

能力水平的差异是指人与人之间各种能力的发展程度不同，所具有的水平不同。在心理学的研究中，有人把能力水平的差异分为四个等级：能力低下、能力一般、才能和天才。

综上所述，能力的概念总是和人的实践活动相关，代表人的实践活动的效率、水平和力量。能力的类型多样，结构复杂；人的能力发展程度或水平在人成长和发展过程中体现出不同的差异性。

（2）智力

①智力的定义

从能力的分类上看，智力属于人的一般能力，也称智能或智慧。国外心理学家对智力概念的理解有多个方面，归纳起来主要有五种。

a. 智力是人大脑的机能，是人的一种心理特征。

b. 智力是一种适应环境的潜在能力，特别是适应新情境的潜在能力。

c. 智力是指一个人的高级抽象思维能力。

d. 智力是一个人在认识和改造客观世界的活动中所表现出来的认识能力。智力属于认识活动范畴。

e. 智力是一个人的聪明程度，可以用智商表示智力的测量值。

国内的心理学家对智力认识比较一致，认为智力是指个体认识方面的各种能力（观察力、记忆力、注意力、想象力、思维力等）的有机综合，其中抽象思维能力是智力的核心。

②智力的构成

智力是由多种认识能力有机地结合而成的复杂综合体。一个人单凭一种心理能力，如观察力、记忆力、注意力、想象力、思维力等，是不能完成一项认识活动任务的，必须综合运用多种心理能力才能完成认识任务。

近几十年来，智力研究人员主要从心理学和认知科学的不同角度，采用不同的理论假设、因素分析和心理测量（实验）方法，对智力本质问题进行探索，提出了因素说、结构说、三元论或多元论、情绪智力等多种智力结构理论。

③智力的差异

智力的差异表现在四个方面。

a. 针对性：就是针对既定的目的、目标而行动的表现。有针对性的智力是最经济的，它可保证行为的连贯性、整体性，避免不必要的派生枝节。

b. 广扩性：就是突破思想活动的局限范围而扩展到必要的广度。各人的知识、经验、迁移的能力等是广扩性的条件。一个人智力水平的高低，也表现在广扩性能否与针对性相辅相成上：离开目标的广泛联想与集中一点上的狭隘构思，都是不聪明的。

c. 深入性：就是在现实的基础上预料以后情况的发展并做出适当的安排计划。

d. 灵活性：对心理活动中的各种矛盾，迅速地做出最好的解决，它是智力水平高低的重要标志。

④影响智力的因素

a. 人脑的发育与构造；

b. 先天的遗传；

c. 后天的教育与实践。

智力的个别差异，从来都是无法避免的。文化、知识、教养、生活、锻炼等外界条件，以及情绪、性格、意志等心理状态，都能影响智力的发展。

综上所述，智力的概念是人脑的机能、心理的特征，属于认识范畴，是人们完成各种活动所必须具备的基本能力，是人的认识方面各种能力的有机综合。其核心是人的抽象思维能力，是人们知性和理性两个阶段认识活动的意识能力，是人们能够从现象世界获取普遍知识的必要条件。即智力是人们获得知识和产生知识的必要条件，代表了人类的聪明或智慧的水平。智力的结构复杂，组成因素多样。影响智力的因素主要是先天的遗传、后天人脑的发展、生长环境和教育的培养。

（3）知识、智力与能力

和人的智力与能力关系最为密切的就是知识，三者相互依存、相互促进。

①概念外延

知识是人类对客观存在探索的结果总和，反映了客观存在的属性和发展规律，人类智力活动的产物，也构成人类智力最根本的因素。

智力属于一种认识能力，是人们完成各种活动所必须具备的基本能力，代表人类的智能。智力与人们的认识活动相关。

能力包括知识、技能和智力，代表人们完成一定活动的效率、水平和力量。能力与人们的一定活动相关。

②相互关系

人们总是运用智力和知识来进行认识世界、探索世界和改造世界的实践活动，表现出人的本质力量，就是能力。它们的核心关系可表示为：

$$能力＝智力＋知识$$

和智力、能力两者关系最密切的是知识。知识是人类认识世界、探索世界和改造世界的意识成果和精神财富。人的智力与能力总是需要以掌握知识为中介，培养和发展人的智力与能力；知识是智力与能力发展的基础和必要条件。人总是需要运用一定的智力与能力来学习知识、传授知识和产生知识，而个体知识的增长又促进个体智力与能力的发展，所以，三者相互依存、相互促进。人类总是需要通过教育活动来传递或传承知识，维持人类的存在和发展。

③主要区别

人的智力的本质是人脑的机能，智力的发展和人脑的生长发育同步。婴儿在出生时，其大脑只是成人脑量的 23%，到了 6 岁以后才迅速发育，直至 23 岁左右才能发育完成。现代学校教育从小学教育开始，至大学本科毕业，涵盖了人脑的迅速发育到发育基本完成时期，吻合了人脑的生长和发育规律。人脑发育完成以后，人的智力也逐渐发展至最高峰。所以，学校教育的目标对象应该是发展人的智力，为人们在将来从事各种活动或职业夯实智能基础。

人的能力的本质是人的身心综合力量，与人的知识、智力、身体机能以及个性特征因素相关。身体机能和个性特征属于人的非智力因素。人的能力构成因素的发展是不同轨迹的。人脑在 23 岁左右发育成熟，人的智力也逐渐发展至最高峰；人的身体机能在 35 岁左右达最高峰；人的知识总量则不断增长。人的能力与一定活动相关，人在某一领域活动中表现出较强的能力，并不代表其在另一领域活动也能表现出较强的能力，所以，能力属于实践范畴。

知识的本质是人的智力活动的产物，同时又是智力发展的核心因素。人脑仅仅是智力的物质基础，而知识是智力活动的核心内容。人在掌握了知识以后，知识并不能自动转化为能力；人掌握的知识越多，并不代表人的能力就越强。知识需要和智力、非智力因素结合起来才能发挥人的能力。著名发明家爱迪生一生共有两千多项发明，但他一生只在小学里学习了三个月的知识。丹麦天文学家布拉赫（Tycho Brahe）毕生都从事行星观测工作，积累了丰富的行星观测知识，但是他一生都没有获得重大的发现。德国天文学家刻卜勒（Johannes Kepler）的行星观测知识不如布拉赫丰富，但他却发现了行星运动三定律。

为了更好地传播知识，学校教育往往只是传授学科的、结构的、原理性的、稳定的静态知识，也就是只对基础的、提纯部分的知识进行传授。学生在刚刚毕业后，往往不直接地表现较强的能力。有材料表明：现代社会人所拥有的知识，只有 10% 是通过学校教育获得的，而 90% 则是通过工作实践和在职业学习中获得的。所以，终身学习知识，人的能力才能更好地发挥。

综上所述，智力与能力密切相关、相互依存，但其构成因素、发展规律和活动应用都各有不同，不能模糊其概念而笼统混用。发展受教育者的智力应该是学校教育更直接的目标，发展受教育者的能力应该是教育的最终目标。如果教育或教学目的的确立，以培养学生的知识和能力为中心，只是说明了对发展智力的不重视，势必违反学生的身心发展规律。同时，在"知识爆炸"的时代，知识的更新和创新呈指数增长，穷尽一个人的一生时间和精力来学习某一领域的知识，都无法触及领域知识的边缘。以培养学生的知识为核心目标的教育，不符合现代社会的人才规格需求，已经落后于社会发展的需求。

3.3.2 智力结构

智力结构指智力的构成因素及其排列组合。近几十年来，心理学家对智力的结构及组成因素进行探索，提出了因素说、结构说、三元论或多元论、情绪智力等多种的智力结构理论。智力结构理论的研究发展直接影响到智力的评定和测量、智力的培养和发展等一系列课题的探讨。

（1）斯皮尔曼的智力二因素理论

1904 年，英国心理学家查尔斯·爱德华·斯皮尔曼（Charles Edward Spearman）提出智力结构的二因素说。通过因素分析法，斯皮尔曼认为智力主要由两个因素构成，即一般因素（G 因素）和特殊因素（S 因素）。

斯皮尔曼认为，G 因素参与到人的每一项智力活动，它来自先天遗传（非教育因素），代表了一个人智力水平的高低；每个人都有 G 因素，只是在等级或数量上都各不相同；通过智力测验可得出人的普通能力。S 因素代表特殊能力，是以一定的形式、程度不同地参与到不同的少数智力活动中；S 因素受教育和训练的影响很大；六类特殊因素有：口头能力，数算能力，机械能力，注意力，想象力，智力速度。

斯皮尔曼的理论在提出后就受到了抨击，特别是他的关于 G 因素的天赋观点，但该理论将能力剖析为一般因素和特殊因素结构的模式，体现智力的共性与个性特征，对发展人的智力有着积极的指导意义。

（2）卡特尔的流体和晶体智力理论

1963 年，美国心理学家雷蒙德·卡特尔（Raymond Bernard Cattell）提出流体和晶体智力理论。他将人的智力分为流体智力和晶体智力两种成分。

他认为个体以人脑生理机能为基础的认知能力很少受到教育的影响，但它参与到所有的智力活动中，如思维敏捷性、运算速度和推理能力等，所以称为流体智力。晶体智力是个体在不同文化环境中运用流体智力进行认知活动而获得的，如知识、词汇、计算等方面的能力。它表现为来自知识经验积累的结晶，所以称为晶体智力。

相关研究表明，流体智力与人脑生理机能相关，其发展状态与人脑的生长发育一致；晶体智力与个体后天的教育过程和生活阅历等社会实践活动相关，其发展状态与人的知识经验积累情况一致，如图 3-2 所示。人脑在 23 岁左右发育成熟，人的流体智力也逐渐发展至最高峰，以后开始下降；在流体智力发展至最高峰之前，晶体智力与流体智力的发展状态一致，以后的发展速度渐趋平稳，一直延续到老年，随知识经验的不断积累而保持一定的增长。

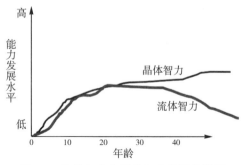

图 3-2　流体智力与晶体智力发展曲线图

卡特尔的智力理论为人类智力的发展和训练指明了方向，特别是对终身学习使人的智力得到保持，提供了有力的依据。

（3）吉尔福特的智力三维结构理论

1959 年，美国心理学家吉尔福特（Joy Paul Guilford）提出了智力三维结构理论（简称为 SOI 模型）。SOI 是一个由内容、操作和产品三个维度构成的立体化结构模型，如图 3-3 所示。

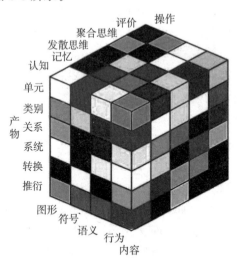

图 3-3　智力三维结构理论模型

其中，第一维为智力的内容，包括图形、符号、语义和行为 4 种因素；第二维为智力的操作，包括认知、记忆、发散思维、聚合思维和评价 5 种因素；第三维是智力的产物，包括单元、类别、关系、系统、转换和推衍 6 种因素，共包含 120 种独立的因素。SOI 模型细化了智力构成的因素，有利于区分智力的优势因素和弱势因素，发现学生智力的优势与不足，为开展差异化和个性化教学提供理论依据。

（4）加德纳的多元智能理论

1983 年，美国教育学家和心理学家霍华德·加德纳（Howard Gardiner）提出了多元智能理论。该理论认为人的智力由 8 种不同类型的智力构成，这 8 种多元智力包括语言、数理逻辑、音乐、空间、身体运动、人际交往、自我认识和自然观察，它们相互独立，复合而成为一个有机整体。每个人的多元智力呈不相同的发展水平，揭示了个体智力的独特性和多样性的特征，为教育和教学的因材施教及多样性评价提供了理论依据，成为 20 世纪 90 年代以来教育和教学改革实践的重要指导思想。

总之，心理学家采取不同的理论假设、测量工具和研究方法，探讨智力的因素构成，形成种类繁多的智力结构模型，揭示了智力的多因素、多侧面和多层次结构的特征，为教育和教学活动中的智力培养和训练提供重要的指导作用。但人的智力的构成因素多样而复杂，随着人的身心成长，环境和教育状态不断变化，这些智力结构模型仅仅是从不同的角度或侧面反映智力的影响因素，尚未揭示智力对人的活动的作用机理。

3.3.3 智力测验

智力测验是依据一定的智力理论和测量理论，通过测验的方法综合评定人的智力水平。智力测验的工具称为智力量表。现在常用测验包括：比奈-西蒙智力量表、斯坦福-比奈智力量表、韦克斯勒智力量表、瑞文标准智力测验、军队甲种团体智力测验和军队乙种团体智力测验，等等。

（1）比奈-西蒙智力量表

1905 年，由法国心理学家比奈和医生西蒙共同编制，包括 30 个项目，主要用于智力落后儿童的鉴定，以便进行特殊教育。1908 年进行了第一次修订，1922 年传入我国，1982 年由北京吴天敏先生修订，共 51 题，适合小学生和初中生智力的测量。

（2）斯坦福-比奈量表

1916 年，美国斯坦福大学教授刘易斯·麦迪逊·推孟（Lewis Madison Terman）对比奈-西蒙智力量表进行修订，修订后的量表称为斯坦福-比奈智力量表。斯坦福-比奈智力量表分别于 1937 年和 1960 年经过两次修订，成为目前世界上广泛流传的智力标准测验之一。

推孟采用智商（IQ）来表示个体智力的发展水平，其公式为：

$$IQ = \frac{MA}{CA} \times 100 \qquad (3\text{-}1)$$

其中，MA 为智龄，表示受测者通过测验项目所属的年龄；CA 为受测者的实际年龄。这种智商也称为比率智商。

（3）韦克斯勒智力量表

美国心理学家大卫·韦克斯勒（David Wechsler）先后编制了多种智力量表，包括韦氏儿童智力量表、韦氏成人智力量表、韦氏学前和学龄初期儿童智力量表等，是当今世界最权威的智力测验。

韦克斯勒采用离差智商来表示智力水平，其公式为：

$$IQ = 100 + 15\left(\frac{X - \overline{X}}{Z}\right) \qquad (3\text{-}2)$$

其中，X 为个人测验的得分，$\overline{X}$ 为团体的平均分数，Z 为团体分数标准差。离差智商在使用上优于比率智商，是智力测验史上的又一个里程碑。韦克斯勒智力量表成为国际智力测验的通用量表。

（4）瑞文标准智力测验

1938 年，英国心理学家瑞文（R. J. Raven）设计瑞文标准智力测验，主要通过图形的辨别、组合、系列关系等测量人的智力水平，主要用于一个人的观察力及清晰思维的能力。瑞文标准智力测验能够更准确地衡量智力水平，适合16 岁以上具有高中文化水平的成人使用。

智力测验的应用为衡量人的智力发展水平及状况提供了科学的测量工具，使人们可以以量化的直观方式表示令人难以捉摸的智力。在教育和教学活动中，利用智力结构理论和智力测量方法，可以分析和理解各年龄段学生的智力发展特点和影响因素，合理制定教学目的和调整教学方法，可以更有效地促进智力的发展。

3.4　创造力观

2019 年的 GES 未来教育大会上，陈丽教授就教育体制发展的方向与趋势发表了演讲。陈丽教授认为：科技创新作为推动国家发展和社会进步的原动力，其基础和根本在于人才培养，而培养具有创新能力的人才是当今教育的极大命题。人工智能时代需要的是创新型人才，而创新思维和创造力是创新型人才的核心能力。

3.4.1　创造力的内涵

科技的进步是维持和保障现代社会高速发展的不竭动力，是人类的创新活动。在人类的众多能力中，创造力是人工智能时代创新型人才的核心能力。

（1）创新与创造力

简单来说，创新包括两个层次：一是更新和发展，对原有的事物进行变革和重组、改变和发展；另一个是创造，制造出前所未有的新事物。从这个意义上看，创新是创新思维主导下的创造性行为，创造则是更高层次的创新。

创造能力是人类特有的一种综合性能力，简称创造力（creativity）。创造力是人类创新能力中更高层次的能力，特指产生新思想、发现和制造新事物的能力。人的创造力是由知识、智力及优良个性等复杂的、多层次的因素构成的。

关于创造力概念的内涵研究，学界较为公认的创造力定义包含两个维度：新颖性和适用性[3-46]，或是新颖性和有价值性[3-47]。在不同的研究文献中，对创造力的内涵特征表述虽然不尽相同，但是都围绕着这两个核心特征进行描述。例如，心理学家德雷夫达尔（J. E. Drevdahl）认为："创造力是人产生任何一种形式的思维结果的能力，这些结果是新颖的，是产生它们的人事先所未能预料的。"[3-48]日本学者思田彰教授认为："创造力是产生出符合某处目标或新的情境或解决问题的观念，或是创造出新的社会（或个人）价值的能力，以及以此为基础的人格特征。"[3-47]总之，人的创造性思维和行为所产生的新事物要具有"新颖性"和"有价值性"两个核心特征。创造力反映了人类运用已有的知识信息，通过创新思维活动，突破常规思维的界限或定势，制造出独特的、新颖的、具有社会意义或价值成果的能力。

（2）创造力的本质

创造活动是创新思维和创造行为综合作用的过程。思维是行为的支配力量和向导，所以，创新思维是创造行为的内驱，是人的创造力的内核。

思维是人脑对客观现实的本质属性、内在规律的自觉的、间接的和概括性的反映。它借助于已有的知识和经验，探索与发现事物的内部本质联系和规律性，是人类对客观现实的能动反映，也是人类的高级认识活动。相对于常规思维，创新思维能突破常规思维的界限、定式，并能形成具有一定社会意义和价值的创造性行为。人的思维属于人的意识活动或精神活动，而人的意识活动是人的本质属性。

黑格尔认为人与动物的本质区别是人具有能动的、自由的精神。费尔巴哈则认为人的本性就是全能全知的。马克思在《1844年经济学哲学手稿》中明确指出：人区别于动物的类本质特征，就在于人能够自由自觉地活动。人之所以是自由的，是因为人是有意识、有思维的主观能动性生命体。匈牙利新马克思主义理论家马尔库什把劳动或实践、社会性和意识看作是人的本质的三重内在联系的要素，集中体现了人的本质内涵。[3-49]人的意识具有独立自主性、自由自觉性、能动性和创造性等特征。马克思的"人是人的最高本质"和"人的根本就是人本身"的命题表明：人的本质也就是人本身，也就是人的本质的自我创造性。人的本质是在人的生命活动中自我创造的，而且又不断地超越自我创造，不仅体现了人的自我创造特性，还体现了人的自我发展特性。创造和发展是人类生命的主题。所以，人的创新思维来自人的独立自主性、自由自觉性、能动性和创造性的意识。

创造力来自人的本质力量，其本质是人的意识活动的外化和实现。

3.4.2　创造力的构成理论

尽管人们对创造力的概念内涵广泛认可，对创新型人才的核心能力也有共识，但是人们对创造力的成分组成或因素构成的认识还是难以通晓、不可观察、不可名状。经过半个多世纪的研究，人们认为创造力是智力和多种成分的复合。创造力的构成理论主要有吉尔福特创造力结构理论、艾曼贝尔的创造力成分理论、斯滕伯格的创造力三侧面模型理论和创造力投资理论、西克森特米哈伊的创造力系统模型，等等。

（1）吉尔福特的创造力结构理论

1950 年，美国心理学家吉尔福特提出了创造力结构理论，开启了西方现代心理学界对创造力的研究热潮。他还通过因素分析法分析个体的创造力特征和创造性个体人格特征，认为创造力是一种与人的发散思维相关的心理能力。

（2）艾曼贝尔的创造力成分理论

1983 年，美国心理学家艾曼贝尔（T. Amabile）提出了创造力成分理论，认为创造力是由领域的技能、创造性的技能与工作动机三种成分构成的。领域的技能和创造性的技能组成创造活动的能力，工作动机是激励人们达到创造性目标的主观动力。

（3）斯滕伯格的创造力三侧面模型理论和创造力投资理论

1988 年，美国耶鲁大学教授斯滕伯格（Robert J. Sternberg）提出了创造力三侧面模型理论，认为创造力的结构包含了智力维度、智力风格和人格三个侧面。创造力的三侧面所起的作用存在差异性，造成了人的创造力的复杂性和多样性

1991 年，他又提出了创造力投资理论，认为创造力包含智力、知识、思维风格、个性、动机和环境六种相互联系的资源。这六种资源投入的力度不同呈现为不同领域的创造力。这些创造力产生相应领域的创造性观念组合，最后变成可供评价的创造性产品。[3-50]

（4）西克森特米哈伊的创造力系统模型

1999 年，匈牙利裔心理学家西克森特米哈伊（Mihaly Csikszentmihalyi）提出了创造力系统模型，认为创造是专业领域中的活动，是独特人格和外部环境互相作用的结果。个人、学科和领域是创造系统的三个基本要素。

综上所述，这些创造力结构理论从不同角度、采用不同方法探讨创造力的构成因素，总结起来包括三个方面：知识、智力和个性。吉尔福特强调人的发散思维；艾曼贝尔强调领域技能和工作动机；斯滕伯格强调智力、知识、思维风格、个性、动机等因素；西克森特米哈伊强调个人、学科和领域。发散思维、领域技能属于人的智力；工作动机、思维风格、动机属于人的个性；领域技能、学科和领域属于领域知识。与智力结构理论相比，创造力结构理论以人作为创造活动的主体，提示了人的个性作为一种非智力因素在创造力构成中的重要作用。这充分体现了人的个性中蕴含着独立自主性、自由自觉性、能动性和创造性的意识特征。

3.4.3 知识、创造力和创新的变化趋势

创造力虽然反映了人类运用知识进行创新活动的能力，但创造力和知识之间没有直接的因果关系。创造力结构理论认为知识是创造力的基础，但两者并没有形成正向比例关系。知识和创造力的张力观认为，知识和创造力之间应保持适度的张力，知识不是越多越好，太多的知识会限制个体的思维方式，从而阻碍其创造力的发挥。[3-50]知识和创造力的关系是一种倒 U 形的关系。

初庆春等学者认为，在相同的社会环境中个人的创造力是因人而异的，且知识（knowledge，以 k 表示）、创新（innovate，以 i 表示）和个人的创造力（creative ability）之间存在一种关系函数（function of person，以 f_p 表示）。[3-51]

$$I = f_p(K) \qquad (3-3)$$

个人在创新活动时都需要掌握一定的必要知识，定义为知识阈值（knowledge threshold，以 KT_p 表示），（3-3）式可修正为（3-4）式。

$$I = f_p(K - KT_p) \qquad (3-4)$$

当 $K \leqslant KT_p$ 时，$I \approx 0$；当 $K > KT_p$ 时，$I > 0$。三者之间的相互关系可表示为一种创造力发展曲线，如图 3-4 所示。

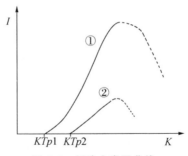

图 3-4　创造力发展曲线

图 3-4 中，$KT_{p1} < KT_{p2}$，曲线 ① 表示创造力强的人，具有较小的 KT_p 值和较大的斜率（曲线 ① 实线部分）；曲线 ② 表示创造力弱的人，具有较大的 KT_p 值和较小的斜率（曲线②实线部分）。但随着学习和成长经历而掌握的知识不断地增加，一个人的创新也不可能无限地增长。当人们超过一定年龄后，创造力会呈下降趋势（用虚线部分来表示）。

初庆春等学者提出的知识、创新和个人创造力的关系函数（3-3）式和创造力发展曲线图（3-4），直观地反映了三者的相互促进关系和发展趋势。

3.4.4　创造力和智力

简单而言，创新或创造是创新思维活动的结果，而思维能力是人类智力的核心，所以，对人类智力结构的研究，更能有效地分析创造力发展的影响因素。近几十年来，智力研究人员主要从心理学和认知科学的不同角度，采用不同的理论假设、因素分析和心理测量（实验）方法，对智力本质问题进行探索，提出了因素说、结构说、三元论或多元论、情绪智力等多种的智力结构理论。智力结构理论的研究发展直接影响到智力的评定和测量、智力的发展和培养、对创造力的作用等一系列课题的探讨。

1959 年，美国心理学家吉尔福特提出智力三维结构理论，引起了一系列关于创造力的测量，比如托兰斯创造性思维测验、瓦拉赫·科根发散性思维任务、吉尔福特发散性思维任务等，与此同时，他们也开始了对创造力潜力与发散性思维得分之间关系的研究。[3-50]

依据吉尔福特的智力三维结构理论，众多的研究发现创造力和智力之间的相关性较低[3-52]-[3-53]，而是创造力的波动幅度随智力的增长而扩大，如图 3-5 所示。其中，CQ 为创造力测试值，IQ 为智力测试值，即智商。

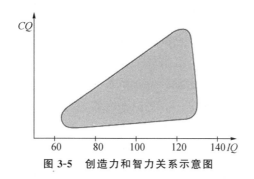

图 3-5 创造力和智力关系示意图

图 3-5 显示：智商高的群体其创造力可能较大，但其创造力的变化幅度较大；智商越低的群体的创造力变化幅度会越小。智力是创造力发展的前提，但人的智力水平高低并没有决定创造力水平的高低。

1996 年，斯滕伯格在他的三元智力理论基础上提出了成功智力理论，认为成功智力包括分析性智力、创造性智力和实践性智力三个方面。分析性智力可以发现好的解决办法；创造性智力可以寻找关键的问题；实践性智力可以解决实际问题。成功智力的关键在于三个方面的相互协调、相互平衡，不在于智力的数量。

3.4.5 创造力和个性

创造力的形成和发展不仅与知识和智力等智力因素相关，还与个性心理特征相关。人的个性是具有独立自主性、自由自觉性、能动性和创造性等特征的意识的外化。

创新活动需要克服重重的困难、失败风险和挫折，除了个体的价值观所支配的内部价值动力外，兴趣和好奇往往会产生更加专注的内动力，会增强个体的自主性，激发人的天赋潜能，有利于突破常规思维的界限或定势；意志力更是应对困难和挫折的强大力量，被认为是人们实现预定目标的关键性力量。所以，个性是影响人的创新活动的复合体，健全的个性影响到创造力的形成、发展和发挥。

据相关统计显示，自 1901 年诺贝尔奖设立以来，德国人（包括移民美国、加拿大等国的德裔）居然囊括了历年来全世界近一半的诺贝尔奖。从人口比例来说，德国现有人口约 8000 万，约占世界人口的 1%，却获得约 50% 的诺贝尔奖。人们不由得感叹德国教育关于培养顶级创新型人才的成功方式，同时追问究竟有什么特别的教育举措值得各国的借鉴。其中的成功举措竟是禁止过早过度开发儿童智力，在小学之前的目标就是"快乐成长"，让个性自由地发展。

德国幼儿园的教学方式是从生活的实际出发，让孩子亲身感受自己所处的环境，了解基本的社会常识，为孩子的好奇心和想象力扩展自由生长的思维空间。如让孩子们参观警察局，了解报警、警察工作程序等；参观邮局，看看一封信是如何投递的；参观市政府，看看市长的工作情境；参观图书馆，学会如何借书、还书；去坐有轨电车，学会记住回家的路线；参观花圃的种植，学习分辨花草植物，等等。不但在幼儿园阶段不允许学习专业知识，小学的孩子也不能学习额外的课程。联邦德国《基本法》第七条第六款明确规定禁止设立先修学校。德国人认为在儿童阶段过早过多学习知识，会使孩子的思维模式僵化，习惯于接受和学习知识，却不会主动地去思考或探索问题。这会抹杀掉孩子的好奇心和想象力，反而制约孩子将来的发展。德国教育在儿童阶段让儿童的个性自由地发展，以发展儿童的非智力个性为教育目标，使人才在成年后的创造力得到极致的发展。

中国著名教育家叶澜说过："教师在学生面前呈现的是其全部人格，而不只是'专业'"。她认为教师教学工作的"本质上是把人类的知识与技能、精神，转化成个人的能力和精神的内存。这些东西内化在每一个不同的个体之中，而后，又会在社会实践中转化为促进人类社会发展的创造力。"[3-54]

3.5　个性化教学观

教学改革研究是教学研究中经久不衰的主题，近期个性化教学研究成为其中的一个热点主题。本书认为其中的原因有四个。一是在社会人才需求和国家人才战略的驱动下，个性化教育研究热潮带动了个性化教学研究的热情。二是在现实的教育和教学活动中，"教育"和"教学"的概念时常重叠或混淆使用，个性化教育和个性化教学当然混为一体。三是教师把自己当作教学活动的主体、实施者或驾驭者，自觉地通过个性化教学改革与实践，改进教学质量，促进人才培养质量的提升，体现了教师高尚的职业精神。四是在教育功利的驱动下，社会、家庭和受教育者无不希望通过教育投资、个别化教学模式或差异化教学方式，增强受教育者的利益收获，将个别化教学和差异化教学归类为一种个性化教学。

3.5.1　中国个性化教学研究趋势

在中国知网上以"个性化教学"为主题进行检索（截至 2020 年 8 月），共检索出文献 9 564 篇，如图 3-6 所示。

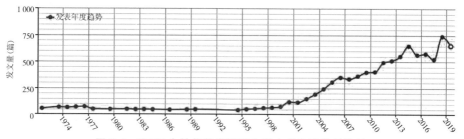

图 3-6　CNKI 个性化教学研究主题文献发表数量统计

以"个性化教学"为篇名进行检索（截至 2020 年 8 月），共检索出文献 4 203 篇，如图 3-7 所示。

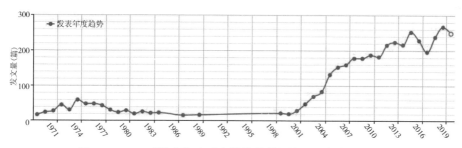

图 3-7　CNKI"篇名"含"个性化教学"的文献发表数量统计

从成果发表数量来看，自 1999 年起成果发表数量呈现逐步上升的趋势。此趋势和图 3-7 的个性化教育文献数量变化趋势一致。

从研究层次来看，基础研究（社科）共 1 433 篇，约占 34%，其次是基础教育与中等职业教育（364 篇）和行业指导（259 篇），再次是工程技术（212篇）、高等教育（203 篇）、职业指导（社科）（102 篇）和基础与应用基础研究（自然科学）（98 篇）等。

从文献发表的研究层次和年份发表数量分布来看，个性化教学研究和个性化教育研究完全一致，充分说明了个性化教学研究热潮是在社会人才需求和国家人才战略的驱动下兴起的。

再分别以"个性化教学"为主题及篇名进行检索（截至 2020 年 8 月），共检索出文献 28 703 篇和 12 508 篇，如图 3-8 和图 3-9 所示。

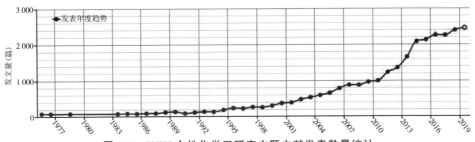

图 3-8　CNKI 个性化学习研究主题文献发表数量统计

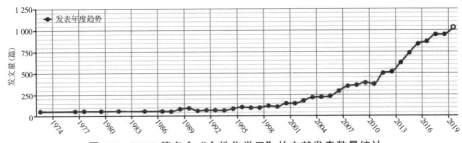

图 3-9　CNKI 篇名含"个性化学习"的文献发表数量统计

个性化学习研究和个性化教学研究的文献数量变化趋势完全一致，但个性化学习研究的主题和篇名的文献数量是个性化教学研究的 3 倍。这说明了人们对"个性化学习"概念的认可度远远高于"个性化教学"，或者是认为"个性化学习"比"个性化教学"更能代表个性化教学活动的特征。

3.5.2　个性化教学研究的特点

个性化教学研究和实践是教学改革研究中的热点，参与者众多、热情高，研究成果多，其特点可概括为：热烈、矛盾、空泛、自"信"。本节将从个性化教学概念所依据的基础出发，分析个性化教学的定义和教学目的，剖析个性化教学的教学模式和教学价值追求，以及两者之间的矛盾，厘清个性化教学研究的基本特点。

不同的研究者从各自领域和主观愿望出发，自然形成了两个研究分支和两类个性化教学的概念，其内涵和外延相互间没有交集，本身都不属于同一概念或类概念。

（1）个性化教学概念的基础与分类

所有的个性化教学概念的定义几乎都是以"个性"概念作为出发点，来展开概念的内涵属性、构建教学模式、确定教学目的。其中的"个性"概念主要来自哲学和心理学两个学科上的概念，依据这两个学科上关于"个性"概念的内涵，将个性化教学概念划分为两大类：第一类个性化教学（individualized teaching 或 individualized instruction），以哲学上"个性"或心理学上的"个性"狭义概念（即"特性"）为基础；第二类个性化教学（personalized teaching 或 personalized instruction），以心理学上的"个性"广义概念为基础。

①第一类个性化教学

在哲学上，"个性"概念的含义指某一事物区别于其他事物的特殊性，与"共性"对立，泛指个体的差异性。心理学上的"特性"概念是指狭义的"个性"，不包括个体的共性心理特征，特指个体的差异性、独特性。哲学上的"个性"和心理学上"特性"在本质上是同义的，都是指某一个体区别于其他个体的特殊性、差异性。

"个性"和"特性"词语，与个别性、差异性、独特性、特殊性、特色等词语近义或同义，在多数场合可以等同使用。所以，第一类个性化教学概念以学生（能力、水平、兴趣、需求和目标等方面）的差异性特征为基础。

②第二类个性化教学

在心理学上，广义的"个性"是"具有一定倾向性的心理特征的总和""个体独有的并与其他个体区别开来的整体特性"，它包含能力、气质、性格、兴趣、意志力、价值观等多种心理特征的有机复合；在功能上，个性是驱动和支配人的生命活动的动力系统，是人的创造力的重要构成因素；在属性上，个性是"现实的人"的本质属性的个别存在形式。在与"共性"的关系上，个性＝共性＋特性。所以，第二类个性化教学概念以发展学生的个性心理特征为基础。

（2）个性化教学定义的分析

教学目的是教学活动的纲领和依据，通过考察个性化教学的教学目的，分析其教学价值追求、人才培养目标、所体现的教育和教学思想，可以厘清个性化教学的概念内涵。许多研究人员从不同的视角和任务，对个性化教学的概念进行定义，比较典型的有如下 4 种。

①定义 1

百度百科的"个性化教学"词条简明扼要地给出了一种第一类个性化教学的定义（定义 1）："个性化教学就是尊重学生个性的教学，必须根据每个学生的个性、兴趣、特长、需要进行施教，亦即学生需要什么，教师便需授予什么，学生完全是一种自主性的学习。"[3-55]

定义 1 中的"个性"均指学生个体的差异性，"兴趣、特长、需要"只代表了学生个体心理上"特性"。定义 1 指明了教师完全按照学生的特点和价值需求来建构和实施教学，教学目的是满足学生的需要，人才培养目标是实现学生的个人价值。

　　这种教育思想与 18 世纪盛行于西欧的个人本位教学思想类似。个人本位论教育思想完全以个人价值为中心，教育的目的是使个体生命自由和谐发展。这和社会本位论教育思想相互对立、相互排斥。人是社会的存在物，个人的价值必须通过社会才能实现。个人本位论只强调个人的价值，并没有真正体现人在社会实践中的主体性，很难全面地发挥个人的优势和潜能，不可能在真正意义上实现个体生命自由和谐发展。个人本位论所谋求的价值不可能代表社会的主流价值，在人类教育史上，也从来没有起过主导作用，在将来也不可能处于主流地位。

　　定义 1 虽然以个人本位论教育思想为基础，但是没有具体明确的教学目的，只是以"学生的需要"来笼统地概括。这个"学生的需要"可以无所不包，也可不包所有。受教育者的学习目标和意愿，往往更多地受到有用功利、快乐功利和自私功利等短期化教育功利的支配，来维持内在学习动机和需要。以个人价值为中心的短期化教育功利，往往支配着学生自愿地追求快乐、成绩、证书和岗位，而不愿意起早贪黑、寒窗苦读。教师能不能准确地理解学生的现实需求？教师又能授予学生什么？"学生的需要"与"个体优势和潜能的发展""个体生命自由和谐发展"之间并没有必然的联系。如果认为它们之间具有某种联系，可能只是个性化教学的定义者的一种自"信"。

　　②定义 2

　　西南大学的翟纯在硕士论文中也概括了个性化教学定义（定义 2）："个性化教学是指以学习者的个性差异为基础，以学习者的个性发展为目标，以教师个性化的教学手段来满足学生个性化的学，最终达到学生的个性化发展与综合素质提升的教学目的。"[3-56]

　　定义 2 中共使用了两个"个性"和三个"个性化"来描述个性化教学概念的内涵，其中，"个性"是指哲学上的差异性含义，或指学生的优势潜能，绝不是指心理学上的"心理特征的总和"；"个性化"作为形容词，表示独特性或多样化。教学目的中的"学生的个性化发展"是指学生的多样化发展，是针对标准化教学的"同质化发展"。

　　定义 2 明确描述了个性化教学概念的教学基础、教学策略或方法、直接教学目的和最终教学目的（人才培养目标）四个方面的内涵，是一个比较完整的第一类个性化教学定义。首先，教学基础是依据学生的差异化特征（优势或缺点），而不是学生在成长发展过程中体现出来的总体特征（共性和特征）。其次，直接教学目的是学习者的个性发展，即使学生的优势潜能得到发展。再次，最终教学目的是达到学生的个性化发展和综合素质提升。个性化发展是培养能力多样化人才，而不是同质化的人才；综合素质提升更多地挂靠国家素质教育的教育方针，因为直接教学目的与综合素质提升之间没有逻辑联系。最后，教学策略或方法是定义2的核心内涵——教师个性化的教和学生个性化的学，即教师根据学生差异化的特征而采用差异化的教学方法和内容。定义2的教学方法和直接教学目的之间没有逻辑关系；直接教学目的与最终教学目的的能力多样化人才之间有关联，但与综合素质提升没有逻辑关系。总之，定义2没有合理的教育和教学理论来支撑，最多只是反映了概念定义者的美好主观愿望。

可以看出，定义2教学思想是针对当前标准化教育的缺陷而提出的。标准化教育目的是规模地培养同质化的知识技能型人才，其缺陷是忽视个体的差异特征，实施同质化的教育模式和教学内容，制约个体的多样化发展，培养个体的创新能力乏力。标准化教育模式是人类社会工业化革命带来社会生产方式和知识传授模式变革而造成社会人才规格需求变化所形成的教育变革的结果，其具有强大的规模化、高效率和时代性优势，大大地促进了社会科技的迅速发展和保障了社会的巨大进步。

标准化教育的人才培养结果中有两个明显的缺陷：一是制约个体的多样化发展，二是人才培养缺乏创造力。这是两个不同质的问题，但是许多教育研究者将其视为同一问题，并且认为是由"忽视个体的差异特征"造成的。根据创造力的相关研究理论可知，创造力的构成因素主要与知识、智力和个性心理特征相关，与个体的差异性无关。试图通过个体的多样性发展来培养人才的创造力是不符合创造力结构理论的。定义2直接忽略了标准化教育的优势，只选择改进标准化教育的缺陷，造成的结果只能是对标准化教育优势的否定；同时，其提倡的教学方法与人才的创造力培养理论无关。这充分地说明了这种个性化教学思想教育理论薄弱，教育思想非常落后。

③定义3

邓志伟在《个性化教学论》中给出一个个性化教学定义（定义3）："教学活动针对一个既定的教学目的，以学生的兴趣、意愿与需要为基础，充分发挥自己的学习自主性，可以运用个别的、小组的和集体的形式。"[3-57]

在定义3中，邓志伟将"既定的教学目的"解释为"最充分地发展每个学生的个性与个别性"，教学策略是以"兴趣、意愿与需要"等个性心理特征为基础，通过发挥学生作为学习活动主体的自主性，提升学生学习行为的内驱力。

标准化教育目的是培养严格服从精神的标准化人才，其优点是规模化、高效化，缺陷是制约了个体的自主性发挥和个性发展，在许多情况下的学习行为是被动的，影响个体的独特性和创新性。定义 3 仅仅是为了弥补标准化教育模式中的"缺乏自主性"缺陷，而主张以学生的个性心理特征为基础，发挥学生的自主性，并没有真正主张全面发展个性，使学生形成良好的个性，充分发挥学生作为实践主体的独立自主性、自由自觉性、能动性和积极创造性；同时，也没有针对创新型人才规格需求而提出相适应的教学目的。所以，邓志伟认为"个性化教学"和"适应性教学"是可以互换的术语。定义 3 既有一定的积极性，也具有较大的局限性。

④定义 4

杨庆荣在《对学生实施个性化教学的思考》中给出一个个性化教学定义（定义 4）："个性化教学就是教师充分尊重和发挥学生的学习积极性，重视学生个性的和谐发展，并通过教学唤起学生的求知欲和对自己全面发展的追求。同时引导学生独立思考，主动获取信息，实现知识、能力和人格的协同发展。"[3-58]

定义 4 以"学生个性的和谐发展"为直接教学目的，基本教学方法是通过发挥学生的积极性、独立性和主动性等主体特征，实现"知识、能力和人格的协同发展"。定义 4 并没有专门针对当前主流的标准化教育的缺陷，而是致力于"个性的和谐发展"，培养学生的"知识、能力和人格"。创造力的结构理论认为知识、智力和个性是创造力的核心构成因素，所以，定义 4 的最终教学目的是培养学生的创造力。

定义 1 和定义 2 属于两种典型的第一类个性化教学概念的定义。第一类个性化教学概念以个体的差异化特征为基础，以满足个体的多样性发展或需求为直接教学目的，其本质是针对个体差异特征而开展的教学。

定义 3 和定义 4 属于两种典型的第二类个性化教学概念的定义。第二类个性化教学概念以个体的个性心理特征为基础，以发展个性或发展本性为直接教学目的，其本质是发展个体的良好或完善个性，体现学生的主体地位，培养具有完善个性的人，发挥学生的创造力。

从概念的内涵来看，第一类个性化教学概念与差异化教学、个别化教学、适应性教学、一对一专门教学、多对一专门教学、特长教学、专长教学、补缺教学等概念的内涵是等同或等价的，在多数应用场合可以混用。从概念的本质来看，两个类型个性化教学分属于不同概念。

⑤混合式定义

此外，还有许多概念定义是这两类个性教学概念的"合体"。例如，李如密等认为："个性化教学是指教师以个性化的教为手段，满足学生个性化的学，并促进个体人格健康发展的教学活动。"[3-59]

　　王涛在硕士论文中给出一个个性化教学定义："所谓个性化教学就是指以满足学生个性化的学、促进学生个性健康发展为宗旨和特点的教学活动。其实质就是要使学生的个性自由地发展。"[3-60]

　　范丹红认为："个性化教学应当是指教师采取个性化的教学手段，对学生个性化的学习进行指导，以促进学生人格健康发展形成有独特性、创造性的教学活动。"[3-61]

　　鲍明丽认为："个性化教学是教师以选择性的教学资源，满足学生个别化学习，促进个人人格健康发展的教学活动。"[3-62]

　　尘婉婉认为："个性化教学是指立足于学生的个性特点和个性差异，以教师个性化的教学来满足学生个性化学习的需要，以让教师形成自己个性化风格，促使学生的独特个性得到充分健康发展的教学。"[3-63]

　　这些定义的共同特征是以哲学上的"个性"或心理学上的"特性"概念为基础，主张达到心理上的"个性"自由或良好发展的直接教学目的。这将两个不同范畴的"个性"术语混淆了。

　　（3）国外相关研究

　　国外关于个性化教学概念的认知与国内关于个性化教学概念的理解基本一致，也分为两大类：第一类个性化教学概念是运用适合于学生的个别差异化教学方式，来满足学生多样化、自由化发展的教学目的；第二类个性化教学概念是以完善个体的个性心理特征，追求个体的智力和创造力为教学目的。苏联的《统一劳动学校基本原则》中定义："个性化教学指的是教师要分析每一个学生的爱好和性格特点，应当使学校所教内容和所提要求尽可能符合学生个人的需要。[3-1]"《国际教育百科全书》中定义，个性化教学是"一种以个体而非群体为基础的教学形式，与诸如演讲或小组教学等以群体为基础的教学方法相比，在学习步子和学习时间方面，几乎一切个性化教学都允许学生有更大的灵活性，教学适应学生个人需要的程度随所采用的特殊方法而变化"[3-64]。这是典型的第一类个性化教学概念定义。

　　1869年英国心理学家弗朗西斯·高尔顿（Francis Galton）出版著作《遗传的天才》，发布了其所研究的天才人物的思维特征，从理论上研究个性化教育对创新人才培养的作用。

　　1908年奥地利心理学家西格蒙德·弗洛伊德（Sigmund Freud）出版的《诗人与白日梦》介绍了他及助手对富有创造力的诗人、作家、艺术家等的研究，把想象性作品比作白日梦。1926年美国心理学家华莱士（J. Wallas）出版的《思想的艺术》提出了创造性思维的四个阶段（准备、酝酿、启发、检验）

的著名理论。他们认为创造性思想是人格和个性的表现。

20 世纪 30 年代后，哲学家和心理学家开始研究创造性的认识结构和思维方法，代表著作有 1931 年美国心理学家克劳福德（R. P. Clauforde）出版的《创造性思维方法》和 1945 年德国心理学家维特墨（M. Weitheimer）出版的《创造性思维》。1950 年，美国心理学家吉尔福特（J. P. Guilford）在所著的《创造力》中提出"创造力结构理论"。此后，艾曼贝尔、斯滕伯格、西克森特米哈伊等心理学家也分别提出了创造力的构成理论，认为创造力的构成因素主要包括知识、智力和个性。

20 世纪 60 年代，苏联著名教育家瓦·阿·苏霍姆林斯基（Sukhomlinskii），提出了以培养"个性全面和谐发展的人"为核心思想的个性化教育理论。

20 世纪 70 年代后，国外个性化教育体现在两个方面：一是探索富有创造力的人特征研究，二是探索富有创造力的智力过程。

2000 年英国学者奥斯汀·金伯利·保林（Austin Kimberlee Paulynn）通过研究社区教育中个性化教学的方法体系，强调个性发挥是学习的潜在动力。[3-65] 2008 年，凯瑟琳曼莉（Manley Kathleen）阐述了个性化的发展可以改变人的审美眼光，使人因为发展个性而提高专业素质。[3-66] 格伦希瑟（Heathers G.）在文章中介绍了根据学生自身的学习特点、需要和方式，进行个性化学习指导。[3-67]

3.5.3　第一类个性化教学概念的局限性

一般认为，个别化教学是为了适合个别学生的需要、兴趣、能力和学习进度而设计的教学方法；差异教学是指立足于学生个性的差异，满足学生个别学习的需要，以促进每个学生在原有基础上得到充分发展的教学；适应性教学是通过环境的改变来适应学生的学习，通过教学形式的改变来适应学生学习的基本内容的一种个性化教学策略。从这些术语的概念定义来看，个别化教学、差异化教学、适应性教学和第一类个性化教学概念是等同的，或者个别化教学、差异化教学、适应性教学是第一类个性化教学概念中的一种形式。

这些个性化教学思想都是以个人本位教育观为出发点（理论基础），针对学生的差异特性或个人需求而开展教学（教学策略），目的是发挥学生的优势或潜能，促进学生的充分发展（教学目的）。那么，第一类个性化教学概念的认同者认为，这种理论基础和教学策略的融合，与所主张的教学目的之间存在着不证自明的逻辑必然性。这种"自明"的观点有着广泛的认同，也受到了否定性的质疑。本书也从如下几个方面提出它的局限性。

（1）以个人本位论为基础的个性化教学模式不可能成为主流地位的教学模式

个人本位论和社会本位论代表了个人和社会两个教育主体最基本的价值追求。这两种教育价值观及其所主导的教育目的，在理论上相互对立、相互排斥，代表了个人发展与社会发展、个人价值与社会价值之间存在着矛盾和冲突的关系。个人本位论教育思想只强调个人的价值，并没有体现人在社会实践活动中的主体性。因为人是社会的存在物，个人的价值必须通过社会才能实现。在教育历史上，社会本位论向来占据主导地位，个人本位论居于从属地位，两者一直处于相互对立、相互排斥的关系，并随着教育的发展，逐渐呈现渗透式并存状态。在理论上，教育活动应该遵循人和社会存在和发展的需求，指向教育的终极目的，但是，教育的社会价值观对于整个教育活动起着深刻的导向作用，教育的个人价值观仅仅处于从属地位。

当前处于主流地位的标准化教育模式，其教育目标是培养知识型人才，优点是遵从社会价值需求、规模化和高效率化，缺陷是忽略个体的差异特性，影响到个体独特性和创新性的发挥。第一类个性化教学概念针对标准化教育存在的固有缺陷而提出，体现了广大教学活动参与者要求充分发挥学生优势潜能的良好愿望。但是，第一类个性化教学过多地考虑个人的需求和个人价值，甚至忽略社会价值；没有融合标准化教育模式的优点，只是一厢情愿地希望改进标准化教育模式的缺陷。所以，以个人本位论教育观为基础个性化教学模式，没有很好地融合社会本位论教育观，不可能成为主流地位的教学模式。

（2）发挥学生的优势和潜能未能促进学生的充分发展

人的发展过程包含个体的生理和心理的发展过程。其中，个体的心理发展主要是指个性的发展。人的个性是由人的能力、气质、性格、需要、兴趣、理想、信念、价值观等精神属性要素构成的有机复合整体，是人的心理或精神活动的主导因素。它是个人从事各种活动的基本动力，决定着个人对社会环境的态度和行为模式。人的充分发展是指人的生理和心理得到足够的、全面的、和谐的发展。

人作为单个个体是非常弱小的，无法独自生活于社会之外，人的成长和发展离不开社会、受制于社会。人是社会的产物，也是社会的存在物，个人无法超越于社会而存在。个人和社会如何发展，以及发展到什么样的程度，并不取决于个人的意愿，而取决于以生产方式的发展状况与水平为基础的社会发展需求。所以，个人的发展是以社会发展需求为指南的。

英国著名社会主义者汤普森认为人之所以成为劳动的主体，是由于人具有道德和智力，才能按照自身的想法进行社会活动，并实现其创造性。[3-68]马克思的人的全面发展学说认为，基于"现实的人"的存在需求，必须充分、统一地发展人的劳动能力，以及人的思想道德的发展、个性的自由发展和按照个人的意愿从事各种社会活动。人的劳动能力主要包含人的体力与智力两方面。人的全面发展学说认为，教育应该使受教育者在德、智、体、美等方面得到全面、和谐、充分的发展，完成人的社会化过程。它指明了人的充分发展的核心内涵。所以，人的充分发展的核心内涵，是在社会发展需求指引下的人的全面发展。

第一类个性化教学概念主张通过"发挥学生的优势或潜能"的直接教学目的，进而实现"促进学生的充分发展"的最终教学目的。人的潜能是指人们潜在的能量、尚未被开发的能力。人的优势泛指人们已经开发出来的能力，并处于超越他人的形势。优势和潜能只能体现人的某一方面的能力，未必完全包括人的本质能力。所以，"发挥学生的优势或潜能"远未达到人的全面发展的内涵，在逻辑上也并不能达到"促进学生的充分发展"。第一类个性化教学概念的直接教学目的和最终教学目的之间没有必然性关系。

（3）个人的差异特性仅是个性的外在表现，并不是主体的决定性力量，不能作为实施教学活动的依据

个人在成长和发展过程，逐渐形成个体的个别存在形式和主体特征。个别存在形式把个人从社会中相对独立出来，使人具有唯一性、不可重复性、独特性和自我性。主体特征使人具有独立自主性、自由自觉性、能动性和积极创造性等特征。人的个性特征包括个别存在形式和主体特征，表现出个体的差异特征。个体的差异特征不是人的个性的本质，仅仅是个性的外在表现。

在心理学上，个性是指人的"心理特征的总和"，美国心理学家阿尔波特（G. W. Allport）和卡特尔（R. B. Cattell）认为个性是"共同特性"与"个人特性"的有机复合。"共同特性"是人所共有的，而"个人特性"是个人所特有的，即个性＝共性＋特性（个体的差异特征）。心理学认为，个性是一种整体化的具体的人的心理特征，反映的是"现实的人"的共同和差异特性的统一。个体的特性只是反映了个人存在形式上的差异和特殊性。它只是影响到个人某个方面的行为模式，并不是人的活动或行为的决定力量。

在哲学上，"个性"表示某一事物区别于其他事物的特殊性。德国哲学家黑格尔认为每一个事物的抽象概念，包含了三个内涵特征：普遍性、特殊性和个体性。普遍性指事物各种不同的规定性之间的同一性，即为共性；个体性指包括特殊性在内的丰富的普遍性，是普遍性和特殊性的结合，即个体性＝共性＋个性（特殊性、特性）。唯物辩证法认为，共性和特性密切联系，不可分割，是

辩证统一的关系。世界上的事物无论如何特殊，它总是和同类事物中的其他事物有共同之处，总要服从于这类事物的一般规律，不包含共性的特性是没有的，即特性也离不开共性。

第一类个性化教学概念以心理学上的特性和哲学上的"个性"（特殊性）为基础，只强调个体的差异特性，并没有立足于主体的决定性力量。

同时，如何准确地识别个体的差异特性是个难度极高的问题。学生处于成长发育的过程中，个体的心理特征不成熟，正处于被塑造、不断发展变化的过程。个体的差异特性逐渐显化，但不够稳定。如果依据教师来准确地识别个体的差异特性，难度和工作量都相当大，效果和效率也不高。现代大数据和人工智能技术的发展，为识别或评估学习者的个性特征提供了技术上的支持。人工智能技术利用计算机智能算法，可以对学习者的情感、兴趣、智力、认知状态以及其他的个性特征进行数字化表示，但是，相关技术的应用还不够成熟。

另外，即使是准确地识别个体的差异特性，如何实施差异化或个别化教学更是巨大的难题；即使花费巨大的人力和物力，也很难达到规模化和高效率化。中国古代的私塾和17世纪前的西欧各国主要实行"个别教学制"，就是人类教育历史上实行时间最长的个别教学模式。个别教学模式最显著的缺陷是效率低、规模小，但教学效果也不是很高。17世纪捷克教育家夸美纽斯提出班级授课制，实行班级集体化教学，不仅提高了教师的利用率，还有利于学生与学生、教师与学生之间学习交流，更有利于培养学生的集体意识和组织纪律性。18世纪在工业革命的驱动下，现代标准化教学模式在班级授课制的基础上发展起来，推动了人类科技的巨大进步和社会的高速发展。虽然差异化或个别化教学与个别教学模式在内涵上有所区别，但是它们很难摆脱效率低和规模小的缺陷，无法适应现代社会规模化、高效化的人才培养需求。

从主体的决定性力量、识别的难度和实施的效率来看，依据个人的差异特性而开展教学活动的教学模式，在理论上、教育历史上和现实意义上都是落后的。所以，个人的差异特性不能作为实施教学活动的依据或出发点。

（4）学生的学习需求不能成为开展积极的教学活动的依据

在教学活动中，学生的学习需求泛指学生为了达到个人某种教育目的的主观要求。它来自学生个人的主观意志。如果以它作为教学活动的依据，可以大大地增强学生的学习意愿或主动性，可能会发挥学生的主体性，从而促进学生的充分发展。

学生的学习需求反映了学生个人在教育价值观的作用下对教育效果或利益的追求，是学生个人的教育功利的具体表现。人的教育活动总是裹挟着强烈的教育功利，受到教育功利的支配和调节。在当前以市场经济为主导的社会背景下，教育的工具化和功利化倾向越来越普遍化。在各种短期化的教育功利的指引下，学生越来越倾向于以个人价值为中心，主动地追求可感知的"有用"的成绩、证书和岗位，或是满足一时的快乐和愉悦，或是专心谋求个人私欲，更加排斥非知识或智力的素养和个性的塑造。

在各种短期化的教育功利的驱动下，学生的学习需求往往趋向于选择指向个人主观认为"有用"和易学的知识，同时主动避开那些晦涩难学的知识。例如，在升学的需求下，学生往往选择花费更多的时间学习"主科"而轻视"副科"，出现偏科的现象；在课程学习中也只选择"要考"的内容而忽视"不考"的内容；在大学课程学习中，许多学生对自认为"无用"的课程只追求及格，甚至放弃学习。可见，学生的学习需求往往受到教育功利的支配。大量的事例证明了教育功利的局限性和危害性，不利于完善个人本性和身心健康成长。

从逻辑上来看，从学生角度产生的学习需求有两种极端的情况。一是在某个时期，某一学生可能产生了学习大量的知识或难度较大的知识的需求。这种学习需求超出了该学生的学习精力或认知水平，学习效果将极差。二是学生沉迷于游戏或追求快乐活动，学习需求接近于零，学习也将无法进行。在现实教育中，接近于这两种极端情况的事例不在少数。学习需求无法避免消极的学习阻力。

汉字"教"最早见于甲骨文，从支，从孝，孝亦声。"支"，篆体像以手持杖或执鞭，表示教的本义包含了强迫的成分。中国唐宋著名文学家韩愈在《古今贤文·劝学篇》中写有"书山有路勤为径，学海无涯苦作舟"，深刻地指出了学习重要特征——"勤奋"和"刻苦"。复旦大学历史系钱文忠教授在评价"快乐教育"思潮时说："教育里面一定有痛苦的成分，这是不言而喻的。"本书认为，学习中也有快乐，不一定都是痛苦的，但一定是辛苦的。辛苦是学习中不可避免的成分，克服学习中的辛苦成分不是件容易的事，需要树立高尚的价值观功利来支撑。学习活动既需要自身自觉的内驱力来支配，也需要外部强迫的作用力来推动。高尚的价值观是人的强大的精神力量，可以促使个人树立长远奋斗目标，帮助个人克服成长道路上的困难和挫折，成为支配个人自动自觉地努力学习的内驱力。社会发展对人才的需求是个人努力学习的推动力和努力方向。

学生的学习需求自然就带有教育功利的局限性，无法避免消极的学习阻力，不能成为个人努力学习的内驱力、外部推动力和努力方向，所以，不能成为开展积极的教学活动的依据。

综上所述，第一类个性化教学思想的突出特点是针对当前主流的标准化教学中的缺陷——忽视个体的差异性特征（就是所谓的个性差异）、人才培养规格同质化、不重视个体的优势潜能，提出了专门性教学策略，具有一定的积极意义。但是，它在针对标准化教学缺陷的同时并没有融合其优点，只强调个人本位教育价值观，也没有将教学目的与新时代创新人才培养联系起来，这决定了它无法成为主流的教学模式；另外，其教学策略不能成为开展积极的教学活动的依据，也无法促进学生的充分发展，有着深刻的局限性。

3.5.4 第二类个性化教学概念内涵的分析

苏联著名教育家苏霍姆林斯基在 20 世纪 60 年代就提出了以"培养个性全面和谐发展的人"为核心思想的个性化教育理论，但是，教育领域至今仍未对第二类个性化教学概念内涵达到统一全面的认识。在 CNKI 中，不少文献（主要是硕博论文，其他论文几乎属于第一类个性化教学）从不同的角度陆续地提出一些关于第二类个性化教学概念内涵的观点，但是思路还不够清晰，未能完整地论述"发展优良（心理学上的）个性"与"创新型人才"之间的逻辑联系、理论依据，以及清楚地说明如何处置新的"个性化教学"和当前主流的"标准化教学"两种教学模式的存在关系。本书将在下面完整地论述和分析第二类个性化教学概念内涵。

（1）个性概念的内涵

第二类个性化教学概念的显著特征是以心理学上的个性概念作为基础和出发点。简单而言，心理学认为个性是人的"心理特征的总和"，包含人的能力、气质、性格、需要、兴趣、理想、信念、价值观等心理特征（精神属性要素）。这些心理特征不是孤立地存在的，其构成是错综复杂、相互联系、有机结合的，共同构成一个复合的整体，对个人的活动起着支配和控制的作用。

除了从心理学上认识个性概念的内涵，还需要在哲学上分析人的本质的内涵，才能理解个性对人的活动的支配作用。依据图 1-1 人的生命活动系统结构模型，人的精神属性是生命体运动的信息控制系统，提供运动的力量，决定行为的动机和发展的方向。心理学上的个性特征就是人的精神属性要素，共同构成人的动力系统（如图 2-1 所示），对个人的心理活动和行为模式起着"动力和指向作用"，是人的能动性意识力量作用的结果。

心理学家阿尔波特和卡特尔认为，个性是"共同特性"与"个人特性"的有机复合。"共同特性"简称为"共性"，指人的心理普遍（一般）特征；而"个人特性"简称为"特性"，指区别于他人的心理独特性，即个性＝共性＋

特性。

德国哲学家黑格尔认为，每一个事物的抽象概念，包含了三个内涵特征：普遍性、特殊性和个体性。普遍性指事物各种不同的规定性之间的同一性，即为共性；特殊性指事物不同的规定性，即为特性（哲学上也称为个性）；个体性指包括特殊性在内的丰富的普遍性，是普遍性和特殊性的结合，即个体性＝共性＋特性。

唯物辩证法认为，共性和特征密切联系、不可分割，是辩证统一的关系。世界上的事物无论如何特殊，它总是和同类事物中的其他事物有共同之处，总要服从于这类事物的一般规律，不包含共性的特性是没有的，即特性也离不开共性。心理学家斯皮尔曼的二因素说认为，人们在完成任何一种活动时，都需要由一般能力（G 因素）和某种特殊能力（S 因素）共同来承担，但每一个具体的 S 因素只能影响人的某个特定的活动。

心理学上的"个性"概念和哲学上的"个体性"概念是完全对应的。两个学科都认为，"个性"或"个体性"作为人的一种整体性的动力系统，对人的生命活动起着动力和控制作用；"共性"是人的一般能力，人的任何活动都需要它；"特性"是人的特殊能力，只有某个特定活动需要它。

标准化教学着眼于人的"共性"，是求同的教育观；第一类个性化教学着眼于人的"特性""差异性"，是求异的教育观；第二类个性化教学着眼于人的"个性""个体性"，是求全的教育观。从这个意义上看，第二类个性化教学＝标准化教学＋第一类个性化教学。

（2）人才培养目标和教学目的

第二类个性化教学的人才培养目标和教学目的定位有着必然性关系，国内许多研究者也提出相类似的主张。例如，王涛提出：发展优良个性、实现学生的主体地位、培养具有创造性的人，培养具有完善个性的人；[3-60]郭良璞提出：发挥学生主体作用和培养创新精神的力量；[3-69]魏胤提出：发挥主观能动性，发现和发挥天赋个性，培养有个性的人，培养有独立人格的人；[3-70]徐瑛琦提出：促进学生个性的发展，培养有个性的创新型人才；[3-71]等等。还有许多研究者提出更多的以发展个性为教学目的的观点。

①人才培养目标定位

人类社会历经三次工业革命，带来科技飞跃式发展、生产要素的不断变化和经济结构的重大变革，以知识和人才为代表的智力资源在生产要素中处于首要地位，社会对人才规格的需要并没有出现质的突破，仍以知识型科技人才为主。但是，第四次工业革命——人工智能时代的来临，打破了人类知识的传递模式，带来社会生产方式和人才规格需求的变化。

首先，人工智能时代的来临，打破了知识生产、传递和创新的模式，现代科技发展进入了爆炸增长的时代，知识总量呈指数级增长。就算是一个人只选择一个方向学习，可能终其一生都将无法达到最前沿水平。标准化教育以知识传授为中心，它与人工智能时代的知识指数级增长特征越来越不相匹配。

其次，智能机器将大量地替代标准化训练的人才和重复性强的脑力劳动者所完成的复杂工作，或是一些通常需要人类智能才能完成的技术性工作，促使大量职业的转化，需要更多的是从事"创新、沟通和深度思考"的工作，生产方式将发生重大的变化。人工智能时代打破了知识或智力型人才规格需求，转变为创新型人才规格的需求。

最后，现代科技的迅猛发展，推动了当今社会的大发展，而维持和保障着现代社会高速发展的不竭动力是人类的创新活动，而不单纯是依靠知识的积累。在人工智能时代，教育和教学的最重要意义未必是知识的传授，而是培养个体的创造力，培养创新型人才是未来教育的极大命题。

②教学目的定位

教育是社会系统中的一种活动，受到社会各种因素的制约。生产力和生产关系所结成的生产方式，是社会存在和发展的决定因素，也是教育活动产生、变化和确立的现实基础。教育逻辑起点和归宿都是育人，教育本质是育人。教育育人的基本内涵是建构人的道德和智力等精神属性的核心要素，基本目的是提升人改造自然的能力，发展人的本质力量；最终目的是维系社会生产关系和发展社会生产力，支撑社会的运行和发展。

在古代教育阶段，社会生产方式是手工劳动，生产技术落后，劳动知识主要是初级形态的经验知识。社会生产活动需要一种理性力量来规范、约束人的欲望，使得人的欲望指向社会共同的利益和价值方向，减少社会的失序和冲突，维系良好的社会关系。道德就是人类社会调节自身欲望的理性机制，起着规范人们的行为、调节个人与社会关系的作用，有着无形的巨大力量。所以，古代教育将社会道德作用于人，强化社会道德规范，达到维护社会阶级统治的职能。

第一次工业革命逐渐把人类社会带进了大机器生产的工业时代，大机器生产以科学技术为基础，要求劳动者必须掌握生产技术知识。教育活动必须大规模地培养知识型科技人才，以满足社会生产发展的需要。现代教育通过传授经验、技能和知识来发展人的智力，培养知识型人才。智力是人们认识客观事物并运用知识解决实际问题的能力，是人的一种精神能力，反映了人的本质力量。生产力是人类改造自然、社会和自身的能力，是群体本质力量的反映。所以，现代教育将知识技能作用于人，开发人的智力，提升人的劳动能力，达到发展社会生产力的职能。

古代教育的教学目的定位是培养道德，现代教育的教学目的定位是传授知识、开发智力，都是由生产力和生产关系所结成的生产方式决定的。人工智能时代带来社会生产方式和人才规格需求的变化，未来教育的教学目的定位不再是培养道德、传授知识、开发智力，而是发展优良个性，培养富有思维想象力和创造力的人才。

（3）主体意识、优良个性和创造力

人类社会从原始形态到现代高级文明的发展演化，是不断积累和创新的过程。创新是促进社会发展的不竭动力。创新包含更新、改变和创造三层含义，创造是最高层次的创新。

①人的创造特性来自人的意识力量

马克思认为自由的、有意识的活动是人类的特性，把人和动物直接区别开来。人作为自由的、有意识的智能存在物，在社会实践活动中都会努力地追求活动主体的价值，逐渐形成个性的主体倾向性。个性的主体倾向性使人具有独立自主性、自由自觉性、能动性和积极创造性，把人构造成为改造自然和自身活动的主体。

马克思的"人是人的最高本质"和"人的根本就是人本身"的命题表明，人的本质是在人的生命活动中自我创造的，而且又不断地超越自我创造，体现了人的自我创造特性。所以，人类的创造特性来自人的能动性意识力量。

心理学认为意识是感觉、思维等各种心理过程的总和。人的意识活动或心理过程经常表现出稳定的个性心理特征，包括能力、气质、性格、需要、兴趣、理想、信念、价值观等。这些个性心理特征不是孤立地存在的，是错综复杂、相互联系、有机结合的一个整体，对个人的心理活动和行为模式起着"动力和指向作用"，是人的能动性意识力量的外化。

教育活动对人的个性培养的目的，是全面形成和塑造人的优良个性，更好地发挥人的自觉主体性和积极创造性等本质力量。

②创造力的构成因素

创造力是人类创新能力中更高层次的能力，特指产生新思想，发现和制造新事物的能力。20 世纪 50 年代起，心理学家从不同角度、采用不同方法探讨创造力的构成因素，提出众多的创造力结构理论，如吉尔福特创造力结构理论、艾曼贝尔的创造力成分理论、斯滕伯格的创造力三侧面模型理论和创造力投资理论、西克森特米哈伊的创造力系统模型，等等。这些理论认为创造力的构成因素主要包括知识、智力和个性。这充分体现了人的个性中蕴含着独立自主性、自由自觉性、能动性和创造性的意识特征。

可将创造力的主要构成因素简单地分两类：智力和非智力因素。智力因素包括知识和智力，这是当前教学的核心内容。非智力因素就是除智力之外的其他个性心理特征（在心理学上，个性也包含智力）。

知识是智力发展的基础和必要条件。人总是需要运用一定的智力来学习知识、传授知识和产生知识，而个体知识的增长又促进个体智力的发展，所以，二者相互依存、相互促进。依据知识和创造力的张力观，知识和创造力之间应保持适度的张力，知识不是越多越好，太多的知识会限制个体的思维方式，从而阻碍其创造力的发挥。[3-50]知识、创新和创造力三者之间的相互关系可表示为一种创造力发展曲线，如图 3-4 所示。

智力是创造力发展的前提，低智力的人不可能有高的创造力，但智力水平高的人并不一定具很高的创造力。依据吉尔福特的智力三维结构理论，众多的研究发现创造力的波动幅度随智力的增长而扩大，如图 3-5 所示。

人的个性是具有独立自主性、自由自觉性、能动性和创造性等特征的意识的外化。创新活动需要克服重重的困难、失败风险和挫折，除了个体的价值观所支配的内部价值动力外，兴趣和好奇往往会产生更加专注的内动力，会增强个体的主体意识，激发人的天赋潜能，有利于突破常规思维的界限或定式。创造力的构成理论认为，除了知识和智力因素外，动机、发散思维等个性复合体与创造力的构成因素有关。全面和谐的优良个性有助于创造力的形成、发展和发挥。

（4）教育目的达成的基本路径

关于教学与教育的关系，从概念的外延、内涵属性关系来看，教育是教学的上位概念，教育与教学是整体与局部的关系。赫尔巴特的"教育性教学"思想认为，教学目的服从于教育目的，教学是实现教育目的的手段，教学必须按照教育思想、教育方针分步实现教育目的。教学如何服从于教育目的、分步实现教育目的，形成教育目的达成的基本路径，是教学活动的行动纲领。它对教学主体活动起着直接的指向作用。

在标准化教育的教学实践活动中，教学目的有两个层次："知识说"和"思维说"。"知识说"以知识为中心，通过传授知识技能，达到培养人的能力的目的，其教育目的达成的基本路径为：知识→能力。"思维说"以智力为中心，认为掌握了足够的知识并不会自动地转化为解决实际问题的能力；发展学生的各种智力或思维，最终使学生具备能"胜任任何学科和职业"的能力；传授知识技能只是发展智力的基础或媒体，其教育目的的达成的基本路径为：知识→智力→能力。虽然这两种教学思想的教育目的的达成的基本路径不同，但是它们都服从于知识技能型的人才培养教育目的。

第二类个性化教育的人才培养目标是培养创新型人才，个性化教学如何确立教育目的达成的基本路径，相关研究一直都没有深入探讨。例如，王涛[3-60]、郭良璞[3-69]、魏胤[3-70]、徐瑛琦[3-71]等，他们的硕士论文中从个性概念出发，分析和比较各种个性和个性化教学的概念特点，都认同心理学上的个性概念内涵和创新型人才的培养目标。但是，个性化教学如何分步实施、达成创新型人才培养目标，他们都无法摆脱教学的"知识"中心论，又回到了第一类个性化教学的范畴上来，背离了第二类个性化教学概念的内涵。

依据本书前面的分析，当今社会科技的进步，推动了社会的大发展，而维持和保障现代社会高速发展的不竭动力是人类的创新活动。特别是人工智能时代的来临，带来社会生产方式和知识传授模式的重大变迁，促使未来教育必须以创造力为中心，培养创新型人才，满足社会大发展的人才规格需求。如何培养富有创造力的创新型人才是未来教育的最大命题。

19 世纪 70 年代后，心理学家开始致力于探索富有创造力的人的特征研究。20 世纪 30 年代后，哲学家和心理学家开始研究创造性的认识结构和思维方法。20 世纪 60 年代后，心理学家从不同的角度提出了创造力的构成理论。相关研究表明，个性是驱动和支配人的生命活动的动力系统，是人的创造力的重要构成因素，健全的个性影响到创造力的形成、发展和发挥。未来教育必定是以发展全面和谐的优良个性，开发创造力为目的的个性化教育。所以，本书认为第二类个性化教学思想的教育目的达成的基本路径应该为：知识→（智力、价值观、意志力等）个性→创造力。这为第二类个性化教学活动确立了明确的指导方针。

由于人的个性心理特征数量众多、结构复杂，人们尚未掌握各种个性心理特征的识别或评估方法，以及它们形成发展、相互作用和有机结合的机理和规律；个性对创造力的形成机制至今仍是一个未知的命题，所以，迄今为止，真正意义上的个性化教育只是停留在概念层面。

3.5.5　两类个性化教学思想的比较

两类个性化教学代表了当今两种正在变革中的教育教学思想。在教育教学研究和实践中，两种个性化教学概念一直处于内涵模糊、互无交集的状态。有许多教育工作者在对基本概念不求甚解的情况下，大谈特谈个性化教学的策略设计，并发表了大量的论文；也有许多教育工作者在缺乏创造力相关理论依据的情况下，主观地将第一类个性化教学想象成为创新人才教育培养模式，也发表了大量的论文。这种状况既缺乏科学的情操，又缺乏教育的情怀，实在令人担忧。下面本书通过比较两类个性化教学的主要特征，厘清个性教学的价值追求。

（1）主要特征比较

由"个性"这个多义词复合而成的"个性化教学"词语，代表了两种完全不同的教育和教学思想。从概念的出发点、教学策略、教学目的和人才培养目标等内涵属性来看，第一类个性化教学和第二类个性化教学的概念有着本质性的差异，它们与标准化教学的主要特征比较如表 3-1 所示。

表 3-1　三种教学思想的主要特征比较

主要特征	第一类个性化教学	标准化教学	第二类个性化教学
教学出发点	个体的差异性 求异教育观	个体的共性 求同教育观	个体的总体特性 求全教育观
人才培养目标	知识型人才	知识型人才	创新型人才
教学主体	①学生单一主体论 ②双主体论	①教师单一主体论 ②学生单一主体论 ③主导—主体论	①双主体—共客体论
教育价值观	个人本位论	社会本位论	人的全面发展学说
教学价值要素	知识、智力	知识、智力、（道德）	知识、智力、个性、创造力
教学价值核心要素	知识或智力	知识或智力	创造力
教学价值追求	发挥个人特长、潜能，满足个人需求	高效率地生产知识技能型劳动力	促进个性全面和谐发展，培养创造力
教学目标达成的基本路径	知识→特长→能力	①知识→能力 ②知识→智力→能力	知识→（智力、价值观、意志力等）个性→创造力
存在的缺陷	效率低、忽略社会价值	忽视个体的差异性，制约个体的多样化发展，影响了个体的独特性和创新性	教学活动的开展依赖个性特征的准确评估

从主要特征来看，两类个性化教学思想几乎没有交集，也没有相互否定的属性，两者应该分属于两个不同的概念，但是，它们却有着共同的名称。这两类个性化教学概念在教学研究和实践中混用，形成一种没有交集的争议。虽然

第一类个性化教学思想的拥护者都很"自信"地认为"个性化教学"名称是最合适的，但是，本书却认为"差异化教学"既可反映其内涵特征，又可减少概念的混淆和歧义。以下，本书将把第一类个性化教学称为"差异化教学"，第二类个性化教学称为"个性化教学"，避免两类个性化教学概念的混淆。

（2）教学价值要素的比较

一般认为，教学基本要素有教学、学生、教学内容、教学方法和手段。教学过程由教学基本要素来构成：教师运用教学方法和手段，合理地组织教学内容使学生取得某种教学收获或价值。教学价值反映了教学主体的价值追求，也是教学活动的指南。从差异化教学、标准化教学到个性化教学，教学价值要素也发生了很大的变化，体现了教学思想的转变。这些教学价值要素包括知识、智力、道德、创造力和个性。

①标准化教学价值要素

标准化教育的主要知识价值观认为：知识是人类特有的能动性意识活动的产物，是构成人类智慧的最根本的因素；知识被当作一种固化的人类智慧、第一智力资源，成为现代社会首要的生产要素；知识就是（征服自然）力量。所以，现代教育的核心职能从道德教育转移到知识教育，通过传授和传承知识，使人类可以运用知识作为认识世界和改造世界的主观能动工具来征服自然。

在这种知识价值观的主导下，标准化教学在教学活动过程所追求的核心价值就使学生获取某种知识，淡化了道德要素。苏联教育家的"知识说"认为教学的主要目的是传授知识技能。

对人而言，人的成长和发展过程都在不断地获取知识、不断地增长知识。而且在学校教育中传授的知识是结构的、原理的、静态的、提纯的知识。人的绝大部分知识还需要在实际工作中进行学习。

智力是一个人在认识和改造客观世界的活动中所表现出来的认识能力。美国教育家提出的"智力说"，认为在教学活动中更重要的是培养学生智力，使学生在往后的职业中，能够凭借发展起来的抽象思维等智力，更好地不断学习新的知识；在教学活动中所传授的专业知识技能，只是作为达到培养学生各种智力目的的媒体。

所以，标准化教学活动所追求的核心价值要素有：知识或智力。虽然新中国教育思想依据的是人的全面发展学说，教育方针提倡德、智、体、美、劳全面发展，但是，受苏联"知识说"教学目的观的深刻影响，在教育和教学实践中存在"唯分数""唯升学"等顽瘴痼疾，一直很难破除。

②差异化教学价值要素

差异化教育秉承了与标准化教育相同的知识价值观，只是不认同标准化教学知识传授的方式和手段。标准化教学方式忽视学生的差异特性，以相同的知识内容和教学进度作用于学生，不仅造成差异特性的学生所获取知识的同质化和能力的单一化，也不利于发挥学生的积极性和优势潜能。所以，差异化教学认为学生的需要、兴趣、能力和学习进度等特性是有差异的，教学应该依据学生的差异特性来开展活动，针对学生不同的认识能力和学习需要，采用不同的教学手段，以达到发挥学生的优势或潜能的作用。

差异化教学没有改变标准化教学的二元价值要素（知识和智力），只是以个人价值为中心，依据学生的差异特性，对二元教学价值要素进行选择。对于知识要素，选择传授"学生个人需要"的知识、"适应学生个人认知水平"的知识、"匹配学生个人学习进度"的知识；对于智力要素，则选择追求学生的优势智力或能力。

③ 个性化教学价值要素

个性化教育基于人的全面发展学说，追求创新型人才培养的教育目的。智力结构理论和创造力构成理论等研究成果为创造力培养提供了相关理论依据。为了匹配创新型人才培养的教育目的，教学价值要素从二元扩展为四元：知识、智力、创造力和个性。其中个性要素包含道德、价值观、品质、兴趣、意志等非智力心理成分，创造力是个性化教学核心价值要素。

（3）教学目的达成逻辑比较

教学目的达成逻辑指的是达成教学目的的思维规律，反映了教学主体对实现教学目的过程中存在规律的认识。

①标准化教学目的达成逻辑

"知识说"教学目的论认为，在教学活动中传授知识的过程，就是将知识作用于学生，使学生获取人类流传下的智慧，并能转化为认识世界和改造世界的智力或能力的过程。

"智力说"教学目的论认为，每一个人在学校教育阶段所学的知识是有限的，或者不一定适合于将来的工作需求；人类社会科技高速发展，知识也呈指数级增长；每一个人在工作实践中还需要学习更多的知识。在学校教育阶段，培养人的认识智力比学习更多的知识更有意义。所以，在教学活动中学习各种知识是为了达到培养学生各种智力的目的。

②差异化教学目的达成逻辑

差异化教学认为人天然存在差异特性，应该传授符合学生兴趣和需要的知识内容，并采用适应于学生认知能力和学习进度等特性的教学方法和手段，才能发挥学生的优势或潜能，使学生得到多样化的发展。与标准化教学相比，差异化教学目的达成逻辑认为知识的传授要具有选择性和差异性，教学方法也要具有差异性和适应性。

③ 个性化教学目的达成逻辑

人们在掌握了知识以后，知识并不能自动转化为能力，知识需要和智力、非智力的个性因素结合起来才能发挥人的能力。维持和保障社会大发展的决定性力量是人的创造力。所以，个性化教学的核心目的是培养学生的创造力，而不是知识和智力，但知识和智力都是创造力形成和发挥的前提和基础，个性化教学价值四元要素之间存在复杂的相互作用关系。如何达成创造力培养的教学目的，是个性化教学的核心命题。

虽然智力结构理论和创造力构成理论等相关理论，指出了创造力的构成要素包含知识、智力和个性三个主要成分，但是，创造力的形成和发挥机理还没有得到揭示；此外，由于人的个性心理特征数量众多、结构复杂，人们尚未掌握各种个性心理特征的识别或评估方法，以及它们的形成发展、相互作用和有机结合的机理和规律。这些限制性问题阻碍了个性化教学相关研究和实践的进展。例如，王涛[3-60]、郭良璞[3-69]、魏胤[3-70]、徐瑛琦[3-71]等人的个性化教学研究，止步于个性化教学目的达成逻辑问题探讨。本书认为，通过传授知识、发展智力和发展优良个性三个维度的教学手段，可达成培养创造力的个性化教学目的。

综上所述，从教学思想主要特征的比较来看，差异化教学和标准化教学的主要特征基本一致，除了教育价值观有很大的区别外，主要的教学价值要素和教学目的达成逻辑基本相同；差异化教学针对标准化教学存在的缺陷而提出的教学策略或方法，有一定的现实意义，但缺乏教育学或心理学上的理论支持，有空想主义色彩；差异化教学立足于个人本位论的教育观，漠视或排斥社会本位论的教育观，反而使本身失去实现人的价值的社会基础，同时陷入教学效率低的更大问题。个性化教学与差异化教学、标准化教学相比，从人才培养目标、教育价值观到教学价值核心要素等教学思想，完全匹配人工智能社会的创新型人才培养需求，并得到教育学、心理学和哲学等领域的研究成果和理论的支持，代表了未来教育发展的方向，但是个性化教学存在教学价值要素（四元要素）关系复杂、教学目标达成逻辑的层次多、创造力相关要素的形成机理研究等问题，阻碍了个性化教学的全面实践。

3.5.6 个性化教学活动的三个维度

从个性化教学目标达成的基本路径来看，本书提出的教学目标达成的基本路径：知识→（智力、价值观、意志力等）个性→创造力，似乎比较复杂，难以实施。本书将其分解为三个维度的教学活动进行论述。

（1）第一维度：传授知识

知识是人类用来认识世界和改造世界的能动工具，但是，在学校教育阶段所学习的知识属于结构化的、稳定的、提纯的基础知识，其中大部分知识并没有与学生将来所从事的职业直接相关，即使是相关的那一部分知识也不直接转化为职业能力。人的一生所获取的90%的知识需要在学校教育以外来学习。

从知识的来源来看，知识是人类特有的能动性意识活动的产物。康德的认识论认为，人类首先通过感知直观的现象世界，再经过归纳和判断等进行知性综合加工，后通过分析判断、综合判断等理性思维活动来获得普遍性的知识。人类是依靠特有的认识能力来获取客观知识。所以，在学校教育阶段培养学生可持续的认知能力（智力）比学习更多的知识更有意义。

（2）第二维度：发展智力

教育学家和心理学家都认为掌握知识和发展智力存在辩证统一的关系。人脑仅仅是智力的物质基础，而知识是智力活动的核心内容，知识是智力发展的基础和前提。智力的发展水平是影响学生掌握知识广度、深度、速度、巩固程度和运用程度的重要的直接条件。[3-15]

从机能上来看，智力是人脑的机能、人的一种心理特征。除了先天的遗传因素外，智力发展的主要因素是后天人脑的发育生长、环境的影响和教育的培养。智力的发展和人脑的生长发育同步：人类婴儿在出生时，其大脑只是成人脑量的23%，到了6岁以后才迅速发育，直至23岁左右才能发育完成，人的智力也逐渐发展至最高峰。现代学校教育从6岁小学教育开始，至22岁大学本科毕业，涵盖了人脑的迅速发育到发育基本完成时期，吻合了人脑的生长和发育规律。

智力是由多种认识能力有机地结合而成的复杂综合体，其核心是抽象思维能力。康德认为人们认识活动的知性和理性两个阶段，是人的意识活动的抽象思维过程。抽象思维能力是人们能够从现象世界获取普遍知识的必要条件，并支配着智力的诸多因素，保证了人们有效地认识世界。华莱士认为"教育的目的不是学会一堆知识，而是学会一种思维"[3-13]。这充分反映了在教学活动中训练抽象思维能力，是发展智力的核心任务。

在教育和教学活动中，利用智力结构理论和智力测量方法，分析各年龄段学生的智力发展特点和影响因素，合理地制定教学策略和调整教学方法，可以更有效地促进智力的发展。例如，加德纳的多元智能理论，揭示了个体智力的独特性和多样性的特征，成为 20 世纪 90 年代以来教育和教学改革实践的重要指导思想。

传统教学把教学中心放在对知识内化的过程和成效上，教学评价片面地追求以掌握标准化知识为评价方式的学习成绩上。个性化教学则需要改变为在传授知识的过程中，有目的、有计划、有策略地训练学生的各种智力，特别地专注思维能力的训练。这就是个性化教学目的达成的常用教学手段和基本途径。这些教学方法在传统的标准化教学中已屡见不鲜，但是，传统教学只是把它当作提高知识内化效果的教学手段，因为智力的发展和知识传授效果是密切相关的。同样是进行思维能力训练，个性化教学的目的是发展智力，传统教学的目的则是提升知识内化效果，两种教学活动的出发点不同，人才培养的最终效果也将会不同。

北京大学考试研究院院长秦春华在《低水平美国基础教育为何能培养出高端人才》一文中提出两个看起来像是悖论的现象："一方面，中国学生普遍被认为基础扎实，勤奋刻苦，学习能力——特别在数学、统计等学科领域——超乎寻常；另一方面，中国科学家在国际学术舞台上的整体地位不高，能够影响世界和人类的重大科研成果乏善可陈。"[3-72] "一方面，美国基础教育质量在世界上被公认为竞争力不高，就连美国人自己也承认这一点。和其他国家，特别是和中国、印度相比，美国学生在阅读、数学和基础科学领域的能力和水平较差，在各种测试中的成绩常常低于平均值；另一方面，美国的高等教育质量独步全球，美国科学家的创新成果层出不穷，始终引领世界科学技术发展的前沿。"[3-72] 耶鲁大学校长雷文的"真正的教育不传授任何知识和技能"的观点和华莱士关于"一堆知识"和"一种思维"的观点，应该是对这两个现象最直接的解释。

(3) 第三维度：发展优良个性

个性是驱动和支配人的生命活动的动力系统。相关研究表明，全面和谐的优良个性有助于智力和创造力的形成、发展和发挥。人的个性心理特征数量众多，包括能力、气质、性格、兴趣、意志力、价值观等，结构复杂，在教学活动中如何发展全面和谐的个性是一个有待探索的教学改革命题。目前，"发展全面和谐的个性"只是在教育思想层次进行探讨，如雅斯贝尔斯的"灵魂教育"思想、人的全面发展学说，但是，大多数人都认为在具体的教学活动维度来实施缺乏明确的行动指向。本书则认为其障碍主要是由于不能摆脱以"知识传授"为中心的教学思想。

从心理学上个性概念来看，个性包含智力（能力）特性和价值观、意志力等非智力特性，第三维度的优良个性指的是非智力特性。本书认为，"发展优良个性"维度的个性化教学活动准则应该基于人的全面发展学说、智力结构理论和创造力构成理论，选择一些对创造力形成影响核心要素进行建构，在教学实践中实施，证实创造力的发展成效；在此基础上再探讨其他个性心理特征对创造力发展影响的问题，分步开展教学改革研究。依据前面对创造力构成要素的分析，在教学活动设计中应该选择如下几个个性心理特性进行重点塑造。

①高尚的价值观

人类古代教育历经了一千多年，教育的中心是道德培养，只是在工业革命以后的现代教育阶段，教育的中心转变为知识传授，才淡化了道德培养。但是，在当今社会，以道德培养为核心的价值观建构仍是教育不可忽视的重要职能。教育的道德培养职能在个人和社会层面都具有现实的深刻意义。

a. 在个人层面，教育承担了个人的道德建构职能

英国著名社会主义者汤普森认为，人就是因为具有了道德和智力，才成为劳动的主体。人的全面发展学说认为，教育应该使受教育者在德、智、体、美等方面得到全面、和谐、充分的发展，完成人的社会化过程。教育的道德培养包括个人的道德观和价值观的建构。个人的道德观和价值观是驱使人们行为的内在动力，推动、调节和制约个人的需要愿望和行为动机。立德树人的教育思想是中国教育的法宝，对人性发展起着积极的导向作用，有利于个体培养高尚的价值观和富有社会责任担当的完善人格，使得个人价值实现的基础更加坚实、更加有意义。

b. 在社会层面，教育还承担了社会的道德建构职能

人类从原始野蛮社会发展到高度发达文明社会，战争和恐怖主义仍是人类社会最大的威胁。除此之外，当今社会交往的基础准则是一个利己法则社会利益交换系统，永远无法避免冲突和失序。美国社会学家霍曼斯的社会交换论认为，人类的一切社会行为都是利益交换。亚当·斯密的自由经济理论是当今资本主义自由经济活动的理论基础，是建立在利己原则的社会利益交换法则的基础上。亚当·斯密认为人的六种自然动机和"看不见的手"的平衡机制，利己法则社会利益交换系统是理性的。但是，经济危机会周期性地出现，国家霸权主义从不放弃输出战争，和平和合作只是其实施鹰鸽博弈的一种策略。在2020年新冠病毒感染疫情来袭之时，一直自我标榜为文明灯塔、人道卫士的发达国

家，完全不顾国际宪章，以强凌弱，相互抢夺抗疫物质，活生生地展示了弱肉强食的森林法则。利己法则社会利益交换系统是不平衡的，会产生周期性的失衡，甚至崩溃。当今仍然需要强大的社会道德力量，来规范以国家或国家集团为单位的利益体的行为，减小社会的冲突和失序。

本书提出的利他法则社会利益交换系统，是一个分工合作、共赢互利的利益交换活动有序运行的系统框架，代替了利己法则的竞争和博弈机制，以避免利益体各方追求利益而造成冲突。本书认为，支撑和保障利他法则社会利益交换系统良好运行的核心要素，就是利益体创造利益的能力和正向动力。其中，利益体的正向动力就是以社会道德伦理为价值规范的行为。

c. 课程思政是塑造高尚的价值观的最佳途径

课程思政的核心是围绕"做人做事的基本道理、社会主义核心价值观的要求、实现民族复兴的理想和责任"深入挖掘课程所蕴含的思想政治教育元素，并有机融入各类课程教学，实现价值引领、知识教育和能力培养有机统一。其具体实践途径是通过优化课程设置、修订专业教材、完善教学设计、加强教学管理等手段，挖掘各门课程所蕴含的思想政治教育元素，并融入课堂教学各环节，实现思想政治教育与知识体系教育的有机统一。

课程思政在本质上是在课程教学过程中塑造学生高尚的价值观。课程思政始终坚持以德立身、以德立学、以德施教，注重加强对学生的世界观、人生观和价值观的教育，传承和创新中华优秀传统文化，积极引导当代学生树立正确的国家观、民族观、历史观、文化观，从而为社会培养更多德智体美劳全面发展的人才，为中国特色社会主义事业培养合格的建设者和可靠的接班人。[3-73]

d. 淡化道德培养带来的危害性

在当前以市场经济为主导的社会背景下，教育的工具化和功利化倾向越来越普遍化。在各种短期化的教育功利的指引下，受教育者倾向于以个人价值为中心，主动地追求可感知的"有用"的成绩、证书和岗位，或是满足一时的快乐和愉悦，或是专心谋求个人私欲，更加排斥非知识或智力的素养和个性的塑造。

北大中文系钱理群教授呼吁正视高等学府培养精致利己主义者的危害；耶鲁大学教授威廉·德雷谢维奇批评美国常春藤学校产生了一群群"优秀的绵羊"。这一切都说明了淡化道德培养带来了危害性。

总之，无论是个人层面，还是社会层面，道德建构都是必不可少的教育职能。在古代教育阶段，教育的核心职能是道德培养；在现代教育阶段，教育的核心职能转变为知识传授或智力发展，淡化了道德培养。但是，现代社会科技高速发展、社会文明高度进步，仍无法缺少教育的道德培养职能。人就是因为具有道德和智力，才成为社会实践活动的主体，才能按照个人的意愿从事各种社会活动，自觉地发挥各自的自主性、能动性和创造性等精神力量。在知识传授、智力发展的同时，进行道德培养、价值观塑造，是人的全面发展教育观的要求，也是个性化教育的实施途径。课程思政指明了教学层面的道德培养基本途径。在课程教学过程中，将道德观、价值观、科学发展观、历史观、幸福观等高尚的精神元素，有机融入各类课程教学，塑造高尚的价值观和富有社会责任担当的完善人格，引导学生将个人价值的实现方式，扎根于"民族复兴""社会进步"共同的社会价值的基础上，作为学生个人发展的行为指南，使得个人价值实现的基础更加坚实、更加完备，也更加有意义。高尚的价值观塑造可以激发学生的内在动力，维持创新动机，消除各种教育功利对个人成长和发展的影响，使其自觉自愿地为理想而奋斗。

②敢于探索的精神和坚强的意志力

创新意味着改变和突破，除了需要"改变和突破"的力量，还需要承担失败风险的意志力。创新主体的努力付出未必得到相应的回报，反而是面临着许多困难、失败风险、挫折与反复过程，任何功利思想和个人主义都会使人患得患失、裹足不前，创新活动需要一种敢于努力探索的精神品质和勇于承担失败后果的意志力。所以，敢于探索的精神品质和坚强的意志力也是创造力构成的个性心理特性。

当前课程教学中的学习评价，几乎都是以正确答案为评价标准，缺乏对探索行为本身的评判和包容失败，不利于鼓励探索、培养意志力。这归根到底是因为当前的教学思想本质是知识传授。

在凤凰卫视的某一次节目中，一位美国留学归来的嘉宾谈到中美大学的教学评价不同时，讲了一个故事：美国某个大学一位教授在讲授一门硕士课程，共有5位学生。其中4位学生认真听课，1位学生因故没有到课。在完成课程作业时，4位认真听课的学生都是按照教授讲授的方案和思路完成了作业，那位没有上课的学生则是按照自己自学而得出的方案完成作业。作业评价的结果为：4位学生成绩为B，没有上课的学生成绩为A。那位教授给出的理由是：4位学生的答案虽然完整，但只属于模仿；没有上课的学生的答案虽然不够完整，但是包含了创新的成分。这个事例如果发生在中国的大学，那位没有上课的学生将是不及格了。这个故事也可以回答北京大学考试研究院秦春华院长关于美国高端人才培养现象的疑问。

快乐教育造就了一代"平成废物"，并没有如日本政府培养创新型人才的愿望。快乐教育最大的缺陷是否定了学习的辛苦或痛苦的成分,违反了学习过程所包含的挑战和挫折不断反复的规律,同时使学生丧失培养坚强的意志力的机会。

总之,基于创造力的个性培养,从教育管理机制、教学评价方法、教学策略等方面都需要改变。虽然不能完全替代传统基于知识成效的评价方法,至少应该在传统评价方法的基础上,增加部分基于个性成效的评价内容。在教学过程中,设计一些带有挑战性的项目,培养学生的探索精神和意志力,不以成败为主要评价标准,包容失败。

③ 团队合作精神和能力

创新的主体是个人或团队,创新主体的力量是人的智能,特别是以团队合作为基础的集体智能,更是现代社会创新主体的强大力量。George Pór 将集体智能定义为“通过分化与集成、竞争与协作的创新机制,人类社区朝更高的秩序复杂性以及和谐方向演化的能力”[3-74]。集体智能可以克服个人认知偏差和集成群体的智能,大大提升人的智慧能量,成为现代社会创新的主体力量。

团队学习或协作学习是一种集体性学习,便于单位成员之间的互相学习、互相交流、互相启发、共同进步,既可达到提高团队绩效的目的,也可达成发展团体成员整体搭配与实现共同目标能力的目标。在课程教学过程中,多采用团队学习模式来完成一些探讨类的学习任务,对培养成员的团队合作精神和能力有着积极的作用。

此外,兴趣、好奇心、动机、美德都是道德观和价值观作用下形成的个性心理特性,完善的个性组成了驱动和支配人的生命活动的动力系统,全面和谐的优良个性有助于智力和创造力的形成、发展和发挥。

参考文献

[3-1] 顾明远.教育大辞典[M].上海:上海教育出版社,1998.

[3-2] 凯洛夫.教育学[M].沈颖,南致善,等译.北京:人民教育出版社,1953.

[3-3] 布鲁纳.布鲁纳教育论著选[M].邵瑞珍,译.北京:人民教育出版社,2018:
　　　　11-13.

[3-4] 理查德·雷文.大学工作[M].王芳,译.北京:外文出版社,2004.

[3-5] 中国大百科全书出版社编辑部.中国大百科全书·教育[M].北京:中国大
　　　　百科全书出版社,1985.

[3-6] 王策三.教学论稿[M].北京:人民教育出版社,1985.

[3-7] 中华人民共和国教育部.教育部关于全面深化课程改革　落实立德树人根

本任务的意见[EB/OL].http://http://www.moe.gov.cn,2017-01-09.

[3-9] 袁锐锷.外国教育史新编[M].广州:广东高等教育出版社,2006.

[3-9] 于光远.关于教育科学体系问题[J].教育研究,1979(3):5.

[3-10] 王策三.论教师的主导作用和学生的主体地位[J].北京师范大学学报,
1983(6):70-76.

[3-11] 江松涛.对学生主体教师主导论的反思[J].中国教育学刊,2002(5).

[3-12] 郑福胜,赵永春.关于"学生主体,教师主导"论的辩正与刍议[J].黑龙江高
教研究,2017(9):30-33.

[3-13] 大卫·福斯特·华莱士.生命中最简单又最困难的事[M].龙彦,马磊,译.
北京:北京时代华文书局,2015.

[3-14] 赫尔巴特.普通教育学[M].北京:人民教育出版社,2015.

[3-15] 张丽华,陈勇,闫献伟.试析教学过程的基本要素、规律与阶段[J].卫生职
业教育,2004(5):15-18.

[3-16] 搜狐网.北师大副校长陈丽:知识内涵已变,什么是最有价值的教学?
[OL]https://www.sohu.com/a/357981587_100934,2019-12-03.

[3-17] 龚娅玲."葛梯尔问题"研究[D].华南师范大学,2007.

[3-18] 林正弘.知识·逻辑·科学哲学[M].东大图书公司,1985.

[3-19] R.Almeder.Truth and Evidence[J]. *Philosophical Quarterly*,1974,24
(97):365-368.

[3-20] R.G.Meyers and K.Stern.Knowledge without Paradox[J]. *The Journal
of Philosophy*,1973(70):147.

[3-21] I. Thalberg. In Defence of Justified True Belief[J]. *The Journal of
Philosophy*,1969,66(22):794-803.

[3-22] 张静静.评析柏拉图的理念论[J].农家科技,2011(S3):77.

[3-23] 代海强.感觉在柏拉图知识论中的地位和作用:兼论柏拉图知识论的困境
[J].中国矿业大学学报(社会科学版),2011,13(1):26-31.

[3-24] 卡尔·波普尔.客观知识:一个进化论的研究[M].舒炜光,卓如飞,周柏
乔,等译.上海:上海译文出版社,2015.

[3-25] 王飞.波普尔证伪主义科学发展模式的解读[J].普洱学院学报,2015,31
(4):16-18.

[3-26] 刘红旗.浅析西方科学哲学与"科学的哲学"的区别:以波普尔三个世界理
论和马克思主义总体观为比较[J].佳木斯教育学院学报,2010(5):6,8.

[3-27] 洛克.人类理解论[M].关文运,译.北京:商务印书馆,1959.

[3-28] 乔治·贝克莱.人类知识原理[M].关文运,译.北京:商务印书馆,2010.

[3-29] 亚里士多德.工具论(上下)[M].刘叶涛,等译.北京:中国人民大学出版社,2003.

[3-30] 休谟.人类理智研究[M].吕大吉,译.北京:商务印书馆,1999.

[3-31] 休谟.人性论[M].关文运,译.北京:商务印书馆,2016.

[3-32] 刘建荣.外国哲学(第5辑)·休谟的两种知识理论[C].商印文津文化(北京)有限责任公司,1984:107-127.

[3-33] 张志伟.西方哲学十五讲[M].北京:北京大学出版社,2004:261-262.

[3-34] 张永芝.休谟的知识观与知识的不确定性[J].长春理工大学学报(社会科学版),2012,25(4):16-18.

[3-35] 张志伟.西方哲学史[M].北京:中国人民大学出版社,2009.

[3-36] 高等教育出版社编写组.马克思主义基本原理概论[M].北京:高等教育出版社,2018.

[3-37] 康德.纯粹理性批判[M].北京:人民出版社,2005.

[3-38] 张志伟.西方哲学史[M].北京:中国人民大学出版社,2009:403.

[3-39] 吴如高.论知识与教学之间的关系[J].职业时空,2007(7):25-26.

[3-40] 刘县书,潘燕.知识改变命运[M].北京:生活·读书·新知,2000.

[3-41] 雅斯贝尔斯.什么是教育[M].邹进,译.北京:生活·读书·新知,1991.

[3-42] 刘云翔.在教学中如何培养和发展学生的智力[J].化学教学,1982(1):48-49.

[3-43] 华东师范大学心理学系公共必修心理学教研室.心理学(修订本)[M].上海:华东师范大学出版社,1984.

[3-44] 百度百科.能力[DB/OL].https://baike.baidu.com/item/能力/33045? fr=kg_qa,2020-8-10.

[3-45] MBA智库百科.能力[DB/OL].https://wiki.mbalib.com/wiki/能力,2020-8-10.

[3-46] 任佳亿.创造力评价中的领域特殊性[D].华东师范大学,2020.

[3-47] 刘孝群.创造力研究述评[J].成都纺织高等专科学校学报,2005(4):21-23.

[3-48] J.E.Drevdahl.Factors of importance for creativity[J].Journal of Clinical Psychology,1956,12(1):21-26.

[3-49] 苑芳江,张欣然.马尔库什对马克思"人的本质"概念的解读[J].云南师范大学学报(哲学社会科学版),2017,49(6):109-116.

[3-50] 张成玉,杜晖.智力与创造力的关系研究[J].心理学进展,2014,4(4):594-601.

[3-51] 初庆春,刘荣,汪克夷.知识、创新和创造力[J].大连理工大学学报(社会科学版),1999(2):53-56.

[3-52] Furnham,A.,Chamorro-Premuzic,T.Personality,intelligence and general knowledge[J].Learning & Individual Differences,2006(16):79-90.

[3-53] Furnham,A.,& Bachtiar,V.Personality and intelligence as predictors of creativity[J].Personality & Individual Dif ference,2008(45):613.

[3-54] 叶澜.教育的魅力,应从创造中去寻找[J].内蒙古教育,2016(10):7-11.

[3-55] 百度百科.个性化教学[DB/OL].https://baike.baidu.com/item/个性化教学/9187875? fr=aladdin,2020-8-10.

[3-56] 翟纯.云教育环境下的个性化教学研究[D].西南大学,2017.

[3-57] 邓志伟.个性化教学论[M].上海:上海教育出版社,2002.

[3-58] 杨庆荣.对学生实施个性化教学的思考[J].宁德师专学报(自然科学版),2007(2):206-209.

[3-59] 李如密,刘玉静.个性化教学的内涵及其特征[J].教育理论与实践,2001(9):37-40.

[3-60] 王涛.个性化教学问题的探讨[D].东北师范大学,2002.

[3-61] 范丹红.个性化教学的人文意涵[J].中国成人教育,2008(13):128-129.

[3-62] 鲍明丽.个性化教学的课堂特征与实践途径[J].现代中小学教育,2013(4):16-18.

[3-63] 尘婉婉.小学语文教师个性化教学个案研究[D].上海师范大学,2019.

[3-64] 中央教育科学研究所比较教育研究室.国际教育百科全书[M].北京:教育科学出版社,1990.

[3-65] Austin,Kimberlee Paulynn.Coaching as a metaphor for teaching in a community of practice[M].Stanford University,2000.

[3-66] Manley Kathieen.Education as an Aesthetic:The Transfer of Quality by the Professional Learner[D].ProQuest,2008.

[3-67] Heathers G.A Working Definition of Individualized Instruction [J]. *Educational Leadership* ,1997.

[3-68] 程远航.汤普森社会主义人道主义思想的科学性:对人本质的关注[J].理论观察,2020(2):17-19.

[3-69] 郭良璞.个性化教学理论的探索[D].东北师范大学,2006.

[3-70] 魏胤.个性化教学的涵义及其实施策略探讨[D].华中师范大学,2008.

[3-71] 徐瑛琦.基于大数据的个性化教学系统应用研究[D].河北师范大学,2020.

[3-72] 秦春华.低水平美国基础教育为何能培养出高端人才[N].光明日报,2015-
        3-14(13).

[3-73] 王学俭,石岩.新时代课程思政的内涵、特点、难点及应对策略[J].新疆师
        范大学学报(哲学社会科学版),2020,41(2):50-58.

[3-74] 张赛男.基于集体智慧的开放学习资源聚合与分享研究[D].东北师范大
        学,2014.

4　SPOC 环境下的个性化教学

4.1　MOOC 运动

MOOC（massive open online course）大规模开放的在线课程，中文释为"慕课"。MOOC 于 2008 年源自加拿大阿萨巴斯卡大学的乔治·西蒙斯（George Siemens）和斯蒂芬·道恩斯（Stephen Downes）所创建的全球第一个 cMOOC（连通性大规模开放式课程）。2011 年，MOOC 在美国取得了巨大的成功，随之在全球掀起了轰轰烈烈的 MOOC 运动和研究热潮，给传统教育带来巨大的冲击，特别是与高等教育的融合，被寄予促进高校课程改革和优化教学的厚望。

4.1.1　MOOC 运动的发展

MOOC 运动在开放教育资源运动（OCW、OER）中发端，在连通主义学习理念（cMOOC）下兴起，在行为主义学习理念（xMOOC）下繁荣[4-1]。

（1）开放教育资源运动

2001 年，美国麻省理工学院（MIT）实施 OCW（open course ware）计划，逐步将学校所开设的全部课程的课件（courseware）及教学资料公布于网上，免费提供给全世界的学习者和教育者使用。

2002 年，联合国教科文组织（UNESCO）进一步提出开放教育资源（open educational resources，OER）运动，通过网络平台将各种教育类资源向全世界用户免费开放。

2005 年，在 MIT OCW 和 UNESCO OER 的影响下，开放课件联盟（open course ware consortium，OCWC）成立，世界各地的教育机构相继加入：中国开放课件联盟（CORE）、日本开放课件联盟（JOCW）、韩国开放课程联盟（Korea OCW Consortium）、西班牙语高校开放课程联盟（OCW-Universia）、非洲网络大学（African Virtual University，AVU）等。之后开放教育资源运动不断深入，全球约有 250 所大学和机构免费开放了 14000 门课程[4-2]。

OER 运动的教育资源共享理念，宣扬了大学的"教育开放，知识公益，免费共享"的教育普世价值精神，逐步得到国际一流大学和教育机构的广泛认同。

（2）连通主义学习理念

教育资源共享理念马上带来新的网络学习理念。2005 年，加拿大曼尼托巴大学的乔治·西蒙斯（George Siemens）首先提出网络时代的连通主义（connectivism）学习理念。在网络时代的大背景下，知识海量增长、进化迅猛，人的精力是有限的，学习者越来越不可能掌握所有知识，无法对海量知识进行建构。连通主义认为学习者获得知识的途径比所掌握的知识更重要。连通主义提出了一种"关系中学"和"分布式认知"的学习理念：知识以节点的形式存在，而学习就是连接知识的过程，也就是找到知识间的路径；学习的过程是将知识进行连接，形成知识路径，最终形成知识网络；学习被定义为一个知识连接和形成网络的过程，其目的是知识的流通和生长。

同年，加拿大国家研究理事会的斯蒂芬·道恩斯也提出应将连通性知识（connective knowledge）作为连通主义的认识论基础，并认为连通性知识具有多样性、自治性、交互性和开放性四个特征。[4-1]

2008 年，乔治·西蒙斯和斯蒂芬·道恩斯在曼尼托巴大学共同开设一门"连通主义与连通性知识"课程（connectivism and connective knowledge，CCK08），吸引了 2300 多位来自世界各地的学生免费在线学习。针对西蒙斯和道恩斯联合开设的 CCK08，戴夫·科米尔（Dave Cormier）和布莱恩·亚历山大（Bryan Alexander）提出了一个 MOOC 术语。[4-3]

MOOC 是一种通过网络连通、协作学习完成知识建构的在线开放课程。一定规模的学习者以及教师，针对一门课程知识的共同话题而联结起来，分享依不同学习目标而混编的教学内容，自我组织、共同讨论、高度自治，开展知识的建构。这种基本连通主义学习理念的在线开放课程，被称为 cMOOC。cMOOC 改变了传统知识传递和建构方式、师生的主体定位，给传统的高等教育带来前所未有的挑战。这种依赖自我组织、高度自治的主动性学习模式，仅仅是利用学习的外部联结特征来建构知识，并没有关注学习行为的内驱力问题，更不能很好地解释和应对学习主体的发展问题，并没有得到广大师生的全面接受。

（3）行为主义学习理念

美国心理学家约翰·华生（John Broadus Watson）在 20 世纪初创立了行

为主义学习理论，在霍尔特（Edwin Bissell Holt）、桑代克（Eward Lee Thorn-dike）、巴甫洛夫（Lvan P. Pavlov）、托尔曼（Edward Chace Tolman）、斯金纳（B. F. Skinner）、班杜拉（Albert Bandurs）等心理学家的不断完善和推动下，行为主义学习理论成为主流的学习理念。行为主义理论又被称为"刺激—反应"理论（S—R 理论）。行为主义认为学习是刺激与反应的联结：有机体接受外界环境的刺激，然后做出与此对应的反应，这种刺激与反应间的联结就是所谓的学习。S—R 理论用于描述教学活动过程：给予学习者一定的教学信息（刺激）后，学习者可能会产生许多种反应（包括应激性反应和操作性反应）。在这些反应中，只有与教学信息相关的反应才是操作性反应，在学习者做出了操作性反应后，要及时给予强化，如学生答对时告诉他"好"或"正确"，答错时告诉他"不对"或"错误"，从而促进学习者在教学信息与自身反应之间形成联结，完成对教学信息的学习。教学活动可以看作"刺激—反应—强化"的过程。

2011 年，美国斯坦福大学在网络上开设了一门视频课程《人工智能导论》，引起 200 多个国家的 16 万人注册，2.3 万人完成了学习。MOOC 开始取得了重大的突破，MOOC 运动进入 xMOOC 模式。基于行为主义学习理念的 xMOOC，利用其结构化的优质课程体系代替了 cMOOC 的连通知识，将连通知识理念和高等教育传统教学理念有机结合在一起，促成了 MOOC 运动的爆发性发展。

2012 年，Coursera、Udacity 和 edX 三大 MOOC 平台相继创立，有超过十几个世界著名大学参与其中。MOOC 在美国取得了空前成功，2012 年被称为"世界 MOOC 元年"。

2013 年，北京大学、清华大学、复旦大学、上海交通大学等中国一流高校陆续加盟 edX 和 Coursera，开始开发 MOOC 并在高校内使用。2013 年又被称为"中国的 MOOC 元年"。

2014 年，中外 MOOC 平台如雨后春笋般出现：英国 12 所大学联合创办的 Futurelearn 平台、澳大利亚 Open2Study 平台、德国的 Iversity 平台、西班牙 SpanishMooc 平台、法国 FUN 平台、葡萄牙 Veduca 平台、日本 Schoo 平台、西班牙和葡萄牙语平台 Redunx 平台，在中国也出现了中国大学 MOOC、学堂在线、MOOC 中国等一批引领性平台。MOOC 平台注册人数呈指数级增长，MOOC 开始进入蓬勃发展阶段。

2015 年，MOOC 平台的市场趋向饱和，进入逐步稳定发展阶段，但 MOOC 给传统教育模式带来的冲击远远没有结束。

4.1.2　MOOC 的困境

MOOC 带来的开放共享的优质课程资源和基于连通主义的多向交互，给广大学习者提供了免费学习机会和学习模式，爆发了连通知识和优质课程共享的热潮，但其优势并没有掩盖劣势，MOOC 运动的发展很快面临了困境。

（1）完成率低和学习兴趣难以持续

MOOC 对学习者的知识结构、水平没有限制，不管出自何种学习目的，只要学习者愿意或有兴趣都可以注册学习，而且大部分课程都是免费的。这为世界上不同的人提供了一个接受一流大学课程学习、实现梦想的机会。MOOC 没有修习条件和选修规模的限制，导致注册人数规模巨量增长。但是，在课程开始实施后，由于学习兴趣难以持续，或者学习收获低于原初期望，等等，通常大多数学习者中途就选择了放弃学习。

据统计，一门 MOOCs 的注册人数动辄成千上万，而大多数学习者在两星期左右就会失去持续的学习兴趣，课程学习完成率总体低于 10%。高弃学率和低完成率成为 MOOC 备受诟病之一。

哈佛大学的 Justin Reich 教授分析了 9 门哈佛大学 MOOCs 的问卷调查和日志数据，得出学习者的学习动机，有 58% 的学习者为了获得课程证书，25% 的学习者只想来听课，14% 的学习者的目的不确定，3% 的学习者只是随便听听。结果表明，为了获得课程证书者中，有 22% 最终获得了证书；来听课、目的不确定和随便听听的学生，只有 7.5%、10% 和 6% 完成课程学习。

北京大学李晓明教授表示，由于 MOOC 的开放和大规模特征，学习者完成率低是一种天然的结果。MOOC 的学习完全是一种自觉自愿的自主行为，许多学习者的学习动机本身就没有以完成课程学习为目标。但是，在学习开始时就希望完成课程学习的学习者中，其最终完成率仍然很低，充分反映了 MOOC 并没有很好地解决学习行为主体的"刺激—反应"学习机制，难以维持学习行的持续性，势必影响到学习的效果。

（2）浅层的学习效果

基于行为主义学习理念的 MOOC 学习活动是一种自主、自治、自愿的学习模式，学习者处于主体地位，教师和其他学习者处于辅助地位。学习的发生完全取决于学习者的意愿和内驱力，几乎没有外部约束力或推动力。MOOC 学习过程中学习者可以随时随意弃学。学习是一种随意行为。

从学习活动任务设计来看，MOOC 的学习活动只有三个环节：视频浏览、多向交互讨论、简单的作业或测试。对于视频浏览环节，需要相应的先修知识才能领会课程知识，但 MOOC 并没有限制注册学习者的先修背景知识。大多数学习者都没有相应的先修背景知识而进行了 MOOCs 学习。对多向交互讨论环节，水平差异较大的学习者很难做到有效的交流。许多低水平的学习者，其提问几乎没有什么"营养"。大规模的多向交互讨论掺杂着不同知识结构、不同学习状态、思维视角面广的问题，师生很难进行有效的交流。对简单的作业或测试，学习者只要稍花点时间便可完成。即使是这样，还是有许多人没有完成，因为有人认为完成这么简单的作业是浪费时间，没有学习的价值；有人因为是临时的学习者，没有足够的时间。如果作业的难度增加，会打击更多学习者的积极性。

网络时代的一个特征是人们的活动节奏加快，事务多样化，造成人们的活动时间碎片化，加上人们接收的信息及知识量大而杂，人们已形成接受碎片信息的习惯。为了适应网络学习的特征，MOOC 支持碎片化学习模式。MOOC 将课程内容分割为 5 至 15 分钟的微课，支持学习者以移动终端和 PC 终端方式，随时随地任意浏览。碎片化的知识传递不利于建立知识网络和系统化的知识体系。碎片化学习模式符合现代人的行为习惯，但是不符合人的思维习惯，不利于人的思维的发展。

一门 MOOCs 以传统的课程为单位，融合了高度结构化、体系化的课程知识，要求学习者系统化地学习掌握一门完整课程知识。中山大学王竹立教授认为，MOOCs 所要求的系统化学习与网络时代碎片化之间存在矛盾。众所周知，碎片化知识与系统化知识相比，不利于逻辑思维的建立。总之，网络学习模式对于学生分析综合思维能力和演绎推断能力等方面的培养无法与传统教学相比，被认为是"滋生浅层学习的温床"[4-4]。总之，MOOC 是单一的网络学习方式，难以达到深度学习。[4-5]

（3）学习评价机制并没有有效地监控和调节学习者的学习行为

学习评价是学习质量监控的机制，在学习活动中能够作用于活动主体，对学习者的学习活动起引导、监控和督促作用，从而调节学习者的学习行为，促进学习的优化。所以，学习评价机制是网络教学良好实施的前提与保障。

当前 MOOC 基于行为主义学习理念，学习评价机制应该对学习者的在线学习行为进行分析与评价，利用"环境"的评价因素对行为主体进行"刺激"，使之产生有效的"反应"，促进、改善网络学习的效果。[4-6]现有的 MOOC 平台虽然采用了同伴互评、教师评价、网络测试、学习行为分析等评价方式进行评估，但是并没有很好地利用学习评价机制促进学习行为的改善，而只是改善了 MOOC 面临的两大困境，即达到提升完成率和学习效果两大目的。

MOOC 学习评价机制的目的应该是保障学习行为过程的持续性和反应的优

良性，但是，现有 MOOC 的评价机制的目的，似乎主要是以对外开放课程共享为主要目标，同时支持课程认证的结果性评价，并没有注重促进学习行为的持续性和有效性。MOOC 中现采用的几个评价方式存在着天然的矛盾。

同伴互评的优点和缺点都相当突出。优点有：一是方法简单；二是评价的过程可以相互借鉴学习，起着正反馈促进学习的作用。缺点有：一是需要花费大量时间，学生负担重，抵触情绪高；二是评价噪声大，随意性大，评价标准尺度不一；三是评价逻辑不科学——要求学生运用正在学习的知识（还未确定自己是否已掌握），用于对别人的学习效果进行价值判断，同伴互评法的学习质量判断能力不足。也就是说，MOOC 只侧重于学习行为的简单易操作性，无法判定学习行为的有效性。

教师评价是传统的教学评价方式。教师通过阅读作业、和学生交流，可以掌握学习者的学习效果和学习状态，但是，这种传统评价方式在 MOOC 中行之无效。一是因为 MOOC 修习的人数巨大，教师花费大量时间也无法阅读所有的作业。二是因为在 MOOC 学习活动中，学习者的学习是自主和自治的行为，教师既不是活动的主体，也不是活动的主导，教师只是活动的辅助，教师对学习主体的"刺激"作用有限。

MOOC 中网络测试不是严格的考核，只能作为一种自愿前提下的自测试。自愿来自课程认证的需要。也就是如果学习者想要获得课程证书，就需要参加网络测试；如果没有获得课程证书的需要，那就随意参加。测试的结果性评价对学习者调控作用有限。

学习行为分析是由 MOOC 平台提供的功能，目前大多数平台只是简单地统计学习者对教学视频的浏览（浏览时间、点击次数、持续时间等）、论坛交流（发帖数、回帖数、阅读帖数等）、作业（提交时间、提交次数、作业成绩等）等活动数据，并没有建立行为评价指标体系，进而对学习者的学习有效性进行评价或调控。

总之，现有的 MOOC 学习评价机制更关注于课程合格认证，并没有达到促进学习行为改善的作用。

4.2　SPOC 运动

MOOC 本着连通知识和行为主义的学习理念，借助互联网途径对外校开放优质课程资源，在 2011 年一兴起就引发"一场数字海啸"。虽然在 MOOC 爆发性发展的同时，就表现出学习质量低等局限性，但是，MOOC 运动带来的连通知识和行为主义的学习理念，仍然引起校内传统课程教学改革的关注，推进了SPOC 运动的兴起。

4.2.1　SPOC 运动的兴起

SPOC 是英文 small private online course 的缩写，其概念由加州大学伯克利分校的阿曼德·福克斯（Armando Fox）教授针对 MOOC 的缺陷而提出，其中，small 和 private 对应于 MOOC 中的 massive 和 open 而言。small 是指学生规模与高校授课班级规模一致，一般达几十人，最多达几百人；private 是指对学生设置限制性准入条件，使得注册者的知识结构和水平基本一致。

（1）SPOC 实验

2013 年，MOOC 开始在全球爆发性发展的时候，为了把 MOOC 引入高校课堂，美国哈佛大学、加州大学伯克利分校等全球顶尖高校进行了 SPOC 实验。[4-7]

①哈佛大学三门课程的 SPOC 实验

第一门课程是法学院开设的"版权法（copyright）"。威廉·费舍尔（William Fisher）教授等人从 4000 多个申请者中，挑选出 500 名学生参加这门课程的学习。课程将学生分为少于 25 人的项目组，由助教组织进行主题讨论。课程结束后，在线学生也像哈佛大学法学院学生一样，进行三个小时的考试，通过者获得课程完成证书和一份书面评价。

第二门课程是肯尼迪政治学院开设的"美国国家安全、战略和媒体面临的主要挑战（central challenges of american national security，strategy and the press：an introduction）"。课程要求学生在课外观看视频、阅读文献和完成作业，并参加由助教组织的主题讨论、在线学生的讨论以及哈佛大学校园学生的讨论。课程结束后，合格学生被授予证书。

第三门课程是设计学院开设的"建筑学假想（the architectural imaginary）"。

②加州大学伯克利分校的 SPOC 实验

福克斯教授主讲的"软件工程（software engineering）"是加州大学伯克利分校的品牌课程，在 edX 平台上开设，同时向伯克利校内的学生开放。该课程的特点是提供自动评分的应用程序，可以对学生提交的编程作业进行自动评分和详细的结果信息反馈。福克斯教授主持的 SPOC 课程成效显著。

2013 年春季，福克斯教授团队将 SPOC 课程向宾汉姆顿大学等 4 所大学推广。这 4 所大学的任课教师，要求学生在上课之前都要浏览伯克利分校的

MOOCs 视频，其中，两所大学使用了 MOOC 的作业自动评分功能，一所大学开展翻转课堂，进行课堂讨论。4 所大学的 SPOC 课程同样也取得明显的成效。

③其他高校的 SPOC 实验

加州的圣何塞州立大学和波士顿的邦克山社区学院也分别利用麻省理工学院在 edX 平台上的课程进行了 SPOC 教学实验，并取得初步成效。考斯洛·甘地瑞教授主持的"模拟电路（analog circuit）"课程采用翻转课堂模式：在课前，要求学生先浏览麻省理工学院的"电路与电子技术"（circuits and electronics）的 MOOCs，再调查学生所掌握的知识情况和存在问题；在课中，针对学生存在的问题分组合作学习，解决难题；在课后，进行测验。甘地瑞教授本学期 SPOCs 的通过率与过去七年该课程的平均通过率相比，从 65% 提升到 91%。

（2）SPOC 的优势

SPOC 实验的目的不只是改进 MOOC 的局限性，而是将 MOOC 在线课程的优势与高校传统课程相融合，实现传统课程教学效果的优化。SPOC 将 MOOC 热潮从面向校外引向面向校内，创造出更加灵活的翻转课堂、混合式教学，实现了教学流程再造，提高了校内教学质量，发出了大学课程教学改革的信号。SPOC 实验的成功，带来新的优质资源共享模式和应用模式，引发了全球大学课程教学改革的热潮。SPOC 的优势主要体现在如下几个方面。

①顶尖大学的优质课程资源的共享开放

MOOC 的兴起源自以世界顶尖大学为代表的开放和共享知识、为社会提供更为广泛的教育服务的精神，借助互联网途径对外校开放优质课程资源，推动大学的强强合作和发展进步。SPOC 实验打破了大学的知识围墙，将顶尖大学的优质课程资源引向普通大学师生，授权提供给其他学校教师用于课程教学，帮助这些大学提高教学质量。

②教学流程再造

教学过程可以认为是知识转移的过程。知识从知识主体向学习主体的转移，包括学习主体的知识内化与知识转化阶段。学习主体主要通过感知、思维、记忆和理解等认知方式，了解信息载体所承载的知识或教师传递的知识。这仅是知识转移的第一个阶段——知识内化。但是，内化知识并不是学习主体真正拥有的知识，学习主体还需要经过应用、分析、评价、创造等认知方式，将内化知识与自身已有的知识进行联结、结构重整，融入学习主体的知识构架中，达到知识转移的第二个阶段——知识转化。教学活动的转移知识进程有三个：知识传递、知识内化和知识转化。

传统的教学流程：在课堂中试图通过知识传递，开始进行学生知识内化的初步过程；课后通过作业、训练和讨论，深入内化知识，逐渐转化知识。从教学流程来看，课中是教学活动的最主要进程，进行知识的初步内化；课后是教学活动的后续进程，进行知识的深入内化、知识逐渐转化。所以，传统教学并没有将教学活动的主要进程用来完成知识的深入内化。

SPOC教学流程有三个阶段。

a. 课前：学生自主进行知识的初步内化；

b. 课中：教师和学生共同进行知识的深入内化；

c. 课后：多向交互方式和协作学习方式进行知识的深入内化、知识的逐渐转化。

SPOC将知识的深入内化进程放在课中阶段，改进了传统教学课中阶段只是开展知识的初步内化，有效地匹配了知识转移的基本规律。

SPOC的教学流程再造需要满足三个前提条件：一是学生必须具备一定的自主学习能力，二是学生必须具备较强意志力或自控能力，三是有充足的学习时间。自主学习能力保障学生能够自主完成课前的学习任务，否则课中将陷入无效学习状态。意志力或自控能力保障学生遇到学习困难或是"认识迷航"时，调节支配自身的行动，努力克服所遇到的困难，实行有效的学习行为。充足的学习时间保障学生完成课前和课后的学习任务。

学生的学习意志力或自控能力是在某种教育功利的支配和调节下，对自身心理与行为进行主动控制，克服消极因素的意志能力。在传统的课堂教学中，在教师的监督和帮助下，学生不需要很强的意志力或自控能力便可完成学习。在MOOC学习中，当获取证书等教育功利不足以维持控制学习的意识能力，弃学是一种自然的现象。从MOOC的弃学率来看，多数人并不具备较强自控能力。从SPOC的实践情况来看，"刷课"和低于教学进度的视频浏览现象比较普遍，SPOC并没有解决这个问题，SPOC的教学流程再造仍是一种理想化的设计。SPOC的教学流程再造需要学习评估机制的引导、监控和督促作用，来弥补学生学习自控能力不足而出现怠学的问题。

③教师作用的重新定位

在MOOC中，学生是学习主体，教师、平台、资源和其他学生组成学习的环境。教师的作用像其他学生一样，都是学习的辅助者，对学生的学习活动没有主导作用。在大规模学习的环境中，教师很难主导讨论的议题，很难掌控到太多学生的学习状态和成效。

SPOC重新定义了教师的作用。SPOC的本质是传统教学的流程再造，教师既是教学的主体，又是教学的主导者。在SPOC教学流程中，课前教师可以督促学生自学，课中主导学生的知识内化进程，课后可以辅助和把控学生的学习。在传统教学中，教师的主要精力都放在课堂的知识讲解上，课后掌控学生知识内化进程的作用有限。SPOC 的教学流程再造，课程的静态理论和结构化知识已制作为微课，教师不必重复工作，而是将主要精力和时间放到动态知识的讲解和知识内化进程上。在课后，教师可以设计讨论主题，引导学生探讨重要问题；也可以参加学生的多向交流讨论，了解学生学习状态和兴趣，随时为他们提供个别化指导。

总之，SPOC 的实验，企望将 MOOC 的开放优质课程资源和基于连通主义的多向交互等优势，与校内传统课程教学相融合，对传统教学流程进行再造，既能发挥教师引导、启发、监控教学过程的主导作用，又能有效地弥补 MOOC 的短板，优化课程教学成效。

4.2.2　中国 SPOC 运动的发展

2013 年，中国顶尖高校积极加入世界三大 MOOC 平台，众多高校成立多个 MOOC 联盟，推进 MOOC 运动，被称为"中国的 MOOC 元年"。同时，SPOC 运动带来的开放优质课程资源，基于连通主义的多向交互和教学流程再造等优势的网络学习模式，给已经实施了 10 年之久的中国精品课程质量工程带来巨大冲击，使正苦于寻求良好的网络教学模式立即与之融合在一起。

（1）国家精品课程

自 1999 年起，中国高校开始扩招，普通高校在校人数从 1999 年的 410 万人增加至 2003 年的 1100 万人；高等教育的毛入学率从 1999 年的 10.5% 增加至 2003 年的 17%。高等教育快速发展带来众多的问题：优秀教师紧缺，缺乏结构合理、教学水平高的教师队伍；教学资源分布严重不均衡；学校对教学的资金投入有限；规模急速扩大导致高等教学出现教学质量下滑的趋势。为了促进共享优质教学资源，全面提高教育教学质量，2003 年 4 月，教育部下发了《教育部关于启动高等学校教学质量与教学改革工程精品课程建设工作的通知》（教高〔2003〕1 号），精品课程建设工作正式启动。2003 年 5 月，教育部又颁发了《国家精品课程建设工作实施办法》（教高〔2003〕3 号）的通知，开展网上评审、网上公开精品课程等工作。

在教育部的推动下，形成国家、省、校三级联动的建设机制。自 2003 年至 2010 年，共批准 3909 门国家精品课程（参与高校 746 所），省级、校级精品课程数量也达 2 万多门，10 多万教师参与精品课程建设（包括 36 位院士、374 位国家级教学名师教授的 400 门课程）。国家精品课程工作的开展，促进高等学校对教学工作的投入，积极推进网络教育资源开发和共享平台建设，提倡和促进学生主动学习、自主学习，有效地提高了高校课程教学质量。

精品课程建设存在着不可忽视的问题：出现重申报、轻建设、为精品而精品的现象；评估、验收流于形式，应用情况和用户评价没有提高到应有的程度；缺乏有效的资源管理机制，评价体系尚不完善；共享和持续建设力度不足；成果缺少必要的宣传推广。

2011 年 10 月，教育部颁发了《教育部关于国家精品开放课程建设的实施意见》（教高〔2010〕8 号），计划开设精品视频公开课 1000 门、精品资源共享课 5000 门。精品资源共享课旨在推动高等学校优质课程教学资源共建共享，着力促进教育教学观念转变、教学内容更新和教学方法改革，提高人才培养质量，服务学习型社会建设。由于同样是缺乏适合的网络教学应用模式，优质的教学资源没有完全发挥开放共享和促进教学优化的作用。

2015 年 4 月，教育部颁发了《教育部关于加强高等学校在线开放课程建设应用与管理的意见》（教高〔2015〕3 号），提出要构建具有中国特色的在线开放课程体系和课程平台，强调"立足自主建设，注重应用共享"，计划到 2020 年，以国家名义推出 3000 门"国家精品在线开放课程"。从此，中国高等教育机构和互联网产业也积极投入 MOOC/SPOC 运动，中国名校纷纷建立多个 MOOC 课程联盟，投入巨大的人力、财力、物力，体现了强烈的借助 MOOC/SPOC 运动推进课程教学改革的意愿。

（2）中国本地化 MOOC 平台

中国 MOOC 运动的爆发性发展离不开中国 MOOC 平台的发展。自 2012 年起，中国名校纷纷与互联网企业合作，陆续产生了多家本地化 MOOC 平台。

①中国主要本地化的 MOOC 平台简介

中国主要本地化的 MOOC 平台有：中国大学 MOOC（爱课程）、学堂在线、好大学在线、智慧树网、超星 MOOC、MOOC 中国，等等。

2013 年 10 月，清华大学推出"学堂在线"平台，是中国第一个 MOOC 平台，面向全球提供在线课程。2014 年 2 月，"学堂在线"获得融资，作为互联网教育公司开始独立运营，主要领域是大众课程。

2014 年 4 月，上海交通大学推出"好大学在线"平台，实现上海地区 19 所高校互认 MOOC 学分，主要领域是大学课程。

2014 年 5 月，"爱课程"网与网易云课堂合作推出"中国大学 MOOC"平台，建立了全国高校学分共享机制，各校均可在该平台上进行 MOOC 课程建设和应用。"爱课程"网是中国高等教育课程资源共享平台，承担国家精品开放课程项目的视频公开课和资源共享课的建设任务，主要领域是学分课程。

2014 年，上海卓越睿新数码科技有限公司与"中国东西部高校课程共享联盟"合作，推出"智慧树网"，致力于帮助高等院校完成优质课程的引进和服务配套落地，主要领域是学分课程。

超星 MOOC 平台隶属于北京世纪超星信息技术发展有限责任公司。北京超星公司成立于 1993 年，是中国规模较大的数字图书馆解决方案提供商和数字图书资源提供商。

至 2019 年 3 月 30 日，中国主要本地化的 MOOC 平台的规模数据如表 4-1 所示。

表 4-1　中国主要本地化的 MOOC 平台的规模数据

MOOC 平台	上线课程数	注册用户数	加盟学校数
爱课程	2600 门	1800 万	310 所
学堂在线	2049 门	1724 万	220 所
好大学在线	302 门	700 万	519 所
智慧树网	1500 门	2200 万	142 所
超星 MOOC	2500 门	4000 万	200 所
MOOC 中国	1084 门	1600 万	133 所

②中国 MOOC 平台的运营

MOOC 平台的主导权属于互联网运营企业，其运营需要大量资金和信息技术的支撑，需要巨大的营收来维持运作和发展。从中国主要 MOOC 平台的创立过程来看，它们都是来源于高校的 OER 理念——"教育开放，知识公益，免费共享"的教育普世价值精神。放眼全世界的教育领域，越是顶尖的大学，越是重视这种教育普世价值精神。"学堂在线"平台来自清华大学，"好大学在线"平台来自上海交通大学，"中国大学 MOOC"平台来自教育部的"爱课程"网。中国主要 MOOC 平台从创立之初就带有公益性质，这为其商业运作确定了公益性的主导规则。

在国家精品课程政策和高校教育普世价值精神的推动下，2014—2016 年中国 MOOC 平台迅速崛起，主要 MOOC 平台的注册用户规模都超过 500 万，且用户规模保持近 100% 高速增长。特别是在 2015 年教育部颁发的"国家精品在线开放课程"建设和应用政策推动下，全国所有高校全力迅速响应，"中国大学 MOOC"平台借助政府地位、政策红利和全国高校之力和高举免费口号，更是异军突起。其他众多 MOOC 平台也借助这东风迅速发展，课程数量和用户规模大幅度增长。尽管国家政策已为 MOOC 平台开辟康庄大道，但盈利于 MOOC 平台来说仍是一条漫漫长路。

中国 MOOC 平台在世界 MOOC 运动热潮、国家政策和高校普世价值的推动下迅速发展起来，在大力扩展用户规模的同时，纷纷探索生存和发展的商业模式。虽然各大 MOOC 平台独立发展，但是在共同的国情背景下，其基本商业运营框架是一致的。中国 MOOC 平台的商业运营框架见图 4-1 所示。

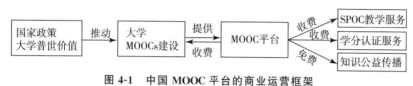

图 4-1 中国 MOOC 平台的商业运营框架

在这种商业运营框架下，众 MOOC 平台的营收项目主要有两个，一是协助大学的 MOOCs 建设（流程指导、视频拍摄和编辑），二是将其他大学的 MOOCs 授权给大学开展 SPOC 教学。

对于某大学来说，MOOC 平台协助其建设 MOOCs，每个学分收费 5～10 万元。如果是该大学自己建设的 MOOCs，MOOC 平台则不收费，但 MOOC 平台往往以课程视频质量等问题为推托，千方百计从该大学处收取费用。本校建设的 MOOCs 可以免费使用，如果该大学要使用其他大学建设的 MOOCs，还需交费。

MOOC 平台往往向 MOOCs 建设的大学和教师推送一个美好的蓝图：努力建设优质的 MOOCs，由 MOOC 平台授权给其他大学使用或学分认证服务，可以获取盈利的收益。但是，MOOC 平台的盈利很难看得到。

作为探索盈利模式的先驱，Coursera 实行一项名为 signature track 收费认证的方法，但是，Coursera 的结课率的平均值只有 2%。这意味着通过用户收取结业证书或者学分认证收费项目，无法保证营收。后来 Coursera 又在职业培训方向上尝试了开放收费课程项目。Coursera 的盈利模式为中国各 MOOC 平台提供了借鉴，但是，中国 MOOCs 的结课率基本不超过 5%[4-8]，学习质量得不到学习者和用人单位的认可。

总之，中国 MOOC 的营收几乎来自各大学的 MOOCs 制作收费和 MOOCs 授权使用收费。学习者数量庞大导致 MOOC 平台研发和管理成本太高，使得 MOOC 平台无法采取一种良性的运营模式。

4.2.3 SPOC 存在的问题

当前的中国 MOOC 用户以在校大学生为绝对主力，各大 MOOC 平台的核心应用模式是服务于高校的 SPOC 教学。各大学依靠 MOOC 平台提供的 SPOC 教学服务，开展混合教学、翻转课堂等在线教学活动，试图优化传统课程教学的效率和效果。由于大学教育和 MOOC 平台属于不同性质的实体，其 MOOC/SPOC 理念很难融合在一起，造成 SPOC 在应用中存在很多问题。

（1）中国 MOOC 平台对 SPOC 教学服务支持弱、水平低

从功能上来说，MOOC 平台所提供的教学功能包括：课程视频浏览、论坛、文本类型作业、简单测试，不能提供有效的学习评估、用户行为智能分析和用户特征数据挖掘等智能教学服务，远远不能满足完整的智能教学需要。MOOC 平台所提供的用户行为数据统计，对教师和学生来说没有实际的教学指导意义。在 MOOC/SPOC 优化教学研究方面，MOOC 平台没有向广大教育专家公开 MOOC/SPOC 运行数据，来开展教育数据挖掘和学习分析。MOOC 平台没有很好地利用智能数据挖掘和学习分析技术来发现学习者学习过程中存在的问题，及时提出反馈和改进建议，支持改进教学活动决策，从而提高学习效果或效率。

2016 年 3 月 18 日，北京师范大学远程教育中心发布了《中国 MOOCs 建设与发展白皮书》指出："中国 MOOC 平台基本都以视频为核心教学资源，以讲授为主要教学模式，交互工具使用效果不佳。目前而言，我国的 MOOC 平台存在着特色不鲜明、运营服务不高效、技术功能较少、教学支持弱、质量保证难等问题。"[4-9]这是学术界对中国 MOOC 平台状态最中肯的评价。

2019 年 10 月于杭州举行的 "2019 年中国高校计算机教育 MOOC 联盟峰会" 上，与会专家认为，在资源与教学形式上，各 MOOC 平台之间并无过多差异化，MOOC 平台主要依靠大学存活，却只提供非常简单化的教学服务。有人指出："MOOC 只依靠协助高校建设 MOOCs 进行创收，再过几年，大学的课程都建成了 MOOCs，MOOC 平台也将陷入危机了！""越来越像是微课视频的网络仓库。"

本书认为造成这一现象的主要原因有三个。一是学习者数量庞大导致 MOOC 平台研发和管理成本太高，营收渠道单一，盈利乏力，运营和研发投入不足。二是 MOOC 平台和大学教师所持的教学理念不同，MOOC 平台所持的是以信息技术促进知识传播的教学理念；大学从育人的教育理念出发，不只是立足于培养学生的知识，还致力于培养学生的智力或创造力。三是 MOOC 平台没有意愿或力量开展基于育人理念的优化教学研究活动。

（2）服务供应商主导和指导着教育主体的教学活动

MOOC 平台的本质是互联网信息技术服务供应商，并不是教育专家，却主

导了 MOOC 教学活动的规则、功能和评价体系；学校和课程教师作为教育主体，却没有免费发言权和选择权，只有付费才能另外获得无偿的教学服务。

MOOC 的两大法宝是优质数字化课程资源和连通知识。数字化课程资源来源于大学，往往被分割成碎片化的微课，以支持移动学习和碎片化学习。学习被定义为一个知识连接和形成网络的过程。MOOC 的兴起被描述为"一场数字风暴"。MOOC 平台在 MOOC 运动中一直居于主导地位。首先，MOOC 平台认为 MOOC 学习是网络技术支持下的知识传递，学习的过程是技术驱动知识传播的过程，认为平台集成了知识和知识连续的网络，完整地占据了知识传播的通道，应该处于主导地位。其次，MOOC 平台作为企业实体，也应该作为商业运作的主导者，把控盈利活动的主动权。再者，传统教学模式千差万别和教学理念多种多样，MOOC 平台不可能满足所有教师的差异化教学活动需要。MOOC 运动已经改变了网络学习的理念。

SPOC 的核心是教学流程再造，是教师主导下的混合教学活动。SPOC 改变的是教学辅助技术手段，改变不了知识转移的进程，改变不了人的认识基本规律。教师一般都认为 SPOC 教学应该以教师为主导，以 MOOC 平台为支撑辅助手段。

在重视 MOOC 两大法宝的同时，千万不要忘记 MOOC 还有两个自然的弱点：低的结课率和浅层化的学习。MOOC 平台本质只是互联网信息技术服务供应商，永远代替不了教师的教育和教学活动，也不能主导教师的专业教学活动。

（3）没有重视教学流程再造所需要的前提条件

SPOC 的教学流程再造需要三个前提条件：自主学习能力、自控能力和充足的学习时间。在 SPOC 实践教学中，如果不能满足这三个条件，课前的学习流程没有完成，就会导致课中无法深入内化知识，课后的知识转移也无法开展，仍会像 MOOC 一样陷入无效学习或浅层学习中。

SPOC 教学主要在大学内开展，作为大学生已经具备足够的自学能力，虽然各人的自学能力有所差异，投入足够的时间可以减少这种差异。

坚持不懈地按时完成课前自学的自控能力和主观意愿，并不是人人都完全具备的。中国的教育已经培养了学生依赖在老师监督下学习的习惯，或是在电子网络设备的学习环境中，总控制不了一边浏览新闻、聊天、玩游戏、听音乐一边学习的习惯，无法专心致志地学习。在当前以市场经济为主导的社会背景下，各种压力、诱惑和制度交错构成的复合环境，促使人们对快乐功利、有用功利等短期教育功利的追求，主导了大学生的价值取向和支配了大学生学习的内驱力。

1955 年美国心理学家凯利在《个人建构心理学》中提出怠学行为：人们在

建构知识的时候，难免会有消极怠工、得过且过、不求甚解的倾向，这种行动表象所对应的心理状态称之为怠学心理。当今学校教育中怠学或厌学现象非常普遍，尤其在大学本科生中最为严重。[4-10]在实际的 SPOC 教学活动中，"刷课"和低于教学进度的视频浏览现象比较普遍。如果在课前学生无法按时通过自学完成知识的初步内化进程，课中就无法开展知识的深入内化进程，教学流程再造活动变得毫无意义。

SPOC 教学活动往往比传统教学活动多一倍以上的学习时间，课后的多向交互讨论活动，无论是学生，还是老师，都需要花费更多的时间和精力。SPOC 教学活动并不提高教学效率。

SPOC 的教学流程再造需要学习评估机制和课程管理机制的引导、监控和督促作用，以弥补学生学习自控能力不强、意志力薄弱的不足。

（4）学校的 SPOC 教学评价制度和教师的态度

2016 年 11 月 30 日，在"2016 中国 MOOCs 建设与发展高峰论坛"上，教育部全国高等学校教学研究中心副主任居烽曾说："我调研过大量老师，很多老师在谈起 MOOC 的时候，都认为是为了完成任务。"这充分反映了当前中国教师对 MOOC/SPOC 教学的态度。

SPOC 教学往往比传统教学要耗费教师多几倍的工作量。特别是课后的多向交互讨论活动，学生随时随地发帖提问，教师要随时关注学生的疑惑。SPOC 教学要求教师投入大量时间的同时，还要进行思考和探索教学模式的创新。在教育部认定国家精品在线开放课程时，学生的论坛活跃率和教师的发帖和回帖量是重要认定指标。

在 SPOC 教学流程再造所需要的前提条件没有完全得到满足的情况下，这么大的工作量未必能达到预期的教学成效。同时，全国绝大多数高校没有出台相应合理的 MOOC/SPOC 教学评价和管理制度，包括工作量的认定和教学成效的评价。这两个因素都影响到教师开展 SPOC 教学的积极性。

4.2.4　SPOC 固有的缺陷

2019 年 11 月，在杭州举行的"2019 年中国高校计算机教育 MOOC 联盟峰会"上，西安交通大学副校长郑庆华代表的发言指出，经大数据挖掘分析发现 MOOC/SPOC 在线学习中存在两种怠学的行为特征：学生学习自律性差，时间管理不科学；学习、交流、作业等学习行为活跃率符合幂律分布。

（1）学习自律性差

针对 4 个平台 409 门课程，采集 21796733 条有效数据。抽取学习时长日志

538784 条数据，经分析得出学生的学习时长分布特征，见图 4-2 所示。

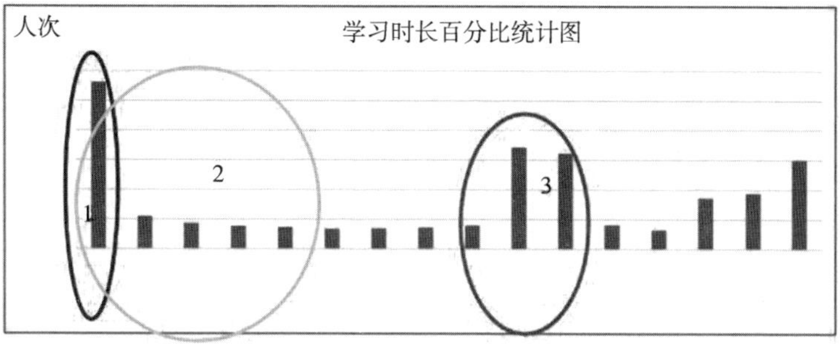

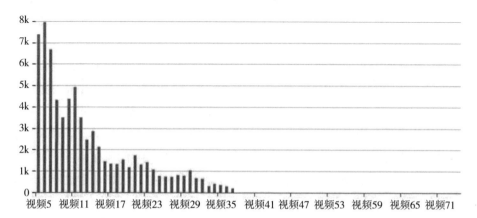

图 4-2　MOOC/SPOC 在线学习时长统计

郑庆华认为学生的学习行为有三个情况：①约 20.88％的学生次访问记录无效，观看时长小于 10％的视频时长。②约 33.77％的学生观看时长小于或等于 50％的视频时长。③约 26.32％的学生按时、完整观看视频。

按照 SPOC 的教学流程再造所需要的三个前提条件来看，至少有 74％以上的学生学习行为是无效的，无法达到课中开展深入内化知识进程的前提要求。这是一种严重的怠学现象。虽然 SPOC 的教学流程再造是教学模式上创新，但是在实际的 SPOC 教学实践中，学生的心理和行为因素对学习起着重大的作用。再先进的教学模式碰到怠学行为时，也将无法发挥其有效性。

（2）学习活跃率呈现幂律分布

通过抽取某平台一门语言学习类课程在教学过程中的视频浏览、单元测验和作业、讨论参与学生人数数据进行统计，发现学生学习的活跃率呈现幂律分布现象，分别如图 4-3、图 4-4 和图 4-5 所示。

图 4-3　视频观看人数变化情况图

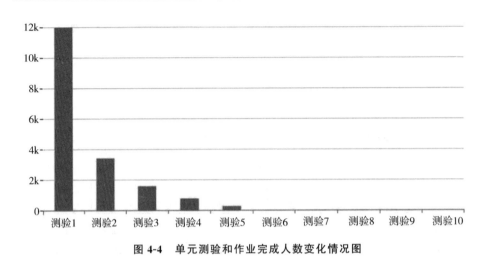

图 4-4　单元测验和作业完成人数变化情况图

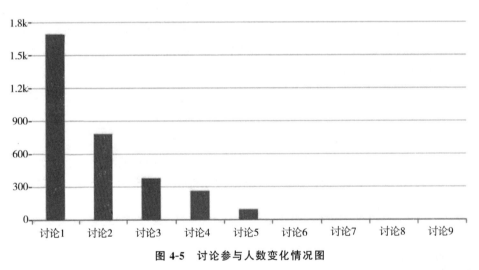

图 4-5　讨论参与人数变化情况图

郑庆华认为学生在线学习的活跃率随课程进度的推进急剧下降，呈现幂律分布形态，是由于"MOOC 资源结构无序，知识碎片化，易引发学习迷航"，似乎把原因归于知识结构组织的无序化而引起的"认识迷航"问题。

本书则认为，学生的学习自律性和活跃率等行为模式，是由人的教育价值观、兴趣和意志力等个性因素综合支配和作用的结果。随着课程学习进度的推进，学习的知识节点增多，知识节点连接复杂度和难度的增加，造成学习价值感知和价值预期目标之间的距离迅速增大，引起个人学习行为动力的衰退和意志力的迅速下降，继而发生群体怠学现象。学生的学习行为受到个性因素的主导。

SPOC 基于知识层次教学本质观，以知识为中心，没有培养学习者意志力等个性因素的目的和计划，也没有培养这些意志力的教学内容、教学方式和教学策略。即使是发现由于学习者意志力薄弱或意志力强度衰减迅速无法维持学习的意志过程而引发无效的学习，也没有提升意志力的相关措施。SPOC 在线学习中学习者自律性差、学习活跃率衰退迅速和无效学习现象普遍化等现象也就成为一种"固有"的缺陷了。

根据以上学习数据分析，超 2/3 以上的 SPOC 学习是无效的，且学习动力随着课程进度的推进迅速衰退。本书认为，学生的意志力等个性因素问题是 SPOC 中学习成效低下的主原根源。学习的过程不只是单纯属于知识构建或是知识转移的过程，还是优良个性的培养和发展的过程。所以，在 SPOC 中如何培养和提升学习者的意志力等个性因素，是解决教学流程再造前提条件不可或缺的途径和提升教学质量的基本方法，以及发挥 SPOC 优势的关键所在。

4.3　教学中的非智力因素

非智力因素是指不直接参与认知过程的个性心理因素，包括需要、兴趣、动机、情感、意志力、性格、价值观等方面。1983 年上海师范大学燕国材教授发表《应重视非智力因素的培养》一文，推动了我国非智力因素培养的教育研究。

4.3.1　个性的本质及主要因素

（1）个性的本质

不同学科关于个性内涵的研究视角与任务不同，对个性内涵的理解差异很大。中国《心理学大辞典》中将个性定义为："具有一定倾向性的心理特征的总和。"美国心理学家阿尔波特认为："个性是决定一个人独特的适应环境的行为与思想的内部身心系统的动力结构。"[4-11]社会学认为人的个性是个人的个别存在形式和主体特征。个性的主体特征使人具有独立自主性、自由自觉性、能动性和积极创造性等特征。[4-12]哲学历史唯物主义认为，人的个性是人的精神要素的有机复合，人的自由、自觉和能动的意识本质和社会性本质，使得人的个性对人的心理或精神活动起着动力和指向作用，支配和制约人的生命活动，在个体的实践活动中体现一定的主体倾向性。

心理学将个性定义为人的行为与思想的"动力系统"；社会学将个性定义为

独立自主的主体特征；哲学历史唯物主义将个性定义为人的精神意识要素的复合。总之，个性的本质是人的精神意识系统，是人的生命体的"信息控制系统"，提供生命活动的力量，决定人的行为动机和个人发展的方向。

（2）个性因素的分类

从构成上来看，人的个性包括能力、气质、性格、意志力、需要、兴趣、理想、信念、价值观等精神要素。在教育领域中，常以认知过程为依据将个性要素划分为智力因素和非智力因素两大类：直接参与认知过程的心理因素，包括知识和智力（能力＝知识＋智力），称为智力因素；不直接参与认知过程的心理因素，包括气质、性格、意志力、需要、兴趣、理想、信念、价值观等，称为非智力因素。美国的心理学家亚历山大（W. P. Alexander）在论文《具体智力和抽象智力》中最早提出非智力因素的概念，但并没有引起人们的重视和深入研究。1983 年 2 月 11 日，上海师范大学教育心理学教授燕国材在《光明日报》上发表文章《应重视非智力因素的培养》，首次在中国公开提出了培养非智力因素的教育思想，推动了非智力因素培养的教育研究。狭义的个性因素是指非智力因素；广义的个性因素包含非智力因素和智力因素。

（3）非智力个性因素的要素

在教育领域中，关于个性因素培养问题的讨论主要是针对非智力因素。非智力因素众多、结构复杂，且相互联系、相互作用，当前的相关研究尚无法全面揭示这些因素的形成和相互作用机理，如何界定、评估、量化和培养学习者的非智力因素是个难题。本书认为，应该选择其中概括性的、主导性的因素入手进行培养和评价，而不是涉及所有因素。在众多非智力因素中，价值观和意志力关系到个人的发展动力、方向和目标达成等关键因素。价值观因素能综合反映需要、兴趣、理想、信念等特征，主导个人参与活动的价值取向，决定个人发展的动力和方向。意志力体现了个体为实现预定目标而调节支配自身行为的意识能动力量。个人的教育过程对价值观和意志力的树立起着关键的作用，同时，价值观和意志力又支配着学习者的学习行为，甚至影响到教育的成败。所以，非智力个性因素的要素是价值观和意志力。

4.3.2　价值观因素

人的个性结构具有多层次、多侧面和多因素的特征。在众多的因素中，哪个要素是个性心理结构的主导因素呢？

（1）价值观是个性心理结构的核心因素

个性心理学关于个性的概念、结构、形成与发展问题，观点混乱、争议大，迄今尚无共识。中国学者刘永芳认为，价值观是"最深层的个性心理因素"，它不仅是一个人"借以认识世界、改造世界的内在尺度，同时也是一个人用来认识自己、标定自己、确定自我形象的内在标准；比起与它相应的需要、动机、兴趣等个性倾向来说，它具有更大的概括性和稳定性，从而保证了一个人基本的精神面貌"。[4-13]

从内容形式上来看，价值观是个人对客观世界及行为结果的评价和看法；从内容本质上来看，价值观包含了人的自我意识和社会意识的精神要素，是个人"借以认识世界、改造世界的内在尺度"，"用来认识自己、标定自己、确定自我形象的内在标准"。[4-13] 正是由于人的价值观的逐渐树立，人才从依附性、受动性的"生物体"逐步向独立性、自主性、能动性和创造性的"社会体"转化，呈现人的主体特征——个性特性，形成人的精神活动和社会活动的动力系统，对个人的精神（心理）活动和行为模式起着"动力和指向作用"。人的个性结构的多层次、多侧面和多因素的特性，如需求、兴趣、动机、理想和信念等，无不以价值观为基准，即价值观对人的多个个性因素有高度的概括性。所以，价值观是个性心理结构的核心因素。

（2）价值观的形成

人在生长和发育的最初阶段（儿童阶段），人的行为主要受自然属性（生物属性）的支配，受生活环境和社会关系的制约。马克思指出："人直接地是自然存在物。"斯坦福大学著名的"棉花糖实验"证明，孩子更倾向于满足眼前的生物本能需求，年龄越低越明显表现出经不起"吃"的诱惑。随着年龄的增长，个人参与社会活动和认识活动越来越多，人的社会属性和精神属性逐渐建构起来，产生情感、理念、意志和道德等精神反应，形成相对稳定的价值观。

人的价值观并不是与生俱来的，而是在教育过程和社会实践中逐步树立起来的，家庭和学校的教育对人的价值观树立起着关键作用。现代学校教育从6岁开始，大多数人经历小学、中学和大学阶段，至大学本科毕业时达22岁，所接受正规学校教育共有16年。心理学的研究表明，人成长到17岁时，心智基本发育成熟，人的价值观基本成型。人的价值观一旦确立，呈相对稳定的状态，是不易改变的。

（3）价值观在个人成长和教育活动中的作用

人生最美好的青春时光、最灿烂的年华都是在校园里度过。人们在学校接受教育，需要经历儿童时睡意蒙眬也要冒着寒风按时上学、日复一日地做作业、百日冲刺迎接高考等辛苦的学习过程。学习的过程从来都是含有许许多多辛苦或痛苦的成分，而且是时常受到挫折而又需要不断地迎接挑战的反复过程。人的本性是天然趋利避害、追求快乐愉悦的。在这种意义上，现代教育的学习本身就是一个反本性、反惰性的过程。是什么力量驱使和指引着人们超越天然本性、反复挑战挫折的学习过程？

深圳大学党委书记李清泉的回答是："如果不是生活所迫，谁愿意把自己搞得才华横溢。"周恩来的回答是："为中华之崛起而读书。"这就是价值观的力量。

在教育活动中，每个人都有各自不同的学习行为动因——个人的教育功利。教育功利是一种教育价值观，它直接主导个人参与教育活动的价值取向，指引个人自觉努力的方向，激发学习的内驱力，决定个人发展的动力和方向。在人的个性因素中，价值观是驱使个人行为的最为基础的内在动力。

4.3.3　意志力因素

（1）认知、情感和意志

在哲学领域，柏拉图认为人的思维机能包括理性、情感和意志三个部分。休谟在《人性论》中将"人性"分为认知、情感和意志三个方面，并据此建立其思维机能系统观。康德更是从认知、情感和意志三者入手建立其"批判哲学"的理论体系，并曾撰写"三大批判"分别分析了三种思维机能。[4-14]之后，黑格尔等哲学家主张人的思维机能系统包含三个要素：认知、情感和意志。

在心理学领域，亚里士多德将人的心灵分为两大官能：一是认知官能，包括感觉、想象、记忆、悟性和理性；二是欲求官能，包括愉快和不愉快的感情，以及意志动力。[4-15]在近代心理学史上，主要研究人的心理元素和意识活动构成。以德国心理学家威廉·冯特（Wilhelm Wundt）为代表的内容心理学派，认为一切心理现象都是由心理元素构成的，而心理元素包括感觉和感情两个方面；心理元素可以结合成各种心理复合体。冯特认为观念是感觉元素组成的心理复合体，情绪和意志是感情元素组成的复合体。[4-16]以德国心理学家弗朗兹·布伦塔诺（Franz Clemens Brentano）为代表的意动心理学派，将人的心理意识活动（意动）分为三类：表象的意动，包括感觉、想象活动等；判断的意动，包括知觉、认识、回忆活动等；爱惜的意动，包括情感、意志、欲望活动。现代心理学关于人的心理或意识活动过程有基本的共识，即认为人的意识活动都包含三个基本过程：认知、情感和意志，且相互共存、相互促进和相互制约。其中，认知是人们对于客观事物的感觉、知觉和表象；情感是人们对于客观事物是否符合人的需要而产生的态度的体验；意志是人们根据自己的主观愿望，自觉地调节行动，克服困难，以实现既定目的的心理活动。

人的意识活动的三个基本过程，反映了人们认识世界的主观意识过程和逻辑关系。

第一阶段：人为了生存和发展就必须首先感知和了解各种事物的事实关系，目的在于解决"是什么"或"什么事实"的问题。

第二阶段：掌握这些事物对于人的价值关系，目的在于解决"有何用"或"有什么价值"的问题。

第三阶段：掌握每个行为的价值关系，并且判断、选择、组织和实施一个最佳的行动方案，目的在于解决"怎么办"或"实施什么行为"的问题。

这三个意识过程形成相互共存、相互促进和相互制约的辩证逻辑关系。

（2）意志过程

人们为了满足生存和各种需要而产生各种动机，从而驱动人们的各种行动。当人们意识到自己或社会有某种需要时，就会产生满足需要的动机，从而进一步有意识地确定追求的目的，拟订达到目的的计划，并调节和支配自己的行动，实现预定目的。这是人类特有的受意识发动和调节行动的能动性心理过程——意志。

《心理学大辞典》将意志（will）定义为："意志是个体自觉地确定目的，并根据目的调节支配自身的行动，克服困难，实现预定目标的心理过程。"意志过程包括决定和执行两个阶段。决定阶段首先要解决动机斗争问题，然后是确定行动的目标和选择达到目标的有效策略、方法和手段，并制订出切实可行的行动计划。执行阶段将计划付诸行动，调节支配自身的行动，抑制与预定目的矛盾的愿望和行动，努力克服所遇到的困难，以实现预定目标。

人的活动从以个人或社会需求为出发点，到动机斗争、确定行动目标、制订行动计划、调节支配自身的行动和实现预定目标的全部意志过程，无不贯穿着人的意识对自身行为的价值关系的主观判断，反映人的行为价值的目的性。

（3）意志力

由人的意识对行为和目标的价值关系进行主观判断，形成一种人类特有的能动性自我引导的动力特性，即一个人自觉地确定目的，并根据目的来调节和支配自身的行动，克服各种困难，从而实现目的的品质，称为意志力（willpower、strength of will、grit），也称为毅力、自控力。意志力被认为是持续不断支配人们克服困难的一种自我控制力，是一种进行自我引导的精神力量本身。凯利·麦格尼格尔（Kelly McGonigal）在《自控力》中认为，意志力是控制自己的注意力、情绪和欲望的能力。佛罗里达州立大学心理学教授罗伊·鲍迈斯特（Roy F. Baumeister）在《意志力》中认为，决定一个人能否成功的后天因素中，意志力排在第一位。阿拉伯学者阿卜杜拉·侯赛因说过："力量并非是体力的代名词，真正的力量是坚韧不拔的钢铁意志产生的。"[4-17]类似的名人名言还有许多，如休·拉蒂默（Hugh Latimer）：滴水穿石，不是因其力量，而是因其坚韧不拔、锲而不舍；英国作家和评论家塞缪尔·约翰逊（Samuel Johnson）指出：完成伟大的事业不在于体力，而在于坚韧不拔的毅力。

安吉乡认为，意志力就是人们在完成一件有意义的事情时所表现出来的坚持不懈的精神，是人们在坚持一种良好习惯时持之以恒的品质，是人们在面对逆境时所具备的毅力，是在面对困难时所具备的勇气。[4-18]美国心理学家大卫·韦克斯勒（David Wechsler）认为，意志力的表现因素包括内驱力、情绪稳定性和坚持性，这些因素是人类性格特征的重要组成部分，具备这些品质的人更有可能获得成功。[4-19]2013 年美国教育部教育技术办公室发布了《提升意志力：21 世纪成功的核心要素》（*Promoting Grit*，*Tenacity*，*and Perseverance*：*Critical Factors for Success in the 21st Century*）报告，将意志力界定为 21 世纪成功的核心能力。[4-20]

由此可见，意志力属于人的一种个性心理特征，是人们实现预定目标的关键性力量。人的意志力有极大的力量，它能引导人们坚持不懈、克服一切困难，不论所经历的时间有多长，付出的代价有多大，无坚不摧的意志力终能帮人达到成功的目的。

（4）意商和逆商

人的意识活动的三个基本过程具有相互共存、相互促进和相互制约的辩证逻辑关系。事实表明，拥有坚强意志和强烈情感因素支持的认知活动，其效率和效果都是较佳的；相反，如果认知活动遇到人的情感和意志因素的不良影响、阻碍，其效率和效果便会受到很大负面影响，甚至可能达到难以正常进行的程度。心理学采用智商（IQ）、情商（EQ）和意商（WQ）来描述人的意识活动的三个因素参数。

意商（will intelligence quotient，简称 WQ）是指对人的意志的一种量度，即对意志强弱水准量上的规定性[4-21]，包括坚韧性、目的性、果断性、自制力等因素。

逆商（adversity quotient，简称 AQ）全称逆境商数，一般被译为挫折商或逆境商。它是指人们面对逆境时的反应方式，即面对挫折、摆脱困境和超越困难的能力。逆商能更好地反映人的意志力的强度。

（5）意志力培养问题

在人们的认识和实践活动中，不同的人表现出的意志力有强弱之分。美国著名新思想运动代表人物弗兰科・哈德克（Frank Channing Haddock）在《意志的力量》中认为，意志是"一种在数量上可以增加，在质量上可以发展的能量"[4-22]，通过训练可以提升个人的意志力。燕国材教授在 1983 年提出非智力因素培养的教育思想之后，中国学者开始关注意志力培养的研究。但是，至今为止教育领域关于意志力培养的研究没有深入，研究成果很少，研究主题主要集中在意志力概念（意志力和意志品质的概念）的内涵及其作用的论证上。至2020 年年底，在 CNKI 上关于"意志力培养"研究主题文献发表数量统计，如图 4-6 所示。在课程教学上，关于意志力培养问题的探讨在"体育课程"中进行了讨论。

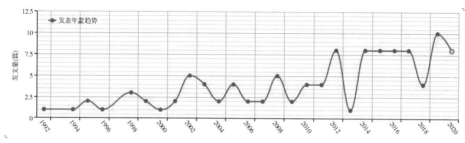

图 4-6　CNKI 意志力培养研究主题文献发表数量统计图

（6）意志力培养和学习活动成效的关系

学习活动也是一种意志过程，意志力对学习者的学习行为具有调节、支配和引导作用，控制着学习活动过程的动机、注意力以及情感等个性因素。同时，学习活动增长了学习者的知识和智力，塑造其良好的价值观；学习过程是一种需要面对困难、时常受到挫折而又需要不断地挑战的反复过程。从这个意义上看，学习活动是一种意志力训练的良好科目，学习者意志力的强弱又关系到学习效果的好坏，两者互为因果。

2013 年美国教育部教育技术办公室发布的《提升意志力：21 世纪成功的核心要素》报告，提出一个意志力假设模型[4-20]，如图 4-7 所示，反映学习环境中促进意志力发展的心理资源关系。其中，学习环境中的心理资源包括：学习心态，是指学习者的心理特征，如信念、态度、性情、价值观；控制力，是指学习者面对短期困难和挫折时的自我控制的能力；学习策略，是指学习者面对短期困难和挫折时所具备的计划、监控和处理特殊困难的谋略。意志力通过学习心态、控制力和学习策略等心理资源的双向互动，对学习者在面临学业挫折和挑战的时候能够完成目标起到支持和帮助的作用。

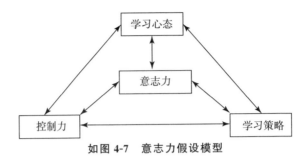

如图 4-7　意志力假设模型

中国许多研究者也强调在教育中培养学生意志力的重要性，指出培养学生学习意志力是提高学习成绩的关键。虽然许多研究者都意识到意志力培养和学习活动成效之间存在着相互促进的关系，但是当前以知识传授为中心的教学观，并没有将意志力的培养当作课程教学的内容和评价项目，从而有计划地在课程教学中实施意志力的培养目标。

4.4　SPOC 固有缺陷的成因

教学本质观对教学实践活动有着相对稳定性的支配作用，更将倾向性地影响教学实践的方向，同时，教育异化与教学本质观有着直接的关系。SPOC 的"缺陷"与教学本质观、教育异化和学习理论有着直接关系。

4.4.1　教学本质观

据本书前面的论述，教学本质观具有多层次性，分为三个层次：知识层次教学本质观、智力层次教学本质观和个性层次教学本质观。这三个教学本质观并不是相互对立或排斥关系，而是向下包容的关系。虽然三者的终极教学目的都是发挥人的本质能力，但它们在认知层次上对能力内涵的理解存在着很大的差异。

（1）知识层次教学本质观

知识层次教学本质观的基本思想认为：知识＝能力，把学习者个体当作知识的容器，教学活动等同于知识传授，将知识传授当作课程教学的核心目的，所有的教学方式、措施和策略都为了尽可能增加学习者知识的类型和数量。以知识层次教学本质观为基础的教学称为知识教学。

从 MOOC/SPOC 的三个教学理念来看，都是试图通过"技术"的手段来优化知识传递的路径，在广度、速度和量度上增加知识传递的成效。MOOC 的一个崇高的教育理念是终身学习，其本质是在物理上打破了大学的围墙，建立知识传递通道，使得墙外的学习者能够按需搬运大学知识仓库里的知识，突破学龄和空间的限制。

（2）智力层次教学本质观

智力层次教学本质观的基本思想认为：知识＋智力＝能力，把知识当作智力培养不可或缺的媒体，知识传授是智力培养的前提，但不是最终目的，其最终目的是发展学习者的智力，特别是思维能力。以智力层次教学本质观为基础的教学称为智力教学。

华莱士认为知识传授在数量上没有质的差异，"一种思维（核心智力要素）"比"一堆知识"更能决定能力的高低。这是一种最典型的智力层次教学本质观。美国耶鲁大学校长雷文更认为"真正的教育不传授任何知识和技能，却能令人胜任任何学科和职业"[4-23]，指出了智力是能力的最终决定因素。

（3）个性层次教学本质观

人们关于"个性"概念的认识，观点多、内涵混乱，影响到了个性层次教学本质观的深入研究和应用。当前关于"个性"概念的理解，主要有三个类型：以特殊性或差异性为主要内涵的个性概念、心理学上的狭义个性概念和心理学上的广义个性概念。分别以这三种概念内涵为基础的个性化教学思想，存在着本质的差异。

①以特殊性或差异性为主要内涵的个性化教学

以特殊性或差异性为主要内涵的个性概念，倡导的是优势、特长或个别化教学，当然，倡导者把这种教学也称为个性化教学。这种个性化教学思想认为个体总是存在某种差异：优势和弱势。对个体的优势，传授与其优势相适合的知识，使其优势更加突出，即发挥其优势潜能；对弱势，补助与之相适合的知识，可以弥补其缺点。它主观地认为依据个体的差异特征传授不同类型的知识，可以培养个体不同的能力，不仅在理论上缺乏科学依据，在实际应用上也无法替代主流的标准化教学，其实质仍是属于知识层次教学本质观。

②以狭义个性概念为基础的个性化教学

以狭义个性概念为基础的个性化教学思想，虽然也认可心理学上个性概念，但是认为个性的内涵是非智力因素，不包含知识和智力。历经一千多年的古代教育是道德教育，它以培养道德为核心目的，教学的内容基本上是道德伦理，而不是劳动技能和知识，即以群体的道德观作用于个体，使之成为个体的价值观，其本质是以发展人的个性为教学目的。道德教育最终被以知识培养为核心目的的现代教育所替代，这在理论上和历史上都无法解释个性化教学是否"优于"当前主流的知识教学或智力教学。这类个性化教学研究最后陷入死路。

③以广义个性概念为基础的个性化教学

以广义个性概念为基础的个性化教学，是本书所主张的个性层次教学本质观，其基本思想认为：知识＋智力＋非智力因素＝个性→能力，把个体的个性作为人的动力系统，认为人的个性是个复合的有机体，人的各种能力是多种个性因素或多种个性组合的作用体现，教育的核心目的是发展个体的优良个性。这种个性化教学不仅包含知识教学和智力教学，还包含了非智力因素的培养，它们在层次上是递进的关系。

4.4.2 教育异化问题

异化一词来自法文"aliéner"，本义为"转让"或"出卖"。法国思想家卢梭在其《社会契约论》中最早使用"aliéner"一词，提出政治异化观点，即"一个最强者，如果不能把他自己的力量转化为权利，不把服从转化为义务，他是不能足以保持他的主人地位的"[4-24]。德国古典哲学家费希特、黑格尔和费尔巴哈进一步将异化一词泛化。马克思在继承前面三位德国古典哲学家的异化理论的基础上，提出了劳动异化观点：生产者的劳动创造了劳动的产品，劳动的产品却成为不依赖生产者的力量，作为劳动主体对立面。马克思在《1844 年经济学哲学手稿》中谈到劳动异化，指出劳动生产中人的主体性完全丧失，受到劳动的产品（包括物质产品和精神产品）的奴役，成为一个片面、畸形、非自由、被资本家奴役的机器人。我国政治理论家王若水给出的异化定义为："主体由于自身矛盾的发展而产生自己的对立面，产生客体，而这个客体又作为一种外在的、异己的力量而凌驾于主体之上，转过来束缚主体，压制主体，这就是异化。"[4-25]人作为社会实践活动的主体，人所创造的客体却凌驾于人之上，变成了人的对立面。1982 年《大不列颠百科全书》列举了 6 种异化现象：无能力决定自身命运；无意义，没有生活目的；无准则；对文明教化的疏远；社会孤立；自我疏远。

教育是人所创造的社会活动。人作为教育活动的主体，反而受到教育的奴役和束缚，这就是教育异化。简单而言，教育异化是指教育的终极目的是把人从生物人培养成为社会人（即成人），使人获得自由和发展，但是教育却变成奴役和操纵人的力量，束缚了人的自由和发展。古代教育实行的是道德教育，成为社会统治的精神工具；现代教育实行的是标准化教育，教育演变成为社会技术劳动力的培训工具。工业革命以后，知识最大程度地决定经济发展、民族进步、国家富强以及人类文化的提升。这种立足于知识的工具价值或社会功用价值，造成知识总以权威、真理的身份出现，人和学校都成了围绕知识运转的机器，服从知识的权威。[4-26] 知识经济时代的到来，人们对知识物质价值的追求更加强烈，造成了各种教育功利思想的蔓延。教育异化的增强，导致教育的工具化、商业化、市场化和功利化，教育过分专注于知识传授，忽略或压抑了个性的和谐发展。

本书在前面的章节里，从理论上和历史发展趋势上，论证了基于广义个性概念的个性化教育的科学性和未来教育发展的必然性。个性化教育以培养人的优良个性为目的，是回归教育本质、遏制教育异化的需求。

本书另外再借助中国当代著名哲学家、教育家冯友兰曾说过一段话，来说明教育中的个性因素培养的本质意义，他说："教育是使人作为人而成其为人，而不是成为某种人，是成其为真正意义上的完全的人的人化的过程。"[4-27] 康德也指出，"人不具有先天完整性"，所以 "人只有靠教育才能成为人，人完全是教育的结果"[4-28]。教育的本质作用是使人从自然人转变为 "现实的人"。这就是冯友兰所说的 "使人作为人而成为人"。中国著名教育家叶澜也说过："学校教育当前最大的问题，就是以 '成事' 替代了 '成人'。"[4-29] 基于广义个性概念的个性化教学使教育真正回归育人的本质，也是破解现代教育异化困境的科学途径。

新中国的教育方针是马克思的人的全面发展学说的本土化实践，致力于培养德、智、体、美等全面发展的社会主义事业的建设者和接班人。从小学教育到大学教育的各个阶段，都设置了相关思想道德和价值观教育课程，但是，有用功利、快乐功利、仕学功利和自私功利等短期教育功利进一步强化教育异化的趋势。北大中文系钱理群教授指出："中国大学培养的都是 '精致的利己主义者'。[4-30]" 中国著名教育家叶澜 2018 年在接受《中国新闻周刊》专访时，也忧心地指出："价值观危机是中国教育的根本危机。"[4-29]

为什么中国教育这么重视学生的思想道德和价值观的培养，仍然无法有效遏制短期教育功利、"价值观危机" 等教育异化的现象。本书认为，这是由于根深蒂固的知识层次教学观所酿成的。虽然新中国一直实行人的全面发展的教育方针，在学校教育的各个阶段都设置了不少思想道德和价值观教育课程，但是，在大多数课程教学中，只注重知识传授和智力培养，在课程教学中缺少个性培养的内容，是无法完成人的全面优良个性的塑造的。

以传授知识为目的的知识教学和以培养智力为目的的智力教学，是 "成事" 活动，无法遏制教育异化的深化。基于广义个性概念的个性化教学是 "成人" 活动，是破解现代教育异化困境的科学途径。

4.4.3　SPOC 的学习理念

SPOC 在线学习理念来源于连通主义的认识论、行为主义学习理论和知识内化理论，分别体现为多向交互、碎片化优质学习资源和教学流程再造特征。

连通主义认识论认为学习的过程是将知识进行连接，形成知识路径，最终形成知识网络，学习的目的是知识的流通和生长。cMOOC 依赖自我组织、高度自治的多向交互主动性学习模式，来完成知识网络的建构。

行为主义学习理论认为学习是刺激与反应之间的联结，强调学习的发生原因在于外部的刺激。所以，xMOOC 认为应给予符合网络学习习惯的碎片化优质学习资源（刺激），让学习者产生操作性反应，促使学习者在学习资源与自身反应之间形成联结，完成对课程的学习。

连通主义认识论强调利用学习的外部联结特征来建构知识，行为主义学习理论只关注可观察的外显行为，知识内化理论强调知识转移的流程。这些认识理论都是以知识为中心的学习理念，完全忽视个性因素在教学活动中的塑造过程，以及个性作为学习主体的内在动力系统对学习行为的动力和指向作用。所以，SPOC 被引进大学校园，利用 cMOOC 和 xMOOC 的"优势"，通过教学流程再造来改变传统的教学流程，重构知识传递进程，结合成为线上线下混合式教学模式。试图利用课前、课中和课后三个流程来完成知识传递、知识内化和知识转化的进程，达到改进传统教学中知识转移进程的缺陷，完善知识转移过程的目标。

SPOC 与传统教学结合的线上线下混合式教学模式，被寄予促进高校课程改革和教学方法创新的厚望，但是 SPOC 学习摆脱不了低效或无效的学习行为，无法发挥 SPOC 的优势。如何突破 SPOC 学习的"固有"局限，是当前高校课程教学优化改革的研究热点。

4.4.4　SPOC 缺陷的成因分析

虽然当前 MOOC/SPOC 在线学习模式被认为具有数字化优质课程资源、基于连通主义的多向交互、教学流程再造等优势，但是，在 MOOC/SPOC 实践过程中存在着学生学习自律性差、学习活跃率衰退迅速和无效学习现象普遍化等"固有"缺陷，陷入了结课率低、浅层化学习的困境。可量化的统计表明，MOOC/SPOC 在线学习中有 2/3 的学习行为是无效的，且课程学习完成率总体低于 10%。这样的学习成效是一种非常低的学习成效。由于 MOOC/SPOC 知识层次教学本质观的限制，无法提出合适的问题解决方法，将这种低成效的学习"困境"视为一种 MOOC/SPOC 的"固有"缺陷。

当前 MOOC/SPOC 的研究和应用并没有正视这种"固有"缺陷的成因，一厢情愿地高举 MOOC/SPOC 的优势，在各种课程教学中推行 SPOC 和传统课程相结合的线上线下混合教学模式，认为线上线下混合教学模式能够"必然"地改进课程的教学效果，缺乏科学的精神和实事求是的态度。面对 MOOC/SPOC "固有"缺陷的成因，当前的研究极少进行全面的讨论。本书将从下面几个方面进行分析。

（1）教育异化和知识异化

教育伴随社会而生，其自从产生起就承担着人与社会生存和发展的职能。这就规定了教育的终极目的是通过塑造人的基本属性，发挥人的本质力量，满足个人和社会存在和发展的需求。简单而言，教育终极目的是把人从生物人培养成为社会人（成人），使人获得自由和发展。人们对教育职能或价值的过分追求，导致教育的工具化、商业化、市场化和功利化，变成奴役和操纵人的力量，束缚了人的个性的和谐发展。道德教育是古代教育异化的主要特征；知识教育是现代教育异化的主要特征。

从异化的视角来看，知识是人类的精神产品，是人类认识、探索和改造客观世界的工具。在知识经济时代，知识作为第一智力资源成为首要的生产要素，知识的生产、传播和运用决定了社会经济的大发展。英国哲学家弗朗西斯·培根提出"科学知识是人类获得幸福的正确途径"及"知识就是力量"的观念；著名企业家李嘉诚提出"知识改变命运""知识是一种永远不会贬值、不会丧失的财富"的观念。这些观念深刻地反映了人类所创造的知识作为一种巨大力量，左右着人的社会活动，凌驾于人的社会主体地位之上。这就是知识异化。知识的异化进一步强化了教育异化，学校成了围绕知识运转的机器，教师和学生都服从于知识的权威。以知识为中心是现代教育异化和知识异化的特征，人们的教育活动始终围绕着知识传授或传递目的来运转。

教育异化和知识异化使得人们将教育和教学活动只简化为知识的传授或传递，忽略了人的个性成长问题，包括人的价值观和意志力等核心个性因素的塑造和培养。

（2）个性层次教学本质观

从个性层次教学本质观的视角来看，学习自律性低和学习活跃率衰退迅速等现象是明显的个性心理现象。激发 MOOC/SPOC 在线学习缺陷的个性因素，并不是个性因素在网络虚拟环境下的"新特征"，而是网络虚拟环境改变了学习者的个性成长的方式，或者是学生在网络虚拟环境下感受不到制约，使得学生的人性自由地发展。综合人性具有"善恶"两面性，人的行为也具有"勤怠"二重性。人在本能上总是倾向于好逸恶劳，在学习上也存在怠性。同时，人是社会的存在物，人总是在道德和价值观的驱动下，追求个人的生命价值、对社会的责任和担当，在学习上表现为积极向上的勤性。人的本能是人的最底层的心理特性，是支配人的行为最强大、最根本的原动力。在大学生阶段，人的价值观没有完全成型，在缺失监控的情况下，积极向上的勤性容易出现"迷失"，致使好逸恶劳等怠性逐渐主导学习的行为，产生怠学现象。所以，MOOC/SPOC"固有"缺陷的现象，是学习者的价值观、意志力等个性因素缺乏监控和培养的一种体现。

MOOC/SPOC 的"固有"缺陷属于"意志力迷失"问题，最根本的原因是网络虚拟学习环境下，缺失监控和制约的手段，放任了"人性"的自由任性，主导了人的个性消极成长而造成的。

（3）知识层次教学本质观和行为主义学习理论

MOOC/SPOC 基于知识层次教学本质观，以知识传授为课程教学的中心，把知识学习当作课程教学的核心，试图利用信息技术手段来重构学习过程，达到提升知识传递的成效。

从学习理论的角度来看，MOOC/SPOC 基于行为主义学习理论，在网络环境下利用信息技术来强化学习过程，以增强知识传递的成效。虽然 MOOC/SPOC 在线学习符合学习者的碎片化网络学习行为习惯、多向交互的交流讨论方式，但是行为主义学习理念只观察外在的学习行为特征，并没有注重学习的内部机制。

知识层次教学本质观和行为主义学习理论限制了探寻低成效"困境"的视角，许多人宁愿从技术的角度提出"知识迷航"来解释低学习成效的原因，而对于学习自律性差等意志力个性因素视而不见，无法解释学习过程中出现的个性心理现象，因而，MOOC/SPOC 的低学习成效被认为是一种"固有"缺陷。

综上所述，MOOC/SPOC 的"固有"缺陷是教育异化、知识异化、知识层次教学本质观和行为主义学习理论等多成因问题。MOOC/SPOC 的优势是知识传递维度上的特征，而其缺陷是个性因素缺乏监控和培养维度上的特征，两者不属于同一维度，不能相互抵消或弥补。MOOC/SPOC"固有"缺陷归因于教育异化和知识异化问题。MOOC/SPOC 的教学思想忽视了教育的育人本质，无法摆脱自身固有的浅层化学习的"困境"，也助长了人的"怠性"——面对困难，逃避退缩，无视责任担当，强化无用功利，其优势完全被"固有"缺陷所淹没，无法达到深度学习的成效。

4.5 学习评价

学习评价是教学质量的监督和反馈机制，是教学研究中不可缺少的一环。"评价"就是人们参照一定标准对客体的价值或优劣进行评判比较的一种认知过程，同时也是一种决策过程。在当前以学生为主体的教育理论中，Resnick 认为学生要通过监控和调节自己的认知过程，并不断使这种监控自动化和熟练化，从而对自己的学习负责任。[4-31]网络学习评价关注学习过程和学习资源的评价，给网络学习以支持服务和质量保证，并为教学决策服务。最近几年在 CNKI 上每年都有上千篇相关研究论文发表，尤其是以网络学习评价为绝大多数。这些研究认为网络学习评价是突破网络学习质量瓶颈问题的必要途径。[4-32][4-33][4-34]

4.5.1 学习评价体系

学习评价体系是教学评价体系的重要组成，一般包括评价目的、评价指标、评价模式和评价方法等要素。依据各个评价要素的不同，可分为不同的评价分类。

（1）评价目的

评价目的反映了评价主体对评价对象所达成的价值标准和要求。以教育价值观的层次为标准，课程教学评价目的可分为三个层次：知识、智力（能力）和个性（素养），学习评价可分为知识目的评价、智力（能力）目的评价和个性（素养）目的评价。评价目的是学习评价体系的核心要素，它决定了其他评价要素的内容。

（2）评价指标

评价指标即评价项目和内容，它由评价目的来决定。知识目的评价的目标是测试学习者所掌握的课程知识的量度，所以，其评价指标纯粹由课程的知识结构来构成。智力（能力）目的评价的目标是测量课程教学活动对学习者带来某个方面的智力（能力）成长量度。智力和能力分属于不同的范畴，智力属于认识范畴，能力属于实践范畴，但是或是当前教育忽视了智力的培养，或是对于"能力"词语已经滥用，在习惯上一般以"能力"词语替代"智力"词语。个性（素养）目的评价是测量课程教学活动对学习者带来某个方面的个性（素养）成长量度。目前评价指标主要是关于知识的量度评价，而关于智力、个性或素养的评价指标研究和应用非常少。

（3）评价模式

评价模式是价值判断的方式。按照评价模式分类，学习评价的类型可分为诊断性评价、形成性评价和总结性评价。诊断性评价是对教学现实状况及存在的问题、产生的原因所进行的价值判断。形成性评价是对教学过程进行的价值判断，也称过程性评价，其特点是通过及时揭示和反馈问题、提出改进建议，以达到监控和促进教学优化的目的。总结性评价是对评价对象的全面性达成结果进行价值判断，也称终结式评价。

（4）评价方法

评价方法是综合评价研究的焦点。近年来，多指标综合评价技术研究发展迅速，新的智能化评价方法与思想不断被提出，以往旧的方法不断地改进，评价方法日趋复杂化、数学化、多学科化。常用的综合评价方法主要包括多元统计评价法、主成分综合评价法、人工神经网络或遗传算法综合评价法、模糊综合评价法、灰色系统综合评价法等。这些研究具有强数学特征，试图将高维的评价对象或空间映射到低维的或一维的对象或空间，其本质是统计学中的回归问题。[4-35]纵观这些方法，其主要精力都放在权重确定上。通过各种各样强数学化方法来计算权重，以求权重的客观性，本身就有其局限性。

由评价目的、评价指标、评价模式和评价方法等要素组成的学习评价体系就是教学质量的监督和反馈模型，它不仅需要实现对学习目标的达成进行价值判断，还需要揭示和反馈学习活动存在的问题，推进学习成效的优化，促进学习目标的达成。

4.5.2　基于智力的学习评价

智力目的学习评价是以测量课程教学活动对学习者带来某个方面的智力成长量度为目标。教育的终极目的是发展人的本质属性的力量。如何发展人的本质属性的力量，是教育观和教学观的问题，也是不同时期社会对人才规格需求的问题。

（1）教学知识观

在教学活动中有各种教学观，如道德观、知识观、能力观、智力观、个性观等，不同的教学观决定了不同教学目的的确立。18 世纪第一次工业革命引发了人类社会生产方式的重大变革，推动了古代教育向现代教育的转变。现代教育通过传授或传承知识来提高人的劳动能力，提高生产力，促进人类社会的大发展。传授知识几乎被认为是现代教育和教学的代名词，以传授知识为核心内涵的知识观成为现代教育最坚实的教学理念。苏联教育家斯卡特金和凯洛夫的

"知识说"教学概念定义就是最典型的代表，它也深刻地影响了中国教育的教学理念。知识目的评价完全以教学知识观为依据，以测试学习者所掌握的课程知识的量度为评价目标。

（2）智力和能力的差异

学习者所掌握的课程知识并不会直接或全部转化为认识和改造世界的能力。美国教育心理学家布鲁纳（Jerome Seymour Bruner）认为教学的目的是"提高学习者正在学习中的理解、转换和迁移能力"[4-36]；美国耶鲁大学校长雷文更是认为"真正的教育不传授任何知识和技能"[4-23]。这与传统的教学知识观完全不同，认为教学的目的不是掌握"知识"，而是提高"理解、转换和迁移能力"。有人将这理解为教学的能力观，本书则理解为教学的智力观。

本书第 3 章已经论述了能力和智力概念的差异，并论述了培养受教育者的智力应该是学校教育更直接的目标、发展受教育者的能力应该是教育最终目标的观点。但在教育活动中，人们习惯上都是以"能力"词语替代"智力"词语，"能力"词语往往被滥用。例如，《清华大学关于全面深化教育教学改革的若干意见》中提出实行"价值塑造、能力培养、知识传授"三位一体的育人理念。这体现了教学能力观的理念。教学能力观认为在学校阶段应该以培养能力为直接目标，不仅说明了对培养智力的不重视，还违反能力构成的特点和学生的身心发展规律，所以，在学校阶段应该以培养智力为直接目标，而不是能力。

心理学家认为智力的概念是人脑的机能、心理的特征，是人们完成各种活动所必须具备的基本能力。它包括观察力、记忆力、思维力、想象力、注意力等认识能力，其中，抽象逻辑思维能力是智力的核心。知识的本质是人的智力活动的产物，同时又是智力发展的核心因素。人脑仅仅是智力的物质基础，而知识是智力活动的核心内容。康德的认识论认为人们通过分析判断、综合判断等理性推理能力获得普遍性的知识，使知识具有必然性和可增加性，即智力是人们获得知识和产生知识的必要条件。所以，智力是一个人在认识和改造客观世界的活动中所表现出来的认识能力，属于认识范畴。

能力包括知识、技能和智力，代表人们完成一定活动的效率、水平和力量。人的能力与一定活动相关，人在某一领域活动中表现出较强的能力，并不代表其在另一领域活动也能表现出较强的能力，属于实践范畴。

从概念的外延来看，能力包含智力，智力属于一般能力。从概念的本质来看，智力是人脑的机能、人的意识功能、人的认识力量。能力代表了人们完成一定活动所体现出的人的本质力量，它与人的知识、技能和智力有关，还与环境、领域和个性心理等因素有关。智力和能力分属于不同的范畴。

（3）人脑的生长发育规律、智力发展和能力培养的关系

人脑从 6 岁以后才迅速发育，直至 23 岁左右才能发育完成。现代学校教育依据人脑的生长和发育规律，从 6 岁小学教育开始，至 22 岁大学本科毕业，涵盖了人脑的迅速发育到发育基本完成时期。人脑发育完成以后，人的智力也逐渐发展至最高峰。卡特尔的流体和晶体智力理论研究表明，流体智力的发展在 20～30 岁之间达到高峰，以后开始下降；晶体智力在人的一生中会保持一定的增长，到了 25 或 30 岁以后发展速度渐趋平稳。所以，学校教育的目标对象应该是发展人的智力，为人们在将来从事各种活动或职业夯实智能的基础。

学校教育往往只是传授学科的、结构的、原理性的、稳定的静态知识，也就是只对基础的、提纯部分的知识进行传授。学生在教学活动中学习的是这些提纯的静态知识，很难达到完成某项具体工作能力的目标，而是提高观察、分析、判断、推理的认识能力，形成获得普遍性的知识、增长知识的智力。

即使是在学校里掌握了一些完成某项具体工作的专业技能（能力），将来也未必就能直接从事此类专业工作，在具体的专业岗位上还需要进行专门的培训学习，何况将来不一定从事这项工作。麦克思调查公司发布的中国大学生就业报告称，中国应届本科毕业生的专业对口率呈逐年下降趋势。其中《2010 年中国大学生就业报告》的统计数据显示，电子信息、机械等理工专业毕业生的就业对口率为 60％左右，而哲学、教育学、法学等人文社会科学类专业毕业生的就业对口率只有 30％左右。[4-37]

在有限学时的教学活动中，如果以完成某项具体工作能力为学习的直接目标，势必向学生传递一种具体明确的目标信号——课程中学习所达到的具体技能就是将来工作的能力，诱使学生在学习过程中就会进行价值判断——自己是否对这些技能感兴趣、这些技能对自己是否"有用"。这非常有利于有用功利的形成。有用功利往往过分地看重实用性或某种现实的利益，忽视或弱化受教育者的完善人格、身心成长规律和理想道德等教育的"育人"本质，造成学生身心、智力和道德发展的畸形化。

人的能力的本质是人的身心综合力量，与人的知识、智力、身体机能以及个性特征因素相关，且与某一特定的活动有关。可见，人的全面发展才能促使人的能力的发展。美国耶鲁大学校长雷文的观点："真正的教育不传授任何知识和技能，却能令人胜任任何学科和职业。"华莱士曾在演讲中说道："教育的目的不是学会一堆知识，而是学会一种思维。"这充分反映了教学的智力观——重视人脑的机能、人的意识功能的开发。

4.5.3 基于个性的学习评价

个性目的学习评价是以测量课程教学活动对学习者带来某个个性因素成长量度为目标的学习评价。心理学认为个性是人的"心理特征的总和",对个人的心理活动和行为模式起着"动力和指向作用"。个性化教学的目的是发展优良个性,如何培养个性是个性化教学的核心任务,而评价学习者个性因素成长的成效是个性化教学质量的保障手段。

(1)个性因素

个性因素评价包含智力因素和非智力因素两个方面的评价要素。智力因素包含知识和智力因素。在众多的非智力因素中,价值观和意志力是个性的核心因素,价值观对学习者的个人发展方向和动力起着决定作用;意志力对学习者将来的事业成败起着决定性的关键作用。同时,课程学习的成效和价值观及意志力的培养互为因果关系。虽然非智力因素众多,价值观对需求、兴趣、动机、理想和信念等个性因素有高度概括性;意志力对动机、注意力以及情感等个性因素起着支配调节作用。所以,非智力因素以价值观或意志力因素为主要因素,在个性化教学中,不仅需要将培养价值观和意志力作为课程教学的内容,还需要对价值观和意志力因素成长的成效进行评价。

(2)个性因素评价目标

基于知识或智力的教学活动,其教学目的是以传授知识或培养智力为中心,没有目的和计划培养学习者的个性因素,也没有专门设计培养个性因素的教学内容和教学方式。虽然基于知识或智力的教学活动也能带来学习者个性因素的发展,但这不是课程教学活动所关注的教学目的。基于个性化教学的目的包括传授知识、培养智力和发展优良个性,其中,发展优良个性是其核心教学目的。这就需要通过评价学习者的课程学习活动对其个性因素成长的成效,及时揭示和反馈问题,提出改进建议,以达到监控和促进教学优化的目的。

(3)价值观和意志力因素评价的研究

目前关于价值观和意志力因素评价的研究,出现了许多关于价值观和意志力因素的评价体系和量化评价方法。例如,南京师范大学喻平和赵静亚[4-38]的《数学核心素养中品格与价值观的评价指标体系建构》、滨州医学院刘晓泉等人的《基于社会主义核心价值观的医学生伦理价值观评价指标体系构建》[4-39]、曲阜师范大学杨群群的《高中生物学新课程情感态度与价值观评价的研究》[4-40],等等。这些评价方法主要通过设计多个维度的评价指标,采用问卷调查法,对学习者的价值观或意志力因素进行量化评价。这些评价指标与课程教学内容没有直接的关系，不能直接反映课程教学活动对学习者当前的价值观或意志力因素的影响过程，也就是说，这些评价方法无法揭示课程教学活动给学习者个性因素成长带来的成效。

个性因素的量化评价应该依据课程教学目的、教学计划、教学措施、教学内容等教学要素来设计评价指标体系，才能反映课程教学活动对学习者个性因素成长带来的成效。所以，个性目的学习评价是个性化教学实践的重要构成，其评价项目包含知识和智力两种智力因素的评价，也包含价值观和意志力等非智力因素评价。它是个性化教学质量优化的保障和监督手段。

4.6　个性因素的量化评价

个性因素评价包括智力因素评价和非智力因素评价。智力因素评价包括知识评价和智力评价；非智力因素评价主要包括价值观评价和意志力评价。因此，个性因素评价主要包括知识评价、智力评价、价值观评价和意志力评价。这些因素评价的职能是为教学活动提供引导、监督和反馈作用。知识评价是传统学习评价的核心内容，所以，本书主要讨论其他三类个性因素评价。

4.6.1　个性因素评价应用的前提

学习评价是教学质量的监督和反馈机制，发挥引导、监督和反馈作用，促进有效学习，提高学习质量，实现教学目的。目前关于非智力因素评价的应用有两种思想：第一种是为了反馈、监控和调整知识层次或智力层次的教学行为；第二种是作为个性化教学活动的重要构成。两者的区别在于在课程中是否有培养个性因素的教学内容。

本书在前面讨论过的部分案例属于第一种非智力因素评价的应用思想，例如，南京师范大学喻平和赵静亚的《数学核心素养中品格与价值观的评价指标体系建构》[4-38]、滨州医学院刘晓泉等人的《基于社会主义核心价值观的医学生伦理价值观评价指标体系构建》[4-39]。他们所提出的非智力因素评价体系，旨在引导教师在评价过程中更加关注学生活动、交往和情感体验，引导学生自我反思，以调控自己的行为。

第一种非智力因素评价的应用思想仅仅是为了测量学习者的个性特征，作为调整知识传授和智力培养的教学策略或学习行为的依据。在测量学习者的个性特征后，即使是发现了学习者存在重大的个性缺陷，课程计划中并没有培养优良个性因素的教学内容或教学措施，是不能改善由于个性因素而引发的学习问题的。例如，在 MOOC/SPOC 在线学习中，有高达 2/3 的无效学习行为，即使是通过数据分析，发现了学习者存在学习自律性差和活跃率低等意志力问题，但是，如果 MOOC/SPOC 知识层次教学本质观没有培养意志力的教学内容和教学措施，就没有办法改进 MOOC/SPOC 的"固有"缺陷。所以，第一种非智力因素评价的应用思想并没有太大的实用意义。

　　第二种非智力因素评价是作为个性化教学活动的重要构成。个性化教学需求有目的、有计划、有措施、有策略地对知识、智力和非智力因素进行全面的培养，并在教学过程中测量、评价和监督这些因素成长的成效，以达到培养优良个性的教学目的。曲阜师范大学杨群群的《高中生物学新课程情感态度与价值观评价的研究》[4-40]，是第二种非智力因素评价应用思想的实例。高中生物学课程以知识、能力、情感态度与价值观作为课程的三个维度教学目标，同时把培养学生的情感态度与价值观也作为教学内容，旨在使学生成为一个完整的人并促进其发展，[4-40]以实现学生的全面发展。在课程实施过程中，把情感态度与价值观的评价与教学过程结合起来，相互促进，以达到知识、能力、情感态度与价值观并重的三维目标。

　　杨群群的高中生物学课程教学属于基于广义个性概念的个性化教学实例。他在课程教学目的和教学内容中都包含了知识、智力和非智力因素的培养，同时进行了非智力因素的测量、评价和监督。虽然该课程所针对的非智力因素的培养只包含"情感态度与价值观"，没有全面培养人的非智力因素，但是价值观个性因素具有高度的概括性，涉及需要、动机、兴趣、信念等个性倾向，这是课程特征所决定的。我们不能企望一门课程能解决人的培养的所有问题，每门课程都融入"育人"内容的培养，必定能实现"成人"的终极教育目的。

　　综上所述，个性因素评价应用的前提是个性化教学活动的实施。

4.6.2　智力量化评价

　　人脑仅仅是智力的物质基础，而知识是智力活动的核心内容。康德的认识论认为人们通过观察、记忆、分析、判断和推理等各种认识活动（智力活动），获得普遍性的知识；智力是人们获得知识和产生知识的必要条件。人们在增长知识的同时，人脑的机能也在改变，智力不断地发展。智力是人们获取知识的基础，而人们获取知识的同时也促进智力的发展；智力的发展会增大获取知识的速度、深度和广度。由此而见，学习者基于自身的智力进行课程学习活动，能不断地获得知识、增长知识，同时促进智力的发展。知识和智力密切相关、相互依存、相互促进。

近几十年来，心理学家对智力的结构及组成因素进行探索，提出了因素说、结构说、三元论或多元论、情绪智力等多种智力结构理论，揭示了智力多因素、多侧面和多层次结构的特征，为教育和教学活动中的智力培养和训练提供重要的指导作用。

智力测验是依据一定的智力理论和测量理论，通过测验的方法综合评定人的智力水平。与智力测验不同，课程学习的智力评价是为了测量课程教学活动对学习者带来某个方面的智力成长量度，并不是综合评定人的智力水平。虽然智力结构理论从不同的角度或侧面反映智力的结构及组成因素，但是，依据智力结构理论很难测量或评价智力各种因素的量度或水平。目前，关于测量课程教学活动对学习者带来各种智力成长量度的研究极少。

心理学家认为人们在认识活动中表现出多种心理意识特征和心理活动过程，依据这些心理特征和心理过程，将智力分为观察力、记忆力、注意力、想象力、思维力等多种类型。在课程学习活动中，学习者学习不同的知识，往往需要应用一种或多种类型的智力才能掌握知识。"智力观"教学目标认为，教学活动中所学习的知识技能只是作为达到培养学习者各种智力目的的知识媒体，也就是把"知识"当作建构"智力"的原材料。由此，可依据智力的类型，将课程学习的知识媒体分为多种智力型知识，如理解性知识、记忆性知识、归纳性知识、逻辑推理性知识等。这些智力型知识是生产不同类型智力的原材料。本书认为，学习者掌握各种智力型知识的水平与学习者的各种智力量度相关，即通过测量学习者对各种智力型知识掌握的水平，可以反映课程学习不同知识对学习者各种智力的量度。所以，智力目的学习评价可以转化为对各种智力型知识掌握水平的测量，其中，包含了对课程学习的知识和学习者的智力水平的评价。

参考韦克斯勒的离差智商计算公式（3-4），可得出各种智力型知识掌握水平的计算公式：

$$I_i = W_i \left(\frac{X_i - \bar{X}_i}{Z_i} \right) + A_i \qquad (4\text{-}1)$$

其中，I_i 为第 i 种智力水平，X_i 为学生个人的第 i 种智力型知识的测验得分，$\bar{X}_i$ 为团体的平均分数，W_i 为第 i 种智力型知识计算权重，A_i 为第 i 种智力型知识计算常量，Z_i 为团体分数标准差。

4.6.3　价值观量化评价实例

当前关于价值观量化评价的理论研究很少。曲阜师范大学杨群群发表的硕士论文《高中生物学新课程情感态度与价值观评价的研究》[4-40]，给出了一个基于教学内容的价值量化评价方法实例。他以高中生物学课程的情感态度与价值观培养目标为一级评价目标，并结合课程教学内容来确立二级评价目标，建构评价指标体系，对高中生物学课程的情感态度与价值观因素进行量化评价，对学生的课程学习活动进行量化评价，旨在使学生成为一个完整的人并促进其发展，以实现学生的全面发展。[4-40]这个关于课程教学的价值观因素量化评价方法，为非智力因素评价提供了一个可操作的案例，为个性化教学探索出一条可行性实践路径。该案例仅从价值观因素评价的角度纯粹探讨一种课程教学的非智力因素培养目标的评价方法，并没有从个性化教学的角度综合评价课程的知识、智力和非智力因素的培养目标，还没有达到个性化教学实践的需求。

仔细分析杨群群所建构的高中生物学课程情感态度与价值观目标体系，发现具体化的"价值观"内涵建立在课程"知识"内容的基础上，它们存在内在的对应关系，其部分目标体系如表 4-2 所示。

表 4-2　高中生物学必修 2 "遗传与进化"情感态度与价值观目标体系[4-40]

遗传与进化	具体内容标准与活动建议	情感态度与价值观目标
遗传的细胞基础	1. 教学内容： 阐明细胞的减数分裂并模拟分裂过程中染色体的变化。 举例说明配子的形成过程。 举例说明受精过程。 2. 活动建议： 观察细胞的减数分裂。 搜集有关试管婴儿的资料，评价其意义及伦理问题。	1. 正确地看待生殖问题，破除神秘感。"一切生命来源于生命"，避免"自然发生论"的错误看法。 2. 减数分裂与受精作用的对立统一关系。 3. 生物的个体发育，是从低级到高级，从简单到复杂的发展过程，是内因与外因相互作用的结果。 4. 在实验过程中，培养学生认真、细致、耐心的实验态度。 5. 科学地看待试管婴儿，树立正确的伦理观。

由此可见，课程知识蕴含了价值观的内涵。与课程教学的智力目标的评价一样，对课程教学的价值观目标的评价可转化为对包含价值观内涵的课程知识的评价。这种教学思维的转变，使价值观因素评价问题变得简单了。

4.6.4　意商与意志力量化实例

（1）意志、意志力和意商的概念混用问题

当前许多学者关于意志和意志力概念的认知，存在对两者概念内涵的区分比较模糊，在大多数场合中经常等同混用的问题，这就造成了意志力概念在量化、评价和培养等应用上的混乱。例如，有人认为意志是人的一种心理品质或心理素养；意志力是意志的量度，表示意志的强度；意商是对意志强弱水准的量上的规定性，是意志的一种量度，所以，意商是意志力的量化。从这些认知上来看，意志、意志力和意商的概念内涵是一致的。人们对这些概念认知的混乱，不利于对人的意志力的培养。

本书认为，由于许多学者将不同领域的"意志"概念内涵混淆起来，用于叙述各种心理现象和行为特征，造成这些概念的混乱。从概念的历史起点开始，分析概念的命题和要素，有利于理清概念的内涵。

①意志

从柏拉图、休谟、康德到黑格尔，从古代哲学家到近代哲学家，都将人的思维机能系统划分为认知（理性）、情感和意志三个方面。现代心理学将人的意识活动划分为认知、情感和意志三个基本过程。哲学和心理学都利用"意志"这一概念，来反映人的精神活动（思维活动、意识活动）的一个独立过程。心理学认为每一个人的意识活动都有三个独立的心理过程：认识过程解决"是什么"的问题；情感过程解决"有何用"的问题；意志过程解决"怎么办"的问题。这三个意识过程形成相互共存、相互促进和相互制约的辩证逻辑关系。《心理学大辞典》将意志（will）定义为："意志是个体自觉地确定目的，并根据目的调节支配自身的行动，克服困难，实现预定目标的心理过程。"由此可看出，"意志"是在人的意识的驱动下，实施每一个行为过程（包含确定行动目标、选择行动方法、做出行动决策等环节）的心理过程。本书认为，意志的核心内涵是人的内部意识向外部行为的转化，或意志是人的内部意识和外部行为的映射。

②意志力

人类的意识活动具有自由性、自觉性和能动性，人在认知过程中体现出人类特有的精神能力——智力，同样，人在意志形成过程中也体现出另一种人类特有的精神能力——意志力。

在人的内部意识向外部行为转化的过程中，普遍地遇到来自内部和外部的各种困难，需要坚持预定目标、自觉组织和自我调节行为，克服困难。意志力是一种人类特有的自我引导的精神力量，使得人们面对困难或挫折的时候，能够抑制与预定目标矛盾的愿望和行动，坚持不懈，积极进取，努力克服困难，以实现预定目标。

意志在形成过程中的困难或挫折是普遍存在的，持续不断支配人们克服困难的自我引导、自我控制的意志力，被认为是人们实现预定目标的关键性力量。

简单而言，意志力是意志形成过程中体现出的一种自我引导、坚持不懈、克服困难的精神力量。相对认知过程，智力是认知的精神力量，意志力（willpower）是意志形成（will）过程中体现出来的精神力量；智力是人的认知品质，意志力是人的意志品质。所以，意志力是人的一种精神品质或精神素养。意志力与毅力、自控力近义。

③意商

意商（will intelligence quotient，简称 WQ）的概念由中共中央党校的崔自铎教授，在其论文《人的意商：一个全新的概念》中首先提出："意商是指对人的意志的一种量度，即对意志强弱水准的量上的规定性。"[4-21]他认为"意商"是人的意识活动（知、情、意活动）中与"智商""情商"相对应的概念，但他并没有给出"意商"的量化方法。

崔自铎教授的学生郝丽在其博士论文《意商的认识论研究》中，详细地论述了意商的内涵："意商是人的意志的量度，是人的意志力高低的测量结果。"[4-14]显然，郝丽不仅将"意志"和"意志力"的概念混用，也将"意商"和"意志力"的概念混用。她进一步说明："如果说人的理性能力，可以用智商测定，人的情感能力可以用情商来测定，那么人的意志力是否可以通过意商来测定呢？回答应当是肯定的。"[4-14]这表明在没有给出意商测量方法的前提下，她断定"意商"即代表了"意志力"，"意商"水平（测量值）的高低代表了"意志力"的高低。但是，她同时提出意商（意志力）的存在必须满足三个前提条件，说明人的意志和意志力都是偶然的，不能代表人的一种精神品质或素养。郝丽从理论上论述了意志的存在，以及其在人的意识活动中的特点和作用，但是，关于意志、意志力和意商概念内涵的叙述模糊不清，概念混乱，在理论上无法逻辑清晰地表述意志力和意商的关系。

（2）意志、意志力和意商概念的厘清及意商的测量方法

自崔自铎教授和他的学生郝丽提出"意商"的术语，开启了对人在意志形成过程中客观存在的内在精神（心理）品质的探索。本书认为，必须厘清"意志"和"意志力"的本质区别，才能在逻辑上阐明"意商"概念的内涵。

首先，意志概念内涵的本质是人的内部意识向外部行为的转化过程，也称为意志过程。意志与认知过程对应，认知是对事实关系的反映，意志是对行为关系的反映。它们属于两种不同且相互关联的人的意识活动，都是一种随机的、偶然的事件。由于认知的本质是一种意识活动，在认知过程中，人的意识客观存在并体现出一种能动性精神（意识）力量，称为"智力"；同样，意志的本质也是一种意识活动，在意志形成过程中，人的意识客观存在并体现出一种能动

性精神（意识）力量，可称为"意志力"。智力和意志力属于两种不同的精神（意识）力量，都是人的精神品质或精神素养。

其次，智力和意志力是客观存在的，具有必然性，不需要具备某些前提条件而存在，不是或（偶）然。由于个体的意识存在独特性和差异性，个体的智力和意志力水平必然存在差异。个体的智力水平可以采用"智商"来表达，同样，个体的意志力水平可以采用"意商"或"逆商"来表达。所以，"意商"是一种意志力的量化形式。当然"意商"不是唯一的一种意志力量化形式，还存在其他的意志力量化形式，如逆商。

最后，现有的智商测量方法要求智力必须满足一定的前提条件，而意志力未必具有与智力相似的前提条件，即意商的测量方法未必能套用智商的测量方法。智商的测量方法主要有斯坦福—比奈量表的比率智商和韦克斯勒量表的离差智商两种方法。这两种测量方法通过个体与某个年龄段的团体智力测量值的"商"，来反映个体在某个团体中的水平情况，并不是得出智力的绝对值。这些智商的测量方法的前提条件，是假设了人的智力遵循着生命的一般规则、随年龄的增长而合乎规律地上升发展。绝大多数人都是按照年龄因素进行分类，接受有目的、有计划的系统性智力教育，人的智力是合乎规律地发展的，具有可比性的，因此，智商测量方法的假设前提条件是有依据的。但是，当前的教育还没有专门针对学习者的意志力进行有目的、有计划的系统性训练，无法证明人的意志力是合乎规律地发展的，并且与人的年龄增长有关。所以，套用智商的测量方法来设计意商的测量方法，是没有科学依据的。例如，有人提出一种意商量化方法：意商的大小为人的意志年龄与其实际年龄的比值。这参照了斯坦福—比奈量表智力测量方法。

（3）意志力的结构模型

意志力量化问题属于行为社会科学领域中的抽象概念（或特质）的测量问题。当前这类问题的一个有效解决方法是基于结构方程模型（structural equation model，简称 SEM）的统计分析方法。对于一些难以直接准确测量的概念（或特质），称为潜变量，可利用测量方程潜变量与外显指标之间的关系，利用结构方程描述潜变量之间的关系，建立结构方程模型，来间接测量这些潜变量。结构方程模型基本上是一种验证性的分析方法，因此通常需要有理论或者经验法则的支持，根据理论才能构建假设的结构模型。

许多研究者根据自己的研究视角，提出了不同因素的意志力结构模型，例如，郝丽在其博士论文中认为意商（意志力）具有三个特征：果断性、坚韧性、自制性；[4-14]北京师范大学教授林崇德提出一个四因素结构模型：自觉性、果断性、自制性和坚持性；[4-41]彭聃龄在《普通心理学》中提出另一个四因素结构模型：独立性、果断性、坚定性和自制力；[4-42]叶奕乾等人在《心理学》中提出另一个四因素结构模型：自制力、自觉性、坚韧性和果断性。[4-43]此外，还有五因素结构模型和六因素结构模型之说，等等。

基于结构方程模型的意志力量化评价方法，根据意志力的结构模型，编制意志力的量表，通过问卷调查方法，收集数据进行量化分析，可得出意志力的评价。

（4）意志力测验量表设计案例

目前关于意志力测验（willpower test，WPT）主要是针对运动员的意志品质的问卷量表，有少量针对中学生的问卷量表。例如，唐莉等人编制的"体育运动中高中生意志品质量表"，旨在通过体育锻炼情境测量高中生的意志力状况。[4-44]殷小川编制的"优秀运动员意志品质量表"，采用探索性因素分析和验证性因素分析，在具备较高信度和效度的情况下，确定了优秀运动员意志品质的五个维度，包括自制性、自觉性、果断性、坚韧性和主动性。[4-45]李靖等人编制的"运动员意志品质量表"，从目的性、独立性、果断性、勇敢性、坚韧性、自制性、自觉性、自信心共 8 个维度来测量运动员意志品质。[4-46]赵亚男等人采用 5 点计分法编制的"中学生意志力问卷"，从独立性、坚定性、自制力和果断性四个维度对中学生的意志力情况进行测量。[4-47]这些意志力测验的维度划分没有统一的标准，但为意志力的量化提供了基本的方法。

（5）意志力量化方法和应用实例

①实例 1

中北大学体育与艺术学院高尚和刘定一在《武术散打运动员意志力因素及评价》中，提出了一个基于结构模型的意志力量化评价的实例。[4-48]该文采用意志力的四因素结构模型：独立性（I）、果断性（D）、自制性（P）、顽强性（R），参考艾森克人格量表（EPQ），编制了"意志力因素测量表"。通过设定优秀组、一般组和普通人组 3 个组别分别进行意志力因素问卷测验，共收集 195 份问卷，利用 SPSS 统计软件进行分析处理，得出各组意志力因素的量化数据。意志力因素量化评价结果表明：优秀男子武术散打运动员略高于普通男性，而在果断性、自制性、顽强性得分上与普通男性达到非常显著差异（$p <$ 0.01），说明优秀男子武术散打运动员必须具备高果断性、自制性和顽强性三大意志力因素倾向，独立性对武术散打运动员影响相对较小。[4-48]利用此意志力评价的结果，在日常训练中，教练员可有针对性地制定相应的训练策略，重点培养运动员的果断性、自制性和顽强性三个方面的意志品质，以达到提高运动员竞技水平的目的。

②实例 2

山西医科大学武丽丽在其硕士论文《大学生意志力量表的编制及其与学业成就的关系》中，提出了一个基于结构模型的意志力量化评价的实例。[4-49]武丽丽通过参考文献资料和访谈方法，提出 6 个维度的意志力因素结构模型：目的性、自觉性、果断性、坚韧性、自制性、调节性。将这 6 个维度确定为一级指标，再确定 12 个二级指标，然后编制了 72 个项目，采用自评式 5 点量表法，得出一个"大学生意志力测试量表"。依据这个意志力测试量表，通过整群抽样的方法进行问卷测试，共发放 900 份量表，回收 843 份，利用 SPSS 软件进行数据分析处理，得出大学生意志力得分及分布情况。该论文还采用结构方程软件 LISREL8.7，对大学生意志力量表进行验证性因素分析，得出一个大学生意志力的因素模型。其研究表明，性别、生源地、是否独生、是否学生干部和家庭教养方式对大学生意志力有影响，专业和年龄对大学生意志力没有影响。[4-49]

这些基于结构方程模型的意志力量化方法，只是为了测试意志力的各个假设因素特征的量化评价，反映某一群体中意志力因素的结构特征和个体的水平，但是不能反映学习者的学习行为对意志力成长的训练或影响作用。

4.6.5　逆商与意志力量化

意志力结构模型是一种意志力特征的假设模型。不同的研究者从不同的研究领域和不同的理论依据出发，所提出的假设模型的因素特征和维度也不同，并没有能够体现意志力的关键特征。

（1）意志力与克服困难行为的关系

意志力是人类特有的自我引导完成既定目的的精神力量，可被视为一种能量。在意志行动中，如果任务过于简单，或者相对容易，激发不起自身克服困难的力量，体现不了意志力的价值；但越是难度较高的任务，越是需要坚强的意志力。休·拉蒂默（hugh Latimer）说过："滴水穿石，不是因其力量，而是因其坚韧不拔、锲而不舍。"阿拉伯学者阿卜杜拉·侯赛因说过："力量并非是体力的代名词，真正的力量是坚韧不拔的钢铁意志产生的。"郝丽认为："人的意商（意志力）只有在克服困难时，才有可能表现出来。"[4-14]意志力在人们的社会实践过程中体现出强大的精神力量，特别是在面对困难、遇到挫折的时候。

意志力强的人对困难和挫折的适应能力、承受能力都较强，并能将挫折进一步转化为促进目标实现的积极因素，进一步增强自己的信心。意志力薄弱的人往往缺少信心和主见，对自我的控制和约束力较差，在遇到困难和挫折时，容易改变行为的方向，容易回避现实，采取消极的应对方式，其结果不仅严重影响既定目标的实现，同时还进一步降低自信心和对挫折的承受能力和适应能力，甚至出现意志消沉和精神障碍。所以，对困难和挫折的适应能力是意志力的关键特征，人的意志力的强度可以用克服困难的难易程度来衡量。

（2）逆商的概念内涵

心理学家认为，一个人事业成功必须具备较高的智商（IQ）、情商（EQ）和逆商（AQ）三个因素。1997 年，美国心理学家保罗·史托兹（Paul Stoltz）在《逆商：我们该如何应对坏事件》一书中，第一次提出逆商的概念。逆商（adversity quotient，简称 AQ）全称逆境商数，一般被译为挫折商或逆境商，"用于评估人们应对逆境的反应模式，反映人们抵御逆境和战胜逆境的能力"[4-50]。

人在顺利之时，心情愉快，心想事成，每个人并无差别，但人的一生终归难免遇到困难、挫折和逆境。面临逆境是人生的常态。如何应对和处理挫折，不同人有不同的反应模式。保罗·史托兹在《逆商：我们该如何应对坏事件》一书中，以人的成长和成功当作观察对象，将人生比喻为攀登。把登山者划分为三种：放弃者（约占 10%），选择在山峰给予的机遇前退出；扎营者（约占 75%～80%），选择在登峰过程中停下，躲开可能遇到的逆境；攀登者（约占 10%），选择终生努力攀登，不断自我成长和进步。[4-50]三种登山者代表着人们应对逆境的三种不同反应模式和人生的成就。他将这三种不同的逆境反应模式和亚伯拉罕·马斯洛（Abraham Maslow）的需求层次理论对应起来，如图 4-8 所示，说明不同的逆境反应模式与人生价值实现的关系。

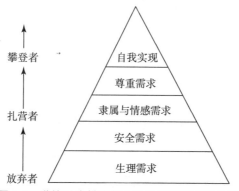

图 4-8 逆境反应模式与人生价值实现对应关系

保罗·史托兹在人的三种逆境反应模式的基础上，综合了认知心理学、神经生理学和心理神经免疫学等理论，构成了逆商的概念。他认为"智商不足以让人取得成功"，而"逆商是决定攀登能力的潜在因素"，是人们成功的要诀。

有人据此提出成功的要素构成：成功＝IQ（20％）＋EQ 和 AQ（80％），其中，顺境有 EQ，逆境需 AQ。

保罗·史托兹分析人们在逆境中取得成功的内在因素，利用逆商来评估人们探讨抵御逆境和战胜逆境的能力，虽然没有从认知、情感和意志的意识或思维过程来构成逆商的概念，但是他所提出的逆商概念内涵和意志力的核心内涵完全一致。相比于意商的概念，逆商反映了人们应对逆境、取得成功的内在力量，而意商概念仅仅是基于某种假设模式而量化的结果，没有应对困难或逆境的针对性。

（3）逆商的测量

崔自铎教授提出意商概念："意商是人的意志的量度，是人的意志力高低的测量结果。"[4-21]但是他及他的学生郝丽在相关意商的论文中都没有给出意商的测量方法。一个还没有结果的结果被引用来说明概念本身，在逻辑上是不完备的。保罗·史托兹则不一样，他在提出逆商概念的同时，给出了逆商的因素结构和测验量表。

保罗·史托兹将逆商的结构划分为四个维度因素：控制感（control，C）、起因和责任归属（origin&ownership，O&O）、影响范围（reach，R）和持续时间（endurance，E），简称为 CORE。

①控制感：指人们对周围环境的信念控制能力。

②起因和责任归属：指在遭到挫折时，人们是否能主动承担责任，努力改变不利的现状。

③ 影响范围：指人们在遇到挫折时，受到影响的领域大小。

④ 持续时间：指一次挫折给人们带来的影响会持续多久，能够超越当前的困难看待问题是维持希望的一项重要能力。

依据逆商的四个维度结构，设计逆商测验量表，可以测量一个人的逆商指数。

4.6.6　基于学习活动模型的意志力量化评价

意志是人的意识对某个活动或行为进行调节支配的心理过程，对行为有发动、坚持、制止、改变等方面的控制调节作用。意志力是人的意志形成过程所表现出的个性品质，与人的行为活动（意志形成过程）密切相关，与应对困难或逆境的行为有关。

（1）学习活动和意志力的互因果关系

意志力强度第三定律（即意志力强度时间衰减定律）表明：意志力的强度

随着自身行为持续时间的增长呈现负指数下降。当学习活动遇到障碍或困难时，意志力薄弱者会怠学或放弃学习。SPOC 的"固有"缺陷充分体现了在线学习意志形成过程的基本特征和意志力的基本规律，也体现了人的意识活动的特征。意志力是支配和调节学习活动的一种精神力量。学习活动的过程需要意志力来调节和支配自身的行动，克服各种困难，不断地制止怠学的思想，以达到最终的学习目标。

人的意志力不是与生俱来的，而是在实践活动中逐渐培养锻炼出来的。哈德克认为意志力"在数量上可以增加，在质量上可以发展"，可以"通过训练而变得强大"。[4-22]学习活动或行为也是一种意志过程，意志力对学习者的学习行为具有调节、支配和引导作用，控制着学习活动过程的动机、注意力以及情感等个性因素。同时，学习活动增长了学习者的知识和智力，塑造了良好的价值观；学习过程是一种需要面对困难、时常受到挫折而又需要不断地挑战的反复过程。从这个意义上看，学习活动是一种意志力训练的良好科目，学习者意志力的强弱又关系到学习活动效果的好坏，两者互为因果。

（2）基于学习过程的意志力模型

研究者在"认知"的意志力概念或经验法则的引导下，构建意志力特征（潜变量）的假设模型，通过问卷方式，收集被测试者对各个问题（观测变量）回答的数据。这种数据是感性的，所以，意商和逆商的量化结果是建立在感性的基础上的。基于结构方程模型的意商和逆商量化结果，反映的是个体意志力相对水平，是对真实活动中的个体意志力强度的估测。

意志力的发展状态及成长因素，与学习或训练活动、生活中所经历的逆境密切相关。所以，在教育教学活动中，关于意志力的评价，应该以学习活动（意志形成过程）为对象，进行意志力的过程性评价。与意商和逆商的意志力量化评价目的不同，基于学习过程的意志力评价目的，是为了反映学习者在学习活动（意志形成过程）中所体现出的意志力强度，即学习者自我引导和支配克服困难的精神力量强度。由于不同的学习者自身的智力水平和（情感）状态的不同，面对的学习活动的难易程度不同，在学习活动中所体现出的意志力强度也不同。也就是不同的学习者面对不同的学习活动，在完成学习活动过程中所体现出来的适应和处理困难的意志力是不同的。通过学习活动的相关行为数据分析，可以比较学习者个体的意志力相对强度。

本书认为意志力是意志形成过程中体现出的精神力量，其核心内涵是人们调节和支配自身的行动、克服各种困难的内在能力，所以，意志力强度应以个体在意志形成过程中应对和处理困难的强度来衡量。意志力的过程性评价的要素是"意志形成过程"和"应对和处理困难的强度"。基于学习过程的意志力模型，就是把学习者的每一种独立的学习活动（作业、实验、训练等学习任务）作为一个观测意志形成过程，针对个体应对和处理困难的行为而建立的模型。利用该模型收集学习者在学习活动中的行为数据，通过数据处理及分析，可以充分反映学习者应对和处理困难的能力（意志力强度）。

综合前面意商和逆商的结构特征，本书提出一个由 5 个维度的因素构成的基于学习过程的意志力模型（VDCAP 模型）

①感知价值（价值性，value）：浏览某一学习任务后，学习者对完成任务的预期达成目标。通过提问/问卷形式获取数据。行为的价值性是意志形成过程最前的决定阶段，是后续执行阶段的动力基础。

②感知困难（困难性，difficulty）：浏览某一学习任务后，学习者对完成任务的难易程度预测。通过提问/问卷形式获取数据。

③自觉行为（自觉性，consciousness）：学习者按时、准时完成任务的行为。通过 SPOC 平台收集或获取行为数据。

④应对困难行为（积极性，activity）：在提交任务前，学习者为完成任务而进行相关活动的行为。学习者在 SPOC 论坛、小组活动中学习的行为数据。

⑤坚持行为（坚持性，persistence）：在提交任务后，特别是当完成本次任务（成绩）未达到预期目标成效时，学习者继续寻求提高完成任务而达到（知识和智力）学习成效的行为。再次完成并提交任务、在 SPOC 论坛中继续学习的行为数据。

依据 VDCAP 模型的 5 个维度因素，设计意志力量化评价体系，可以进行学习活动的意志力评价。在这个意志力评价模型中，对于智力水平或学习能力不高的学习者，在感知价值（对学习成绩期望较高）、感知困难（对完成学习任务有一定的困难）较高的情况下，能自觉按时积极应对困难完成学习任务，在提交任务后仍继续坚持提高（知识和智力）学习成效的行为，意志力量化评价最高；对于学习能力强、完成学习任务没有多大困难，自觉按时积极完成学习任务、学习成效高的学习行为，意志力量化评价不会高；自觉性差、积极性不高和坚持性弱的学习行为，意志力量化评价最低。

基于 VDCAP 模型的意志力量化评价，可以实时获取学习者的意志力个性特征，反映课程学习成效与意志力强度之间的因果关系，为培养学习者意志力品质（个性因素）的教学活动提供引导、监督和反馈作用。

（3）基于意志力量化评价的个性化教学

SPOC 平台自然具备收集学习行为数据的便利（只要平台开发者依据学习

行为模型设计相关数据库），就可收集用户学习行为数据，量化评价学习者在每一种学习活动中的意志力个性特征，可以引导或督促学习者抑制怠学心理，改进学习行为，克服各种学习上的困难，完成学习任务。这样既可起到督促学习的作用，又可以促进意志力得到良好的训练。从此视角来看，SPOC 利用信息化的手段对学习者的意志力评价、督促学习等作用，其优势是传统教学无法比拟的，也是个性化教学实施的必要途径。

基于学习过程模型的意志力量化表达和评价，是意志力训练和塑造的前提基础，既可解决 SPOC 在线学习的"固有"缺陷，发挥其教学流程再造的优势，又可促进信息技术与传统课程的深度融合。

4.7　基于个性化教学的 MC SPOC

人工智能的时代要求打破了教育的知识传播平衡，教育最重要的意义未必是知识的传授，而是培养个体的创造性知识、创造性思维、创造性人格，发展和完善个体的个性。个性化教学是实现个性化教育的完全手段，发展全面和谐的个性是个性化教学改革最大的命题。

4.7.1　个性化教学实施的前提条件

两千年前中国古代孔子和古希腊苏格拉底已经提出了非常鲜明的个性化教育思想，后经不断地发展，思想内涵不断丰富，但是，迄今为止，个性化教育没有形成一种教育或教学模式而得到全面的实施。

（1）人工智能时代来临推动社会人才规格从知识型向创新型转变

人类社会历经三次工业革命，带来科技飞跃式发展、生产要素的不断变化和经济结构的重大变革。第四次工业革命正在走向深入，社会生产方式迎来全面的改变，社会对人才规格的需求也从知识型改变为创新型。第四次工业革命促使社会进入人工智能时代，打破了知识或智力型人才规格的需求以及知识的生产、传递和创新的模式，转变为创新型人才规格。驱动教育重大变革的两大核心因素：社会对人才规格的需求和知识传授的模式，发生了根本的变化，正在蓄势推动未来教育模式的重大变革。人工智能时代的来临，推动了教育的人才培养目的从知识型转变为创新型。北京师范大学副校长陈丽教授断言："培养具有创新能力的人才是当今教育的极大命题。"

从创新主体的特征来看，创新型人才需要培养学生具有高尚的价值观与社会责任担当、丰富的想象力和创新思维、团队协作发挥集体智慧的能力，以及勇于承担失败后果和探索的创新精神等全面和谐的个性。"发展全面和谐的个性"是个性化教学思想的核心内容，是创新型人才培养的实现途径和要求。从教学本质观来看，个性层次教学本质观致力于"发展优良个性"——高尚的价值观、敢于探索的精神和坚强的意志力、团队合作精神和能力，促进智力和创造力的形成、发展和发挥。

（2）教学本质观的特点与创新型人才培养

当前的主流教学本质观仍是基于知识层次，即以传授知识为课程教学核心目的。当前教学优化研究和教学模式研究的主流也是基于知识层次。例如，MOOC/SPOC、翻转课堂、碎片化学习等，这些教学模式试图通过"技术"的手段来优化知识传递的路径，在广度、速度和量度上增加知识传递的成效。基于知识层次的教学本质观忽视学生智力的培养和个性的塑造，把学生当作知识的"容器"，以"容器"中知识的数量来衡量人才培养质量。这种教学质量观无法回答"钱学森之问"，也无法解释北京大学考试研究院院长秦春华提出的"低水平美国基础教育为何能培养出高端人才"现象，更无法阐明知识积累与创新型人才能力之间的必然关系。

少数欧美发达国家重视智力的培养，特别是思维能力的培养。耶鲁大学校长雷文指出"真正的教育不传授任何知识和技能"，华莱士也指出"教育的目的不是学会一堆知识，而是学会一种思维"。创新是创新思维主导下的创造性行为，创造力是人类创新能力中更高层次的能力。相关研究表明，知识和智力都是创造力发展的前提，但知识、智力和创造力之间没有直接的因果关系或正向比例关系。知识和创造力的张力观认为，知识和创造力的关系是一种倒 U 形的关系，知识不是越多越好，太多的知识会限制个体的思维方式，从而阻碍其创造力的发挥。[4-51]智力是创造力发展的前提，低智力的人不可能有高的创造力，但智力水平高的人并不一定具很高的创造力。斯滕伯格认为成功智力问题的关键不在于数量，而在于平衡。

人的各种能力（包括智力和创新思维能力等）、潜能和气质等个性特征并不孤立存在，而是在需要、兴趣、好奇、信念和思想品德等个性倾向的制约下构成的整体。人的个性是具有独立自主性、自由自觉性、能动性和创造性等特征的意识的外化。创造力的形成和发展不仅与知识和智力等智力因素相关，还与思维风格、动机、意志力、价值观等非智力因素相关。创新活动需要克服重重的困难、失败风险和挫折，除了个体的价值观所支配的内部价值动力外，兴趣和好奇往往会产生更加专注的内动力，会增强个体的自主性，激发人的天赋潜能，有利于突破常规思维的界限或定式；意志力更是应对困难和挫折的强大力量，被认为是人们实现预定目标的关键性力量。所以，个性是影响人的创新活动的复合体，健全的个性影响到创造力的形成、发展和发挥。

个性层次教学本质观认为，个性化教学具有三个维度，不仅包含传授知识和发展智力，还包含了意志力、价值观等非智力因素的培养和塑造，全面发展和谐优良的个性。虽然个性化教学完全符合人工智能时代创新型人才培养的需求，更符合育人的教育终极目的，但是，基于知识层次的教学本质观根植于教育活动中，根深蒂固地影响着人们的教育思想。

综上所述，个性化层次教学本质观是个性化教学实施的首要前提条件。第四次工业革命的发展正在促进社会人才规格需求的重大变革，势必冲破根深蒂固的教育思想和教学本质观，逐渐形成个性化教学实施的前提条件。

（3）基于知识层次的教学本质观根深蒂固，不易跨越

400年前，英国唯物主义哲学家、现代实验科学的创始人弗朗西斯·培根提出"知识就是力量"的观点，以及知识经济时代人们提出"知识改变命运""知识是一种永远不会贬值、不会丧失的财富"的观念，深刻地支配着当今的教育和教学思想。再加上知识异化、教育异化和教育功利等因素的影响，人们的教学理念很难跨越教学本质观的知识层次，进入智力层次，或是个性化层次。培根"知识就是力量"的观点根深蒂固地扎根于人们的教育思想和观念，跨越这种教育观念是非常艰难的。

人工智能时代的来临，打破了知识生产、传递和创新的模式，也改变了社会人才需求的规格，但是，至今为止广大教育者仍全心全意地致力于从深度、广度和速度等方面寻求提升知识传递成效的教学方法和教学模式。这些努力虽然带来一些成效，但教育的"内卷化"趋势明显，同时也带来过度教育、怠学厌学、高分低能、精致利己主义、水课等教育教学现象。这些教育现象是现代教育和教学专注于知识的传递，忽略了学生的非智力个性素养的培养而造成的教育异化问题，这恰恰是个性化教育和教学所要针对的内容，其根本是教育的育人本质的回归，全面形成和塑造人的优良个性，更好地发挥人的自觉主体性和积极创造性等本质力量。

在社会创新型人才需求和国家人才战略的驱动下，个性化教育研究的热潮带动了个性化教学研究的热情，成为当前教学改革研究中的热点，参与者众多、热情高，研究成果多。在以"个性化教学"为术语的教学研究中，一类是以个体的差异特征为基础、以知识传授为目的的教学模式（它与个别化教学、差异化教学、适应性教学同义，本书在前面章节中已论述其具有深刻的局限性）；另

一类是以个体的个性心理特征为基础，以全面发展和谐优良个性为目的的教学模式（本书没有特别说明的，皆指这类教学模式）。从 CNKI 数据库检索显示，绝大多数的成果都是讨论第一类个性化教学（差异化教学）的研究，只有极少数成果讨论以全面发展和谐优良个性为目的的个性化教学。这充分说明了当前的教学思想仍然以基于知识层次的教学本质观为主流，转变这种教学本质观是非常不易的。

（4）学习者个性特征的评估和智能化在线教学环境

个性化教学的目的是全面发展和谐优良个性，只有首先识别学习者的"个性"，后才能进行个性化教学，所以，识别、评估和表示学习者个性特征的智能化在线教学环境是实施个性化教学的必要前提条件。

近十多来，教育学、计算机科学、心理学和统计学等多个学科的交叉与融合，共同来解决教育研究与教学实践中的问题，产生了新兴的研究领域和技术。教育数据挖掘（educational data mining，EDM）和学习分析（learning analytics，LA）是其中最热点的研究领域。利用教育数据挖掘和学习分析技术，分析学习者遗留在在线学习系统中的数据，可以量化表示学习行为特征。人工智能技术利用计算机智能算法，可以对学习者的情感、兴趣、动机、意志力、价值观等个性特征进行数字化表示，为识别或评估学习者的个性特征提供技术上支持，使个性化教育实施的前提关键问题得到解决的可能。

4.7.2　SPOC 的实践模式

SPOC 是当前最热门的教育改革模式，被寄予促进高校课程改革和教学方法创新的厚望，也被称为在线教育的"后 MOOC 时代"。各高校在 SPOC 的具体实践上却有不同的模式，一种模式是借助公共 SPOC 平台，学生来源不是外校学生或社会受众，而是本校学生，可称为"MOOC in School"；另一种模式是建设本校的自主 SPOC 平台，可称为"MOOC in Classroom"。[4-52]

（1）MOOC in School 模式

MOOC in School 模式是借助公共 MOOC 平台开展 SPOC 在线教学模式，或是线上线下混合教学模式，即将 MOOCs 作为一门完整课程引入学校课程教学计划中，实施 SPOC 或混合教学，简称 MS SPOC 模式。其特点是使用成本低，功能固定，基本功能有课程视频浏览、论坛、文本类型作业、简单测试，不能提供有效的学习评估、用户行为智能分析和用户特征数据挖掘等智能教学服务，教学评价、教学监控等无法和专业课程教学、教学改革需求有效地结合。

MOOC 运动带来开放优质的 MOOCs 资源和 MOOC/SPOC 线上学习模式，

有冲破全球大学的围墙向全世界学习者开放共享之势，但是，MOOCs 资源的共享必须依托 MOOC 平台，需要大量的资金维持平台的运营，最终，MOOCs 资源的运营权归属互联网信息技术服务供应商——公共 MOOC 平台。公共 MOOC 平台的商业性质决定了它的核心价值就是盈利，所谓的"开放共享"也是带有盈利性质的。公共 MOOC 平台和大学属于不同性质的实体，价值追求的性质自然不同，教学理念也自然不同。各大学依靠公共 MOOC 平台提供的 SPOC 教学服务，开展混合教学、翻转课堂等在线教学活动，试图优化传统课程教学的效率和效果，困难重重。

基于翻转课堂的线上线下混合教学模式是 SPOC 在高校应用的主要模式。虽然翻转课堂的价值得到了教育界的认可，但诸多学者认为我国推行翻转教学的效果并不理想，学者卢强认为翻转课堂没有明显提升学生对知识与技能的习得水平；学者马秀麟等认为拔尖人才实验班的学生更适应翻转课堂教学模式，而普通班有较多的学生更喜欢传统教学模式。所以，这种 SPOC 课程基于知识层次的教学本质观，无法达到深度学习状态，与高校的实体教学改革也难以有效地深入融合，也不支持个性化教学。

公共 MOOC 平台都是由互联网信息技术服务供应商建设和营运，属于非教育专业机构，却主导了 MOOC 教学活动的规则、功能和评价体系。高校教师对 MOOC 课程没有主导权。高校试图利用这种非教育专业机构主导的网络教学体系来发挥本校的教学特色或实现本校的教学优势，在逻辑上是不成立的。事实上，公共 MOOC 平台对高校的教育教学与信息技术深度融合服务支持弱、水平低。北京师范大学智慧学习研究院、远程教育研究中心和果壳网 MOOC 学院共同发布的研究成果《中国 MOOCs 建设与发展白皮书（2016）》提出："中国 MOOC 平台基本都以视频为核心教学资源，以讲授为主要教学模式，交互工具使用效果不佳。目前而言，我国的 MOOC 平台存在着特色不鲜明、运营服务不高效、技术功能较少、教学支持弱、质量保证难等问题。"[4-9]这也是 SPOC 教学不能摆脱浅层学习成效的原因之一。

（2）MOOC in Classroom 模式

MOOC in Classroom 模式是在各高校自主建设 SPOC 平台开展 SPOC 教学模式，即将 MOOCs 的要素融入课程教学实践中，支持学校教育教学与信息技术深度融合，简称 MC SPOC 模式。由于公共 MOOC 平台无法支持学校的教育教学与信息技术深度融合计划，为了驱动和支持赋能教育改革和教学创新，赋能教育教学管理与服务流程的优化再造和协同决策，大幅提升了学校教育信息化服务和教育现代化治理能力，改变了课堂教学的施教方式与学习方式，通过自主研究、开发设计智能化教学管理平台，支持学校教育教学与信息技术深度融合计划的实施。其特点是开发和维护成本较高，能够符合学校的人才培养需求、教育教学信息化特色，发挥学校的教育教学研究的特长，有效实施教育教学与信息技术深度融合计划。

互联网信息技术服务供应商所主导的 MOOC 基于知识层次的教学本质观和行为主义学习理念，一直将学习者内化知识的过程理想化——认为学习者只要浏览 MOOC 平台上的课程视频，即发生了"学习"，基本上已完成了知识传授的过程——如同是一块海绵会天然、自动地吸取知识的养分。MOOC 把课程视频当作"学习"的核心，辅助以简单的作业和测试，再提供自由的论坛，构成一种新形态的学习模式。本书认为，MOOC 学习模式与传统教学模式相比，其利用"视频""作业（测试）"和"论坛"三个要素构造一种工业化的学习模式，没有反映学习作为一种人的意识活动由认知、情感和意志构成的过程，完全将人的意识活动理想化、简单化，最终导致学习成效只能是一种浅层学习。

虽然 MOOCs 的缺点特别明显，但是其优点也非常突出：MOOCs 优质视频符合现代学习者的碎片化网络学习习惯，可重复性强，提供了多时空、多通道和多交互的学习途径。这恰恰是传统教学模式所没有具备的。对于传统教学模式来说，MOOC 的兴起为其送来了一位智能化助手，所以，成熟的传统教学模式希望借助新兴的 MOOCs 的优点来改进自身的短板，促进教学质量的提升。MOOCs 被引入高校课堂，但 MOOCs 的优点并没有自然融入高校的课程中，反而是由于 MOOCs 存在"固有"的缺陷影响到其优点的发挥，所以，高校建设自主 SPOC 平台，可根据本校的教学特色，更好地将 MOOC 的优势和高校的课堂教学有机地结合。

目前高校建设自主 SPOC 平台的初衷主要是创建由浅层学习转向深度学习的情境与关系空间，形成一个深度学习的场域。自主 SPOC 平台还可根据需求灵活开发各种专业课程教学特殊功能，作业和训练形式多样化，可有效地实现教学监控、训练与测试管理、有效的教学评价、作业文件上交、分组讨论管理，等等。因此，利用自主 SPOC 平台可实现 MOOC 的优势和高校的课堂教学有机地融合，可以使学生的学习从知道、领会两个认知层次，向应用、分析、综合和评价四个认知层次迁移，优化高校课程知识或能力层次的教学成效。

综上所述，在 MS SPOC 模式中，运行在公共 MOOC 平台上的 SPOCs 是独立的完整课程，SPOCs 与传统课程教学相融合构成混合式教学。在 MC SPOC 模式中，整个教学活动被划分为线上部分和线下部分，两者都不是完整的，而是相互配合的，共同完成一门课程教学。

4.7.3 个性化教学实施的场域

在上一节，本书已经从社会人才需求规格、知识传递模式、个性特征识别智能技术等宏观视角，讨论了个性化教学实施的两个前提条件，并分析了这两个条件正在逐渐形成的态势。从知识化教学进化到个性化教学是革命性教学模式的变革。这种变革不会自动或自然而然地发生，它需要某种催化的力量或一个孕育的场域。个性化教学实施的场域就是 MC SPOC。

（1）传统教学中的价值观问题

北京大学心理健康教育与咨询中心副主任徐凯文，在北京大学做过一项大学生心理状态调查。调查结果显示：30.4%的学生厌恶学习，或认为学习没有意义；40.4%的学生认为人活着没有意义，只是按照别人的逻辑活下去而已，其中最极端的就是放弃自己。徐凯文把这种现象称为"空心病"——"价值观缺陷所致心理障碍"。北京大学是中国顶尖人才的基地。北京大学学生一直以来被视为"天之骄子"，被喻为是以知识和智力为标准的人才培养的质量标杆，何以培养出"空心精英"。即使是没有患上"空心病"，也可以变成钱理群教授所说的"精致利己主义者"。徐凯文认为"空心病"产生的根源，也是在于中国教育的商品化、功利化，是价值观所致的精神障碍。本书则认为其根源在于教学本质观只关注知识传授和发展智力，而忽视了优良个性的塑造和培养。

新中国的教育方针以马克思的人的全面发展学说为理论基础，提倡德智体美劳的全面发展，但在教育和教学实践中却普遍存在"唯分数""唯升学"等顽瘴痼疾。在德智体美劳全面发展的教育方针的指引下，从小学到大学的各个教育阶段，教育培养体系中规划了不少的思想道德和价值观教育的课程，但仍然避免不了人才精英的"空心病"和精致利己主义。虽然我们的教育方针立足于人的全面发展学说，但课程教学本质观只是基于知识层次或者智力层次。教育方针和教学观念的不相匹配、教学本质观的滞后，导致了对价值观和意志力等个性培养的缺失，造成了个性发展的不健全或缺陷。

由此，教育部门和教育工作者对教学活动内涵进行了反思，在近期提出了超越知识和智力范畴的教学实施意见和倡议。例如，2014 年中国教育部研制印发了《教育部关于全面深化课程改革落实立德树人根本任务的意见》，2016 年由北京师范大学牵头的核心素养课题组研制的《中国学生发展核心素养》总体框架，2020 年 5 月中国教育部印发《高等学校课程思政建设指导纲要》，2020 年 10 月中共中央、国务院印发了《深化新时代教育评价改革总体方案》，2015 年 10 月清华大学在第 24 次教育工作讨论会上发布《清华大学关于全面深化教育教学改革的若干意见》，提出价值塑造、能力培养、知识传授"三位一体"的教育理念，等等。这些意见逐渐形成"价值观＋知识＋能力"的教学活动内涵，向"人的全面发展"的教育思想方向靠拢，反映出塑造学生的优良品德和高尚价值观的强烈愿望，试图变教学实践中"唯知论"或"唯智论"的负面影响。

"空心病"和"精致利己主义"等价值观培养缺失问题，已经被证明了依靠几门思想道德和价值观教育的课程是不能解决的，需将价值观培养纳入所有课程教学活动的内涵。此外，怠学和意志力薄弱等问题，也需要纳入课程教学活动的内涵，这样才能培养符合新时代社会需求的合格人才，并逐渐成为教育部门和教育工作者的认识。知识、智力、价值观和意志力等个性要素逐渐被纳入课程教学活动的内涵，势必促进教学本质观从知识层次跨越到个性层次，推进个性教学实施前提条件的形成。

（2）MOOC/SPOC 线上学习的意志力问题

MOOC 运动带来开放优质的 MOOCs 资源和 MOOC/SPOC 线上学习模式，被认为是数字化学习革命，但是，人的学习活动的意志形成过程所凸显出来的意志力缺失问题，高达 74％的无效学习行为，不仅不能发挥应有的优势，反而给混合教学造成教学成效的下降。在 MOOC/SPOC 线上学习活动中，学习者意志力等个性因素被忽视而引发的无效学习和怠学现象，成为一种"固有"的缺陷，使得 MOOC/SPOC 摆脱不了浅层的学习成效。

MS SPOC 和 MC SPOC 的主流教学本质观都是基于知识层次，目前关于线上学习的优化方法和策略的研究，如知识推送、学习路径推荐、学习过程动态评价、识别和发现学生的学习特征等，也是基于知识层次，都是致力于广度、速度和量度上增加知识传递的成效。这些学习优化方法和策略虽然带来一些成效，但是造成 MOOC/SPOC 浅层学习成效的根源在于意志力等个性因素对学习过程的影响，基于知识传递的教学"内卷化"趋势明显，无法摆脱学习者意志力等个性因素对学习成效的影响，无法发展学习者健全的优良个性。

虽然目前 MS SPOC 和 MC SPOC 的主流教学本质观都是基于知识层次，但是两种 SPOC 的主导者本质是不同的。MS SPOC 的主导者是互联网信息技术服务供应商，其核心价值是盈利，无盈利就无法生存，其主导的 MOOC 运营模式自然以盈利为中心，追求回报，而且不允许其主导权的旁落。准确地说，公共 MOOC 平台提供学习服务的驱动力源于一种盈利理念，不是一种人才培养目标，并不会以社会对人才规格的需求为驱动力，主动探寻适应于社会人才规格需求的教育教学模式，只能根据已拥有的学习资源，在盈利目标的驱动下提供学习服务，寻求回报。MS SPOC 之所以基于知识层次的教学本质观，是由于当前的主流教学本质观是基于知识层次，并由公共 MOOC 平台所拥有的学习资源特点所决定。MS SPOC 的主导者并没有变革教学本质观的驱动力和能力。面对线上学习过程中的意志力问题，MS SPOC 是无法解决的。

MC SPOC 的主导者是高校，其核心价值是培养符合社会需求的人才。面对线上学习过程中的意志力等个性因素对学习成效的影响，在创新型人才需求的驱动下，MC SPOC 势必面对意志力等个性因素问题，反思当前教学内涵中个性因素培养的缺失问题，重新确定个性层次的教学内涵和教学质量评价标准，建设支持个性化教学实施的智能化环境，为培养创新型人才服务。

（3）MC SPOC 模式下的个性化教学场域

从教育的视角来看，推动教育重大变革的核心因素主要有两个：社会对劳动力（人才）规格的需求和知识传授的模式。第四次工业革命促使社会进入人工智能时代，再次驱动教育重大变革的核心因素的变化，正在蓄势推动教育模式的变革。人工智能时代打破了知识或智力型人才规格的需求，以及知识的生产、传递和创新的模式。未来教育的主题必定是把人作为社会实践活动的对象，培养人的自由自觉的创造力，使得人能够充分发挥主观能动性，以适应人工智能时代的社会生产方式和科技发展的需要。所以，未来教育模式将不再是以培养知识技能型人才为目标的标准化教育，而是以培养人的创造力和发展健全优良个性的创新型人才为目标的个性化教育。

从教学的视角来看，教学是实现教育目的的手段，教学应该按照教育思想、教育方针分步实现教育目的，但是，对教学实践活动有着相对稳定性支配作用的是教学本质观，影响着教学实践的方向。据上文分析，教学本质观有三个层次：知识层次、智力层次和个性层次。这三个层次的教学本质观不是对立或排斥关系，而是包含关系，即个性层次包含智力层次和知识层次；智力层次包含知识层次。个性层次教学本质观是个性化教学活动的指南，它决定了教学的内涵和教学质量评价标准，是个性化教学实施的前提条件。

教学本质观的主要因素是教学核心目的——教学活动所要达到人才培养规格的意图或期望。教学核心目的有三个层次：传授知识技能、发展智力和培养创造力，它决定了教学本质观的层次。不同层次的教学核心目的的确立与社会人才规格需求相关。

虽然新中国的教育思想以马克思的人的全面发展学说为理论基础，实行德智体美劳全面发展的教育方针，但是，教学本质观基于知识层次，在传统教学实践中普遍存在"空心病"和"精致利己主义"等价值观的培养缺失问题；在 MOOC/SPOC 网络学习中普遍存在无效学习和怠学等意志力的培养缺失现象。

在基于 MOOC/SPOC 的混合教学中，价值观和意志力的缺失问题叠加在一起，更加突出影响到教学成效和创新型人才的培养，人们不得不反思发展健全优良的个性对人才培养的重要性和必要性。传统教学中的顽瘴痼疾和 MOOC/SPOC 在线学习的固有缺陷，反而成为一种促进个性层次教学本质观确立的强烈力量。所以，在创新型人才培养需求的驱动下，传统教学与 MOOC/SPOC 的融合，为教学本质观跨越知识层次提升到个性层次提供了机会。

个性教学实施的必要前提条件是识别、评估和表示学习者个性特征的智能化在线教学环境。传统教学模式没有智能化信息平台，只能依靠人工识别方法来评估学习者个性特征，此方法的可靠性低，无法实现有效的个性因素评价。

目前，MS SPOC 通过收集学习者遗留在平台上的行为数据，可以分析学习者的一些行为特征，或建立粗糙的用户画像，开展适应性学习或差异化学习，例如，知识推送、学习路径推荐、学习过程动态评价，等等。但是这些数据不足以反映学习者的学习对其价值观和意志力等个性产生的成长成效，无法据此进行个性特征评价和开展有效的塑造优良个性的教学活动。

个性化教学的实施需要建立个性化教学活动实施的智能化信息平台，将塑造价值观和意志力等个性因素融入课程教学内容之中，建立基于个性层次的教学质量标准，以及识别、评估和表示学习者个性特征的方法。与 MS SPOC 相比，MC SPOC 的主导权在于以育人为价值追求的高校。在社会创新型人才需求的驱动下，在价值观和意志力等个性培养缺失问题的反推下，高校有责任、有动力、有机会将教学本质观提升为个性层次，构建一个识别、评估和表示学习者个性特征的智能化在线教学环境，探讨和实施个性化教学实践。所以，MC SPOC 是孕育个性化教学的良好场域。

4.7.4　PT MC SPOC 平台设计及个性化教学实践

基于个性化教学的 MC SPOC 是全面支持个性化教学的 MC SPOC，以下简称为 PT MC SPOC。PT MC SPOC 平台设计从个性层次教学本质观出发，围绕知识、智力、价值观和意志力四个要素的培养，规划平台课程体系建设模块、教学活动模块、学习评价模块、课程管理模块等功能模块，支持培养健全优良个性的课程教学服务。

（1）PT MC SPOC 平台设计思想

课程是以实现各级各类教育目标而规定的学科及它的目的、内容、范围与进程的总和。从课程的内涵来看，传统课程的核心目标是传授某一学科规定的课程体系知识，而基于个性化教学的课程目标不只是传授课程体系知识，还要发展学生健全优良的个性；或者基于个性化教学的课程目标不仅是培养智力因素，还要发展非智力因素。个性化教学的课程教学内容和教学活动均围绕着课程目标来制定和实施。PT MC SPOC 平台设计目标是构建一个信息化教学服务的智能环境，满足个性化教学实施的前提条件，形成个性化教学服务的场域，全面支持高校各类课程个性化教学。

非智力个性因素众多、结构复杂，且相互联系、相互作用，当前的相关研究尚无法全面揭示这些因素的形成和相互作用机理，如何界定、评估、量化和培养学习者的非智力因素，没有形成共识，至今仍无法超越两千年前"因材施教"的教育思想。本书认为应该选择其中概括性的、主导性的因素（价值观和意志力因素）入手进行培养和评价。所以，基于个性化教学的课程教学内容主要包含知识、智力、价值观和意志力四个要素。

传统课程教学内容的核心要素只有知识，课程教学内容体系主要是知识体系，它的建立和表示、学习成效的评价都有成熟的数字化方法，多数教学活动适合于信息化教学进程。基于个性化教学的课程教学内容具有四个要素，相应具有知识、智力和价值观三个教学内容体系以及一个意志力训练体系。依据平台设计目标和个性教学的特点，PT MC SPOC 平台设计的重点在于开发个性化教学的课程体系建设、个性化教学活动以及个性要素的识别、量化和评价等功能。

（2）课程体系建设模块

课程体系建设模块是 PT MC SPOC 平台的核心，主要包括课程信息、课程教学体系（由知识维度、智力维度和价值观维度三个维度构成）、教学资源、教学设计等内容。课程教学体系是课程教学内容的组织结构，是课程资源组织和建设、教学活动开展的基础。以知识维度为基点，概括课程知识体系所承载的智力，挖掘与知识内容相关的优良价值观，构成课程教学体系的三个维度。课程知识一般可规划为 2 级结构（章、主题，知识点）或 3 级结构（章、节、主题，知识点），由课程具体的知识构成特点决定。图 4-9 是本课题开发的"SPOC 学院"PT MC SPOC 平台的课程建设界面。

图 4-9　"SPOC 学院"课程建设界面

（3）教学活动模块

MOOC 基于行为主义学习理念，认为学习是刺激与反应的联结，把教学活动看作"刺激—反应—强化"的过程：给予学习者一定的刺激（如观看优质课程视频）后，学习者可能会产生反应，再进行作业和多向交互给予强化，完成课程知识学习行为。所以，MS SPOC 把提供视频浏览作为核心功能，再加上文本作业和学习论坛两个主要功能，实行行为主义学习过程。《中国 MOOCs 建设与发展白皮书（2016）》指出，中国 MOOC 平台基本都以视频为核心教学资源，存在技术功能较少、教学支持弱、质量保证难等问题。

PT MC SPOC 自主平台建设的初衷就是根据课程教学需要，开发功能齐全的教学活动模块，支持学校教育教学与信息技术深度融合。由于高校课程类型多样，各类课程的教学活动存在差异，需要设计多种线上教学活动模块适应不同的课程教学。"SPOC 学院"设计了多种教学活动的功能，提供给不同的课程进行设置，如图 4-10 至图 4-13 所示，构建不同的学习空间。

图 4-10　教学活动设置界面

图 4-11　《信息技术课程与教学论》课程学习空间

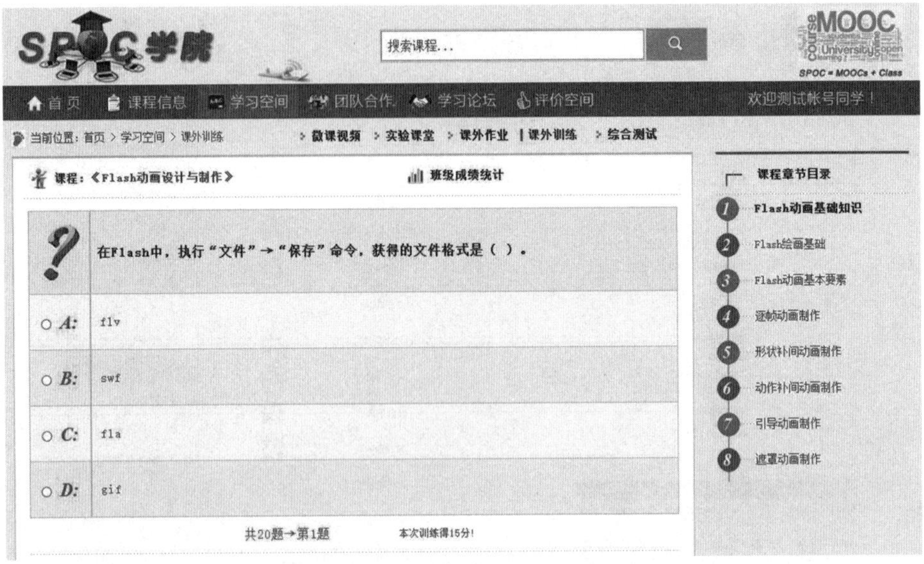

图 4-12　《Flash 动画设计与制作》课程学习空间

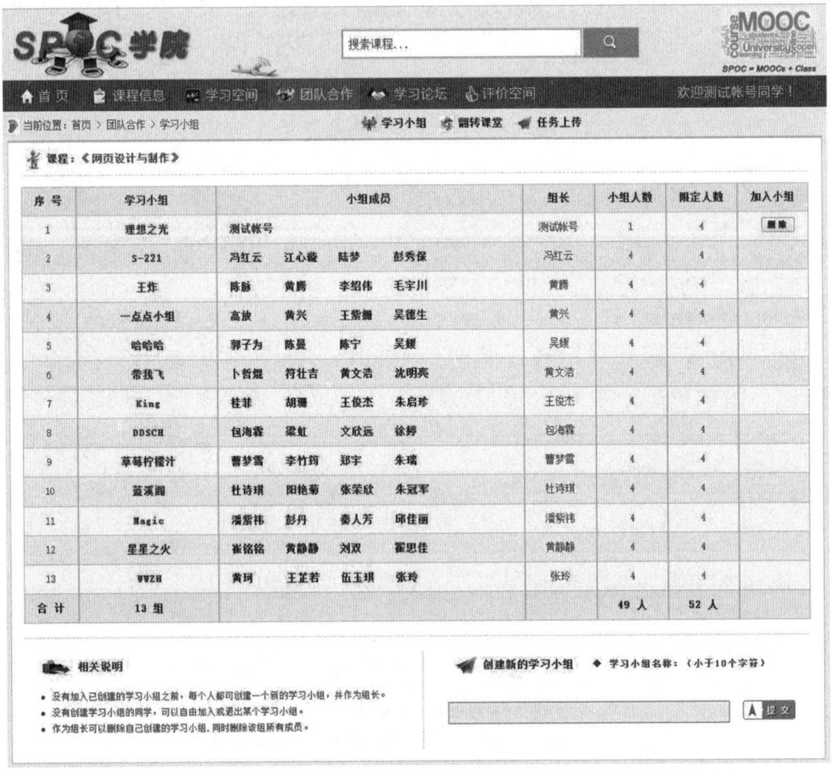

序号	学习小组	小组成员	组长	小组人数	限定人数	加入小组
1	理想之光	测试帐号	测试帐号	1	4	删除
2	S-221	冯红云　江心薇　陆梦　彭秀保	冯红云	4	4	
3	王炸	陈脉　黄腾　李绍伟　毛宇川	黄腾	4	4	
4	一点点小组	高放　黄兴　王紫珊　吴德生	黄兴	4	4	
5	哈哈哈	郭子为　陈曼　陈宁　吴媛	吴媛	4	4	
6	带我飞	卜哲焜　符壮吉　黄文浩　沈明亮	黄文浩	4	4	
7	King	桂菲　胡珊　王俊杰　朱启珍	王俊杰	4	4	
8	DDSCH	包海霖　梁虹　文欣远　徐婷	包海霖	4	4	
9	草莓柠檬汁	曹梦雪　李竹筠　郑宇　朱瑞	曹梦雪	4	4	
10	蓝溪阁	杜诗琪　阳艳菊　张荣欣　朱冠军	杜诗琪	4	4	
11	Magic	潘紫祎　彭丹　秦人芳　邱佳丽	潘紫祎	4	4	
12	星星之火	崔铭铭　黄静静　刘双　翟思佳	黄静静	4	4	
13	WVZH	黄珂　王芷若　伍玉琪　张玲	张玲	4	4	
合计	13 组			49 人	52 人	

图 4-13　翻转课堂管理模块

（4）学习评价模块

学习评价一般指教学评价，是依据教学目标对教学过程及结果进行价值判断。当前学习评价的研究焦点主要集中在探索评价方法的智能化，常常忽略了教学目标才是学习评价的核心。教学目标决定了学习评价的性质，以及对学习行为监督和促进作用的成效。个性化教学的教学目标是塑造健全优良个性，而不只是传授知识。相对于评价方法而言，评价价值观念的转变是最难的，而不是自然升华的。

400 年前培根提出"知识就是力量"的观点，一直主导着现代教育的教学价值观。到了知识经济时代，"知识改变命运""知识是一种永远不会贬值、不会丧失的财富"的观念，更是主宰了教学的本质观。在普遍的教学观中，课程教学的价值就是"传授知识"，并几乎成为教学活动的本质。当今知识的异化使人很难转变教学的知识本质观。这需要在学校的层面，基于个性化教育理念和个性化教学本质观，制定相应的课程成绩评价制度和个性化教学课程质量评价标准，促进教师和学生两个教学活动主体逐渐树立个性化教学本质观，作为课程教学目标的价值判断基础，才能推动个性化教学活动的实施。否则，在教学活动中塑造高尚的价值观，只能被认为是在"说教"；进行意志力的训练，只能被认为是在做"无用功"，开展个性要素的评价便失去价值基础。所以，课程成绩评价制度和个性化教学课程质量评价标准是个性化教学评价的价值基础。

个性化教学质量标准包含对知识、智力、价值观和意志力四个要素在学习过程中的成效评价。本书已在前面论述了关于智力、价值观和意志力评价的相关思想和量化评价方法。PT MC SPOC 可依据个性化教学课程质量评价标准和量化评价方法，针对课程的每个教学活动过程设计智能算法，分别从四个维度进行评价，最后得出一个综合评价。学生在完成各个学习任务的过程中，如视频浏览、作业、实验、主题讨论等，PT MC SPOC 平台能给出学生完成学习任务的实时四维评价。通过学习过程的在线评价，可以实时反馈学生在学习过程中的四个个性因素成长量度，能起到督促学生调节自己的学习行为、引导学生朝塑造优良个性方向发展的作用，致力于达成育人的教育目的。

（5）课程管理模块

课程管理模块主要实现课程创建、课程发布、课程教学活动设置、课程教学活动监控等功能，提供给教师对课程的管理，赋予教师对课程教学活动的主导作用，体现教师的主体性。课程管理模块主要界面如图 4-14 至图 4-17 所示。

图 4-14　课程创建界面

图 4-15　课程发布界面

图 4-16　课程设置界面

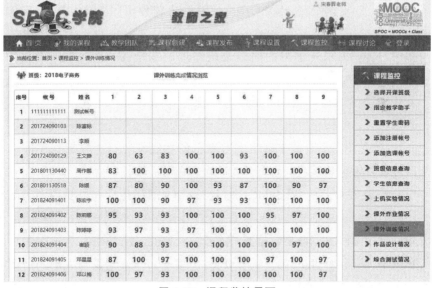

图 4-17　课程监控界面

综上所述，基于个性化教学的 MC SPOC 平台设计需要以个性化教育理念和个性化教学本质观为指导思想，围绕着知识、智力、价值观和意志力四个个性要素，重点设计支持知识、智力和价值观三个维度的课程教学体系建设模块；设计支持多样化课程教学活动和意志力训练活动的教学模块；按照课程成绩评价制度和个性化教学课程质量评价标准，针对课程的每个教学活动过程开发智能算法，设计学生完成学习任务的实时四维评价模块，构建一个支持个性化教学实施的智能环境。个性化教学本质观和支持个性化教学实施的智能环境是个性化教学实施的两个前提必然条件，两者缺一不可，且相互依托。当前许多以个性心理特征为概念基础的"个性化教育"及"个性化教学"研究，最后大多数都偏离塑造健全优良个性的育人本质，又回归知识传授的旧教育目标，其内在原因就是没有一个个性化教学实施的场域，作为"个性化教育"及"个性化教学"研究的根基，一切都成为空中楼阁。

参考文献

[4-1] 陈肖庚,王顶明.MOOC 的发展历程与主要特征分析[J].现代教育技术,2013,23(11):5-10.

[4-2] 陈肖庚,王顶明.MOOC 的发展历程与主要特征分析[J].现代教育技术,2013,23(11):5-10.

[4-3] 朱连操,王帆.国内外 cMOOC 典型案例比较分析[J].成人教育,2020,40(9):19-27.

[4-4] 张浩,吴秀娟.深度学习的内涵及认知理论基础探析[J].中国电化教育,2012(10):7-11,21.

[4-5] 蒋梦娇,邹霞.基于 MOOCs 环境的深度学习研究[J].软件导刊(教育技术),2014,13(7):37-39.

[4-6] 元帅,邹军华,刘丹.基于网络学习平台的在线学习行为分析与评价[J].中国教育技术装备,2013(15):27-28.

[4-7] 康叶钦.在线教育的"后 MOOC 时代":SPOC 解析[J].清华大学教育研究,2014,35(1):85-93.

[4-8] 王歆舒.中国 MOOC 平台传播与运营模式研究[D].暨南大学,2018.

[4-9] 郑勤华,陈丽,林世员.互联网＋教育:中国 MOOCs 建设与发展[M].北京:电子工业出版社,2016.

[4-10] 安福杰.大学本科高年级怠学现象调查与对策研究[J].文教资料,2016(19):173-174.

[4-11] G.W.Allport.Personality:A Psychological Interpretation[M].Holt Publishing Company,New York,USA,1937:24-28,50-54.

[4-12] 韩庆祥.个性概念分析[J].求是学刊,1993(1):18-23.

[4-13] 刘永芳.价值观是个性心理结构的核心因素[J].心理学探新,1989(2):8-11,7.

[4-14] 郝丽.意商的认识论研究[D].中共中央党校,2003.

[4-15] 亚里士多德.形而上学[M].张维,译.北京:北京出版社,2008.

[4-16] 威廉·冯特.人类与动物心理学讲义[M].叶浩生,贾林祥,译.西安:陕西人民出版社,2003.

[4-17] 王祥修.上海合作组织国家的习俗文化[M].上海:上海社会科学院出版社,2020.

[4-18] 安吉乡.论语文教学中学生意志力的培养[D].湖南师范大学,2004.

[4-19] 马欢.积极人格教育视域下初中生意志力培养研究[D].哈尔滨师范大学,2020.

[4-20] U.S.Department of Education Office of Educational Technology.Promoting Grit,Tenacity,and Perseverance:Critical Factors for Success in the 21st Century[EB/OL].[2015-05-20].http://tech.ed.gov/files/2013/10/OET-Draft-Grit-Report-2-17-13.pdf.

[4-21] 崔自铎.人的意商:一个全新的概念[J].理论前沿,1999(15):6-7.

[4-22] 弗兰科·哈德克.意志的力量:最权威的意志力训练手册[M].北京:中国言实出版社,2009.

[4-23] 理查德·雷文·大学工作[M].王芳,译.北京:外文出版社,2004:135-136.

[4-24] 卢梭.社会契约论[M].张友谊,译.北京:外文出版社,1998:5-6.

[4-25] 王若水.异化—这个译名[J].读书,2000(7):149-153.

[4-26] 吴如高.论知识与教学之间的关系[J].职业时空,2007(7):25-26.

[4-27] 冯友兰.中国哲学简史[M].北京:北京大学出版社,1985:16.

[4-28] 康德.康德论教育[M].李其龙,彭正梅,译.北京:人民教育出版社,2017.

[4-29] 叶澜.价值观危机是中国教育的根本危机[J].中国新闻周刊,2018(19).

[4-30] 钱理群.北大清华再争状元就没有希望[N].中国青年报,2012-05-03(3).

[4-31] Resnick L B.Making America Smarter[J].Education Week Century Series,1999,18(40):38-40.

[4-32] 叶昊亮,等.网络学习评价现状分析及对策思考[J].西北医学教育,2012,20(6):1231-1233.

[4-33] 毛刚,刘清堂.融入学习分析的网络学习评价模型与应用研究[J].远程教育杂志,2016,34(6):20-27.

[4-34] 唐昕彤.网络环境下课堂教学评价构建探究[J].中国管理信息化,2017,20
　　　　(12):200-201.

[4-35] 杨勇.智能化综合评价理论与方法研究[D].浙江工商大学,2014.

[4-36] 布鲁纳.布鲁纳教育论著选[M].邵瑞珍,译.北京:人民教育出版社,2018:
　　　　11-13.

[4-37] 麦克思研究院.2010 年中国大学生就业报告[M].社会科学文献出版社,2010.

[4-38] 喻平,赵静亚.数学核心素养中品格与价值观的评价指标体系建构[J].课
　　　　程·教材·教法,2020,40(6):89-95.

[4-39] 刘晓泉,李丹,李雯,等.基于社会主义核心价值观的医学生伦理价值观评
　　　　价指标体系构建[J].卫生职业教育,2020,38(6):41-43.

[4-40] 杨群群.高中生物学新课程情感态度与价值观评价的研究[D].曲阜师范大
　　　　学,2012.

[4-41] 林崇德.心理学大辞典[M].上海:上海教育出版社,2003.

[4-42] 彭聃龄.普通心理学(第 5 版)[M].北京:北京师范大学出版社,2019.

[4-43] 叶奕乾,祝蓓里,谭和平.心理学(第 5 版)[M].上海:华东师范大学出版
　　　　社,2016.

[4-44] 唐莉,谢黎生,姚建萍,等.体育运动中高中生意志品质量表的研制[J].科
　　　　技信息(学术版),2008(24):342-343.

[4-45] 殷小川.我国优秀运动员竞技能力状态诊断和监测系统的研究与建立
　　　　[M].北京:人民体育出版社,2001.

[4-46] 李靖,郭建荣,邓建平.运动员意志品质量表的编制[J].西安体育学院学
　　　　报,2011(4):492-497.

[4-47] 赵亚男,郑日昌.中学生意志力问卷的编制[J].中国健康心理学杂志,
　　　　2006,14(5):531-533.

[4-48] 高尚,刘定一.武术散打运动员意志力因素及评价[J].搏击(武术科学),
　　　　2012,9(4):58-60,73.

[4-49] 武丽丽.大学生意志力量表的编制及其与学业成就的关系[D].山西医科大
　　　　学,2016.

[4-50] 保罗·史托兹.逆商:我们该如何应对坏事件[M].中国人民大学出版社,2019.

[4-51] 张成玉,杜晖.智力与创造力的关系研究[J].心理学进展,2014,4(4):594-601.

[4-52] 宋春晖,陈焕东.MOOC for Teaching 模式的 SPOC 教学服务体系分析
　　　　[J].教育现代化,2017,4(45):180-182.